Die Vorlagepflicht nach Art. 234 Abs. 3 EGV in der Rechtsprechungspraxis des BVerfG

AF813010

Europäische Hochschulschriften
Publications Universitaires Européennes
European University Studies

Reihe II
Rechtswissenschaft

Série II Series II
Droit
Law

Bd./Vol. 4064

PETER LANG
Frankfurt am Main · Berlin · Bern · Bruxelles · New York · Oxford · Wien

Markus Warnke

Die Vorlagepflicht nach Art. 234 Abs. 3 EGV in der Rechtsprechungspraxis des BVerfG

Im Vergleich zu den Verfassungsgerichtsbarkeiten der EG-Mitgliedstaaten

PETER LANG
Europäischer Verlag der Wissenschaften

Bibliografische Information Der Deutschen Bibliothek
Die Deutsche Bibliothek verzeichnet diese Publikation in der Deutschen Nationalbibliografie; detaillierte bibliografische Daten sind im Internet über <http://dnb.ddb.de> abrufbar.

Zugl.: Hannover, Univ., Diss., 2004

D 89
ISSN 0531-7312
ISBN 3-631-52823-X

© Peter Lang GmbH
Europäischer Verlag der Wissenschaften
Frankfurt am Main 2004
Alle Rechte vorbehalten.

Das Werk einschließlich aller seiner Teile ist urheberrechtlich geschützt. Jede Verwertung außerhalb der engen Grenzen des Urheberrechtsgesetzes ist ohne Zustimmung des Verlages unzulässig und strafbar. Das gilt insbesondere für Vervielfältigungen, Übersetzungen, Mikroverfilmungen und die Einspeicherung und Verarbeitung in elektronischen Systemen.

www.peterlang.de

Kerstin
und
meinen Eltern

Vorwort

Vergleicht man das Leben mit einem Weg, dann ist die vorliegende Dissertation, die im Herbst 2002 dem Fachbereich Rechtswissenschaften der Universität Hannover vorgelegen hat, ein wichtiger Abschnitt auf meiner Wanderung. Dass ich diese Richtung eingeschlagen habe, verdanke ich meinem Doktorvater Prof. em. Dr. Dr. h.c. Hans-Peter Schneider. Er hat mir die Möglichkeit und die Zuversicht gegeben, eine solche Etappe anzugehen und zu bewältigen. Dafür und für die wohlwollende Begleitung bis ans Ziel danke ich ihm ganz herzlich. Mein Dank gebührt auch Prof. Dr. Volker Epping für die Erstellung des Zweitgutachtens mit seinen hilfreichen Anregungen.

Für eine große Wanderung sind Helfer unentbehrlich. Ich danke Pater Ulrich Schulte, dass er mich durch die undurchdringlich scheinenden Moore der neuen Rechtschreibung geführt hat. Jobst Weimann danke ich für seine geistige Wegzerrung. Den treuesten Wegbegleiter hatte ich in meinem Freund Stephan Kallage, der sich hier, wie auf zahlreichen anderen Etappen bewährt hat. Ich danke ihm dafür und bin gespannt auf unsere nächsten Touren.

Schließlich bedanke ich mich bei meinen Eltern. Sie haben mir nicht nur das Wandern beigebracht, sondern mich immer unterstützt und mir alles ermöglicht. Deswegen widme ich Ihnen aber auch meiner Frau Kerstin diese Arbeit. Denn dieses Buch ist ein Etappenziel, welches ich ohne Kerstin nie erreicht hätte. Wir haben uns gemeinsam dafür entschieden und es gemeinsam geschafft. Sie war und ist mein Rückhalt und ich freue mich auf die nächsten noch viel wichtigeren Etappen auf unserem gemeinsamen Lebensweg.

Berlin, im Juli 2004

Markus Warnke

INHALTSVERZEICHNIS

ABKÜRZUNGSVERZEICHNIS

a.A.	andere Ansicht
a.a.O.	am angegebenen Ort
a.F.	alte Fassung
Abs.	Absatz
AgrarR	Agrarrecht (Zeitschrift)
Anm.	Anmerkung
AöR	Archiv öffentliches Recht
Art.	Artikel
AW-Prax	Zeitschrift für Außenwirtschaft in Recht und Praxis
BAG	Bundesarbeitsgericht
Bay.VerfGH	Bayrischer Verfassungsgerichtshof
Bd.	Band
BFH	Bundesfinanzhof
BGBl.	Bundesgesetzblatt
BGH	Bundesgerichtshof
BSG	Bundessozialgericht
BVerfG	Bundesverfassungsgericht
BverfGE	Entscheidungen des Bundesverfassungsgerichts
BverfGG	Gesetz über das Bundesverfassungsgericht
BverwG	Bundesverwaltungsgericht
bzgl.	bezüglich
bzw.	beziehungsweise
CML Rev.	Common Market Law Review (Zeitschrift)
d.h.	das heißt
ders.	derselbe
dies.	dieselbe
Diss.	Dissertation
DÖV	Deutsche Öffentliche Verwaltung (Zeitschrift)
DRiZ	Deutsche Richterzeitung
DurchfG	Durchführungsgesetz
DVBl.	Deutsches Verwaltungsblatt (Zeitschrift)
EAGV	Vertrag zur Gründung der Europäischen Atomgemeinschaft
EG	Europäische Gemeinschaft
EGKS	Europäische Gemeinschaft für Kohle und Stahl
EGKSV	Vertrag zur Gründung der Europäischen Gemeinschaft für Kohle und Stahl
EGV	Vertrag zur Gründung der Europäischen Gemeinschaft

EMRK	Europäische Menschenrechtskonvention
etc.	et cetera
EU	Europäische Union
EuGH	Gerichtshof der Europäischen Gemeinschaften
EuGRZ	Europäische Grundrecht-Zeitschrift
EuR	Europarecht (Zeitschrift)
EUV	Vertrag über die Europäische Union
EuZW	Europäische Zeitschrift für Wirtschaftsrecht
EWGV	Vertrag zur Gründung der Europäischen Wirtschaftsgemeinschaft
f; ff	folgende
FAZ	Frankfurter Allgemeine Zeitung
FS	Festschrift
Fßn.	Fußnote
GATT	General Agreement on Tariffs and Trade
gem.	Gemäß
GG	Grundgesetz
GS	Gedächtnisschrift
HdbStR	Handbuch des Staatsrechts
Hess.StGH	Hessischer Staatsgerichtshof
Hess.VGH	Hessischer Verwaltungsgerichtshof
hrsg.	herausgegeben
Hrsg.	Herausgeber
IAB	Institut für Arbeitsmarkt- und Berufsforschung
i.S.	im Sinne
i.S.d.	im Sinne des/der
i.Ü.	im Übrigen
i.V.m.	in Verbindung mit
insbes.	insbesondere
JöR	Jahrbuch öffentliches Recht
JuS	Juristische Schulung (Zeitschrift)
JZ	Juristenzeitung
Kap.	Kapitel
LG	Landgericht
lit.	Litera
LMBG	Lebensmittel- und Bedarfsgegenständegesetz
LS	Leitsatz
m.w.N.	mit weiteren Nachweisen
mgl.	möglich

n.F.	neue Fassung
NJ	Neue Justiz (Zeitschrift)
NJW	Neue Juristische Wochenschrift
Nr.	Nummer
NVwZ	Neue Zeitschrift für Verwaltungsrecht
NZA	Neue Zeitschrift für Arbeitsrecht
OLG	Oberlandesgericht
Pkt.	Punkt
RdA	Recht der Arbeit (Zeitschrift)
Rn.	Randnummer
Rs.	Rechtssache
Rspr.	Rechtsprechung
Rz.	Randziffer
S.	Seite
s.o.	siehe oben
s.u.	siehe unten
Slg.	Rechtsprechungssammlung des EuGH
sog.	sogenannte/r
TabKTHmV	Verordnung über die Kennzeichnung von Tabakerzeugnissen und über Höchstmengen von Teer in Zigarettenrauch
u.a.	unter anderem / und andere
u.U.	unter Umständen
US	United States
usw.	und so weiter
v.	vom / von
VerfGH	Verfassungsgerichtshof
VGH	Verwaltungsgerichtshof
vgl.	vergleiche
VO	Verordnung
VVDStRL	Veröffentlichungen der Vereinigung der Deutschen Staatsrechtslehrer
WTO	World Trade Organization
z.B.	zum Beispiel
z.T.	zum Teil
z.Zt.	zur Zeit
ZaöRV	Zeitschrift für ausländisches öffentliches Recht und Völkerrecht
ZRP	Zeitschrift für Rechtspolitik

LITERATURVERZEICHNIS

Alber, Siegbert	Die Selbstbindung der europäischen Organe an die Europäische Charta der Grundrechte, in: EuGRZ 2001, 349-353
Alternativkommentar	Kommentar zum Grundgesetz für die Bundesrepublik Deutschland, Erhard Denninger/Wolfgang Hoffmann-Riem/Hans-Peter Schneider/Ekkehart Stein (Hrsg.), 3. Auflage, Neuwied 2001 (Loseblattsammlung), Reihe Alternativkommentar, Gesamthrsg.: Rudolf Wassermann (zitiert: AK-Bearbeiter)
Anweiler, Jochen	Die Auslegungsmethoden des Gerichtshofs der Europäischen Gemeinschaften, Diss. Göttingen 1996, Frankfurt a.M. 1997
Arnold, Rainer	Gesetzlicher Richter (Art. 101 Abs. 1 S. 2 GG) und Pflicht zur Vorlage an den Europäischen Gerichtshof (Art. 177 Abs. 3 EWGV), in: Werner Barfuß/Bernhard Dutoit/Hans Fokel/ Ulrich Immenger/Ferenc Majoros (Hrsg.), Festschrift für Karl H. Neumayr, Baden-Baden 1985, S. 17-29 (zitiert: Arnold, FS Neumayr)
Bächle, Hans-Ulrich	Die Rechtstellung der Richter am Gerichtshof der Europäischen Gemeinschaften, Berlin 1961
Bebr, Gerhard	The Preliminary Proceedings of Aritcle 177 EEC- Problems and Suggestions for Improvement, in: Henry G. Schermers/Christiaan W.A. Timmermanns/Alfred E. Kellermann/ Watson Stewart (Hrsg.), Article 177 EEC: Experience and Problems, Amsterdam 1996, S. 345-365 (zitiert: Schermers/Timmermanns/ Kellermann/Stewart-Bearbeiter)
Benda, Ernst	Die Verfassungsgerichtsbarkeit der Bundesrepublik Deutschland, in: Christian Starck und Albrecht Weber

(Hrsg.), Verfassungsgerichtsbarkeit in Westeuropa – Teilband I,
Baden-Baden 1986, S. 121-148
(zitiert: Starck/Weber-Bearbeiter)

Beyme von, Klaus	The Genesis of Constitutional Review in Parliamentary Systems, in: Christine Landfried (Hrsg.), Constitutional Review and Legislation, Baden-Baden 1988, S. 21-38
Bleckmann, Albert	Europarecht, 6. Auflage, München 1997 (zitiert: Bleckmann, Europarecht)
Bleckmann, Albert	Das Verhältnis des Europäischen Gerichtshofs zur Kommission und zum Rat, in: Georg Ress (Hrsg.), Aspekte der Entwicklung des Gerichtshofs der Europäischen Gemeinschaften, Europa-Institut, Universität des Saarlandes 1988, S. 29-49 (zitiert: Bleckmann, Verhältnis Gerichtshof)
Bogandy von, Armin	Grundrechtsgemeinschaft als Integrationsziel?, in: JZ 2001, 157-171
Borchardt, Klaus-Dieter	Der Europäische Gerichtshof, Kommentar zu den Art. 220-245 EGV mit Textanhang, aktualisierter Auszug aus Carl-Otto Lenz (Hrsg.) EG-Kommentar, 2. Auflage, Köln 2000
Brenner, Michael Huber, Peter M.	Europarecht und Europäisierung im Jahr 1997, in: DVBl. 1999, 764-777
Brohm, Winfried	Die Funktion des BVerfG – Oligarchie in der Demokratie?, in: NJW 2001, 1-10
Broß, Siegfried	Grundrechte und Grundwerte in Europa, in: JZ 2003, 429-433

Brown, Neville L.
Kennedy Tom
The Court of Justice of the European Communities,
4. Auflage, London 1995

Brünneck von, Alexander
Verfassungsgerichtsbarkeit in westlichen Demokratien,
Baden-Baden 1992

Calliess, Christian
Ruffert, Mathias
Kommentar des Vertrages über die Europäische Union und des Vertrages zur Gründung der Europäischen Gemeinschaft – EUV/EGV,
2. Auflage, Neuwied, Kriftel 2002
(zitiert: Calliess/Ruffert-Bearbeiter)

Cappelletti, Maurio
Cohen, William
Comparative Constitutional Law, Cases and Materials,
Charlottesville (Va.), 1979

Constantinesco, Léontin-Jean
Das Recht der Europäischen Gemeinschaften, Bd. I 1,
Baden-Baden 1977

Dagtoglou, Podromos
Die Verfassungsgerichtsbarkeit in Griechenland,
in: Christian Starck und Albrecht Weber (Hrsg.), Verfassungsgerichtsbarkeit in Westeuropa – Teilband I,
Baden-Baden 1986, S. 41-120
(zitiert: Starck/Weber-Bearbeiter)

Dauses, Manfred A.
Das Vorabentscheidungsverfahren nach Art. 177 EG-Vertrag,
2. Auflage, München 1995
(zitiert: Dauses, Vorabentscheidungsverfahren)

Dauses, Manfred A.
Empfiehlt es sich, das System des Rechtschutzes und der Gerichtsbarkeit in der Europäischen Gemeinschaft, insbesondere die Aufgabe der Gemeinschaftsgerichte und der nationalen Gerichte, weiter zu entwickeln?,
München 1994
(zitiert: Dauses, Weiterentwicklung der Gerichtsbarkeiten)

Dauses, Manfred A. | Das Vorabentscheidungsverfahren nach Art. 177 EWGV, in: JZ 1979, 125

Delpérée, Francis | Die Verfassungsgerichtsbarkeit in Belgien, in: Christian Starck und Albrecht Weber (Hrsg.), Verfassungsgerichtsbarkeit in Westeuropa – Teilband I, Baden-Baden 1986, S. 343-361 (zitiert: Starck/Weber-Bearbeiter)

Eibach, Gerhard | Das Recht der Europäischen Gemeinschaften als Prüfungsgegenstand des BVerfG, Diss. Marburg 1985, Berlin 1986

Emmert, Frank | Europarecht, München 1996

Epping, Volker | Die demokratische Legitimation der Dritten Gewalt der Europäischen Gemeinschaften, in: Der Staat 36 (1997), 349-380

Epping, Volker | Die EG-Bananenmarktordnung und das GATT – Revision des Bananenurteils?, in: AW-Prax 1995, 293-296

Epping, Volker | Bundesverfassungsgericht contra EG-Bananenmarktordnung?, in: AW-Prax 1995, 176-180

Epping, Volker | Die Außenwirtschaftsfreiheit, Tübingen 1998 (zitiert: Epping, Außenwirtschaftsfreiheit)

Everling, Ulrich | Das Bundesverfassungsgericht und der Gerichtshof der EG nach dem Maastricht Urteil, in: Albrecht Randelzhofer/Rupert Scholz/ Dieter Wilke (Hrsg.), Gedächtnisschrift für Eberhard Grabitz, München 1995, S. 57-75 (zitiert: Everling, GS Grabitz)

Everling, Ulrich — Das Vorabentscheidungsverfahren vor dem Gerichtshof der Europäischem Gemeinschaften: Praxis und Rechtsprechung, Baden-Baden 1986 (zitiert: Everling, Das Vorabentscheidungsverfahren)

Everling, Ulrich — Gestaltungsbedarf des Europarechts, in: EuR 22 (1987), 215-235

Everling, Ulrich — Will Europe slip on Bananas? The Bananas Judgement of the Court of Justice and National Courts, in: CML Rev. 1996, 401-437

Fabio, di Udo — Der Verfassungsstaat in der Weltgesellschaft, Tübingen 2001

Feige, Konrad — Bundesverfassungsgericht und Vorabentscheidungskompetenz des Gerichtshofs der Europäischen Gemeinschaften, in: AöR 100 (1975), S. 530-561

Feustel, Ingo — Anmerkung zum Urteil des Corte Costituzionale vom 18. Dezember 1973, in: EuR 9 (1974), 262-271

Fromont, Michael — Die Verfassungsmäßigkeitskontrolle in Deutschland und Frankreich, in: DÖV 2003, 542-545

Fromont, Michael — Der französische Verfassungsrat, in: Christian Starck und Albrecht Weber (Hrsg.), Verfassungsgerichtsbarkeit in Westeuropa – Teilband I, Baden-Baden 1986, S. 309-341 (zitiert: Starck/Weber-Bearbeiter)

Genevois, Bruno — Der Conseil d´Etat und das Gemeinschaftsrecht: Antagonismus oder Komplementarität?, in: EuR 20 (1985), 355-367

Gersdorf, Hubertus — Das Kooperationsverhältnis zwischen deutscher Gerichtsbarkeit und EuGH, in: DVBl. 1994, 674-685

Giegerich, Thomas — Die Verfassungsbeschwerde an der Schnittstelle von deutschem, internationalem und supranationalem Recht,
in: Christoph Grabenwarter/Stefan Hammer /Alexander Pelzl /Eva Schuler-Steindl/Ewald Wiederin (Hrsg.), Allgemeinheit der Grundrechte und Vielfalt der Gesellschaft,
Stuttgart, München, Hannover, Berlin, Weimar, Dresden 1994, S. 101-128

Gormley, Laurence — Die Anwendung des Gemeinschaftsrechts im Vereinigten Königreich 1976-1985,
in: EuR 22 (1987), 359-375

Grabitz, Eberhard
Hilf, Meinhard — Kommentar zur Europäischen Union, Band II, München (Loseblatt, Stand April 2003)
(zitiert: Grabitz/Hilf-Bearbeiter)

Gralla, René — Positivität und Konvention – Der Grundrechtsschutz in Dänemark,
in: JöR 38 (1989), 299-324

Grams, Hartmut A. — Zur Gesetzgebung der Europäischen Union, Diss. Berlin 1998, Neuwied, Kriftel 1998

Grimm, Dieter — Europäischer Gerichtshof und nationale Arbeitsgerichte aus verfassungsrechtlicher Sicht,
in: RdA 1996, 66-71

Groeben, von der Hans
Thiesing, Jochen
Ehlermann, Claus-Dieter — Kommentar zum EU-/EG-Vertrag, Band IV, 5. Auflage, Baden-Baden 1997
(zitiert: v.d.Groeben/Thiesing/Ehlermann-Bearbeiter)

Hatje, Armin — Die gemeinschaftsrechtliche Steuerung der Wirtschaftsverwaltung,
Baden-Baden 1998

Heitsch, Christian — Prüfungspflichten des Bundesverfassungsgerichts unter dem Staatsziel der europäischen Integration – Auswirkungen des Art. 23 Abs. 1 GG auf die Kontrolle unterlassener Richter-Vorlagen gemäß Art. 177 Abs. 3 EGV durch das Bundesverfassungsgericht,
in: EuGRZ 1997, 461-469

Henrichs, Helmut — Gemeinschaftsrecht und nationale Verfassungen – Eine Konfliktstudie,
in: EuGRZ 1997, 237-245

Hirsch, Günter — Der EuGH im Spannungsverhältnis zwischen Gemeinschaftsrecht und nationalem Recht,
in: NJW 2000, 1817-1822

Hirsch, Günter — Europäischer Gerichtshof und Bundesverfassungsgericht – Kooperation oder Konfrontation?,
in: NJW 1996, 2457-2466

Hirsch, Günter — Vorabentscheidungsvorlagen zum Europäischen Gerichtshof durch die Landesverfassungsgerichtsbarkeiten,
in: Festschrift zum 50-jährigen Bestehen des Bayerischen Verfassungsgerichtshof,
Bayerischer Verfassungsgerichtshof (Hrsg.),
Verfassung als Verantwortung und Verpflichtung,
München 1997, S. 45-62
(zitiert: Hirsch, FS Bay. VerfGH)

Hoffmann-Riem, Wolfgang — Kohärenz der Anwendung europäischer und nationaler Grundrechte,
in: EuGRZ 2002, 473-483

Hofmann, Rainer — Der Oberste Gerichtshof Dänemarks und die europäische Integration,
in: EuGRZ 1999, 1-5

Horn, Hans-Detlef — „Grundrechtsschutz in Deutschland" – Die Hoheitsgewalt der Europäischen Gemeinschaften und die Grundrechte des Grundgesetzes nach dem Maastricht-Urteil des Bundesverfassungsgerichts,
in: DVBl. 1995, 89-96

Huber, Peter M. — Bundesverfassungsgericht und Europäischer Gerichtshof als Hüter der Gemeinschaftsrechtlichen Kompetenzordnung,
in: AöR 116 (1991), 211-251

Huber, Peter M. — Das Kooperationsverhältnis zwischen BVerfG und EuGH in Grundrechtsfragen,
in: EuZW 1997, 517-521

Ipsen, Hans Peter — Die Verfassungsrolle des Europäischen Gerichtshofs für die Integration,
in: Jürgen Schwarze (Hrsg.), Der Europäische Gerichtshof als Verfassungsgericht und Rechtsschutzinstanz,
Baden-Baden 1983, S. 29-62
(zitiert: Ipsen, Verfassungsrolle)

Ipsen, Hans Peter — Europäisches Gemeinschaftsrecht,
Tübingen 1972
(zitiert: Ipsen, Gemeinschaftsrecht)

Isensee, Josef
Kirchhof, Paul — Handbuch des Staatsrechts der Bundesrepublik Deutschland, Band VII,
Heidelberg 1992
(zitiert: HdbStR-Bearbeiter)

Jarras, Hans D.
Pieroth, Bodo — Grundgesetz für die Bundesrepublik Deutschland,
6. Auflage, München 2002
(zitiert: Jarras/Pieroth-Bearbeiter)

Jürgensen, Thomas
Schlünder, Irene — EG-Grundrechtsschutz gegenüber Maßnahmen der Mitgliedstaaten,
in: AöR 121 (1996), 200-238

Kirchhof, Paul — Die Gewaltenbalance zwischen staatlichen und europäischen Organen,
in: JZ 1998, 965-974

Kirchhof, Paul — Verkehrspolitik im Lichte des deutschen Verfassungsrechts,
in: DRiZ 1995, 253-260

Kirchhof, Paul — Rechtsschutz durch Bundesverfassungsgericht und Europäischen Gerichtshof,
in: Detlfef Merten (Hrsg.), Föderalismus und Europäische Gemeinschaften,
Berlin 1990, S. 109-123
(zitiert: Kirchhof, Rechtsschutz)

Klein, Eckart — Der Verfassungsstaat als Glied einer europäischen Gemeinschaft,
in: VVDStRL 50 (1991), 56-93

Klein, Eckart — Grundrechtsdogmatische und Verfassungsprozessuale Überlegungen zur Maastricht-Entscheidung des BVerfG,
in: Albrecht Randelzhofer/Rupert Scholz/ Dieter Wilke(Hrsg.), Gedächtnisschrift für Eberhard Grabitz,
München 1995, S. 271-286
(zitiert: Klein, GS Grabitz)

Klinke, Ulrich — Der Gerichtshof der Europäischen Gemeinschaften – Aufbau und Arbeitsweise,
Baden-Baden 1989,

Knof, Martin — Die Praxis der Vorabentscheidungsverfahren (Art. 177 EGV) im Vereinigten Königreich,
Diss. Göttingen 1994, Köln, Berlin, Bonn, München 1995

Koenig, Christian
Sander, Claude — Einführung in das EG-Prozeßrecht,
Tübingen 1997

Koenig, Christian
Haratsch, Andreas — Einführung in das Europarecht,
3. Auflage, Tübingen 2000

Kohler-Koch, Beate — Regieren in der Europäischen – Union,
in: Aus Politik und Zeitgeschichte B 6/2000, S. 30-38

Korinek, Karl — Die Verfassungsgerichtsbarkeit in Österreich,
in: Christian Starck und Albrecht Weber (Hrsg.), Verfassungsgerichtsbarkeit in Westeuropa – Teilband I,
Baden-Baden 1986, S. 149-177
(zitiert: Starck/Weber-Bearbeiter)

Korte, Joest — Primus Inter Pares: The European Court and National Courts – The Follow-up by National Courts of Preliminary Rulings ex Art. 177 of the Treaty of Rome: A Report on the Situation in the Netherlands,
Baden-Baden 1991

Lamprecht, Rolf — Bewusstseinswandel durch Rechtsprechung – Karlsruher Urteile als Lektion in Staatsbürgerkunde,
in: NJW 2001, 2942-2947

Lecheler, Helmut	Zum Bananenmarkt-Beschluss des BVerfG, NJW 2000, 3124, in: JuS 2001, 120-123
Lenz, Carl Otto	EG-Vertrag – Kommentar, 2. Auflage, Köln 1999 (zitiert: Lenz-Bearbeiter)
Lenz, Carl Otto	Firnis oder Rechtsgemeinschaft – Einschränkung des Vorlageverfahrens nach Art. 177 EWGV auf letztinstanzliche Gerichte?, in: NJW 1993, 2664-2665
Lenz, Carl Otto	Das Amt des Generalanwalts am Europäischen Gerichtshof, in: Ole Due/Marcus Lutter/Jürgen Schwarze (Hrsg.), Festschrift für Ulrich Everling, Band I, Baden-Baden 1995, S. 719 – 727
Lieber, Dagmar	Über die Vorlagepflicht des Art. 177 EWG-Vertrag und deren Mißachtung, München, Florenz 1986
Limbach, Jutta	Das Bundesverfassungsgericht und der Grundrechtsschutz in Europa, in: NJW 2001, 2913-2919
Limbach, Jutta	Die Kooperation der Gerichte in der zukünftigen europäischen Grundrechtsarchitektur, in: EuGRZ 2000, 417-420
López Castillo, Antonio Polakiewics, Jörg	Verfassung und Gemeinschaftsrecht in Spanien – Zur Maastricht-Erklärung des Spanischen Verfassungsgerichts –, in: EuGRZ 1993, 277-285
Millarg, E.	Anmerkung zum Beschluss des BVerfG v. 26.3.1986 – 1 BvR 1483/85 –, in: EuR 21 (1986), S. 275-281
Mishra, Robin	Zulässigkeit und Grenzen der Urteilsschelte, Diss. Münster 1997, Berlin 1997
Montag, Frank	Die Entwicklung des Gemeinschaftsrecht, in: NJW 1998, 2082-2097 in: NJW 2000, 32-40 in: NJW 2001, 1613-1620

Morreira Cardoso da Costa, José Manuel — Die Verfassungsgerichtsbarkeit in Portugal, in: Christian Starck und Albrecht Weber (Hrsg.), Verfassungsgerichtsbarkeit in Westeuropa – Teilband I, Baden-Baden 1986, S. 279-307 (zitiert: Starck/Weber-Bearbeiter)

Nicolaysen, Gert — Der Streit zwischen dem deutschen Bundesverfassungsgericht und dem Europäischen Gerichtshof, in: EuR 35 (2000), 495-511

Nicolaysen, Gert; Nowak, Carsten — Teilrückzug des BVerfG aus der Kontrolle der Rechtmäßigkeit gemeinschaftlicher Rechtsakte: Neuere Entwicklungen und Perspektiven, in: NJW 2001, 1233-1238

Oppermann, Thomas — Europarecht, 2. Auflage, München 1999

Oppermann, Thomas — Die dritte Gewalt in der Europäischen Union, in: DVBl. 1994, 901 – 907

Ost, Emanuel — Europarecht vor dem Bundesverfassungsgericht – Verfahrensrechtliche Probleme der Befassung des Bundesverfassungsgerichtes mit dem europäischen Gemeinschaftsrecht, in: NVwZ 2001, 399-402

Pache, Eckhard — Das Ende der Bananenmarktordnung?, in: EuR 30 (1999), 95-103

Pache, Eckhard — Der Grundsatz der Verhältnismäßigkeit in der Rechtsprechung der Gerichte der Europäischen Gemeinschaften, in: NVwZ 1999, 1033-1040

Pernice, Ingolf — Einheit und Kooperation: Das Gemeinschaftsrecht im Lichte der Rechtsprechung von EuGH und nationalen Gerichten, in: Albrecht Randelzhofer/ Rupert Scholz/ Dieter Wilke (Hrsg.), Gedächtnisschrift für Eberhard Grabitz, S. 523-550 München 1995

Pernice, Ingolf	Karlsruhe locuta – Maastricht in Kraft, in: EuZW 1993, 649
Pichler, Otfried	Der Generalanwalt beim Gerichtshof der Europäischen Gemeinschaften, Frankfurt 1983
Pietrek, Andre´ U.	Verbindlichkeit von Vorabentscheidungen nach Art. 177 EWGV, Diss. Hamburg 1989
Pietzcker, Jost Pallasch, Dirk	Verfassungswidrige Bundesverfassungsrichterwahl? – Ein Bericht über eine öffentlichrechtliche Hausarbeit, in: JuS 1995, 511 - 516
Poctas, Michael	Auslegung im öffentlichen Recht, Baden-Baden 1994
Proske, Stefan	Außerordentliche Rechtsmittel gegen die fehlerhafte Nichtzulassung der Revision, in: NJW 1997, 352-360
Reich, Norbert	Tollhaus Europa oder Narrenschiff Staatsrecht? – Einige Bemerkungen zum Kommentar von Schneider, NJW 1998, 576, in: NJW 1998, 1537
Reischl, Gerhard	Die Funktion der Generalanwälte in der europäischen Rechtsprechung, in: Jürgen Schwarze (Hrsg.), Der Europäische Gerichtshof als Verfassungsgericht und Rechtsschutzinstanz, Baden-Baden 1983, S. 121-131
Rengeling, Hans-Werner	Grundrechtsschutz in der Europäischen Gemeinschaft, München 1993 (zitiert: Rengeling, Grundrechtsschutz)
Rengeling, Hans-Werner Middeke, Andreas Gellermann, Martin	Rechtsschutz in der Europäischen Union, München 1994
Ring, Gerhard Olsen-Ring, Line	Souveränitätsübertragung nach dänischem Verfassungsrecht, in: EuZW 1998, 589-591

Ritterspach, Theodor	Corte Costituzionale, Rom – Rechtsprechungsbericht 1984 Nr. 5-6, in: EuGRZ 1985, 98-100
Ritterspach, Theodor	Die Verfassungsgerichtsbarkeit in Italien, in: Christian Starck und Albrecht Weber (Hrsg.), Verfassungsgerichtsbarkeit in Westeuropa – Teilband I, Baden-Baden 1986, S. 219-241 (zitiert: Starck/Weber-Bearbeiter)
Robbers, Gerhard	Die historische Entwicklung der Verfassungsgerichtsbarkeit, in: JuS 1990, 257-263
Rodriguez Iglesias, Gil Carlos	Der EuGH und die Gerichte der Mitgliedstaaten – Komponenten der richterlichen Gewalt in der Europäischen Union, in: NJW 2000, 1889- 1896
Rodriguez Iglesias, Gil Carlos	Der Gerichtshof der Europäischen Gemeinschaften als Verfassungsgericht, Bonn 1992 (zitiert: Rodriguez Iglesias, Der EuGH)
Roellecke, Gerd	Roma locuta – zum 50-jährigen Bestehen des BVerfG, in: NJW 2001, 2924-2931
Rubio Llorente, Francisco	Die Verfassungsgerichtsbarkeit in Spanien, in: Christian Starck und Albrecht Weber (Hrsg.), Verfassungsgerichtsbarkeit in Westeuropa – Teilband I, Baden-Baden 1986, S. 243-278 (zitiert: Starck/Weber-Bearbeiter)
Rupp, Hans Heinrich	Anmerkungen zum Beschluss des BVerfG Beschluss v. 25.1.95 – 2 BvR 2689/94 und 52/95 –, in: JZ 1995, 353-354
Sander, Gerald G.	Europäischer Gerichtshof und nationale Verfassungsgerichtsbarkeit, in: DÖV 2000, 588-596

Sandner, Wolfram	Probleme des vorläufigen Rechtschutzes gegen Gemeinschaftsrecht vor nationalen Gerichten, in: DVBl. 1998, 262-267
Schermers, Henry G. Timmermanns, Christiaan W.A. Kellermann, Alfred E. Stewart, Watson	Article 177 EEC: Experience and Problems, Amsterdam 1996 (zitiert: Schermers/Timmermanns/ Kellermann/Stewart-Bearbeiter)
Schild, Wolfgang	Das Problem eines Hüters der Verfassung, in: Bernd Guggenberger und Thomas Würtenberger (Hrsg.), Hüter der Verfassung oder Lenker der Politik, Baden-Baden 1998, S. 13-43
Schima, Bernhard	Das Vorabentscheidungsverfahren vor dem EuGH, Wien 1997
Schlaich, Klaus Korioth, Stefan	Das Bundesverfassungsgericht, 5. Auflage, München 2001
Schmid, Christoph	Ein enttäuschender Rückzug, Anmerkungen zum „Bananenbeschluss“ des BVerfG, in: NVwZ 2001, 249-258
Schneider, Hans-Peter	Tollhaus Europa – Unzeitgemäßes zum Werbeverbot für Tabakerzeugnisse, in: NJW 1998, 576-578
Schneider, Hans-Peter	Narrenschiff Staatsrecht oder Tarnkappe Europapolitik?, in: NJW 1998, 2191
Schneider, Hans-Peter	Verfassungsgerichtsbarkeit und Gewaltenteilung, in: NJW 1980, 2103-2111
Schoch, Friedrich	Die Europäisierung des Allgemeinen Verwaltungsrechts, in: JZ 1995, 109-123

Schwarze, Jürgen — Die Befolgung von Vorabentscheidungen des Europäischen Gerichtshofs durch deutsche Gerichte – Ergebnisse einer rechtstatsächlichen Bestandsaufnahme,
Baden-Baden 1988
(zitiert: Schwarze, Befolgung von Vorabentscheidungen)

Schwarze, Jürgen — Die Entstehung einer europäischen Verfassung,
Baden-Baden 2000
(zitiert: Schwarze, Entstehung einer europäischen Verfassung)

Schwarze, Jürgen — Der Europäische Gerichtshof als Verfassungsgericht und Rechtsschutzinstanz,
Baden-Baden 1983; S. 11-28
(zitiert: Schwarze, EuGH als Verfassungsgericht)

Schwarze, Jürgen — Grundzüge und neuere Entwicklung des Rechtsschutzes im Recht der Europäischen Gemeinschaften,
in: NJW 1002, 1066 ff

Schwarze, Jürgen — Das „Kooperationsverhältnis" des Bundesverfassungsgerichts mit dem Europäischen Gerichtshof,
in: Peter Badura/Horst Dreier (Hrsg.), Festschrift 50 Jahre Bundesverfassungsgericht,
Tübingen 2001, S. 223-243
(zitiert: Schwarze, FS BVerfG)

Schwarze, Jürgen — EU-Kommentar,
Baden-Baden 2000
(zitiert: Schwarze-Bearbeiter)

Schweitzer, Michael
Hummer, Waldemar — Europarecht,
5. Auflage, Neuwied, Kriftel, Berlin 1996

Selmayr, Martin
Prowald, Nicola — Abschied vom „Solange"-Vorbehalt,
in: DVBl. 1999, 269-277

Sensburg, Patrick Ernst — Die Vorlagepflicht an den EuGH: Eine einheitliche Rechtsprechung des BVerfG,
in: NJW 2001, 1259-1260

Siebert, Derk — Die Auswahl der Richter am Gerichtshof der Europäischen Gemeinschaften,
Diss. Münster 96/97, Frankfurt a.M., Berlin, Bern, New York, Paris, Wien 1997

Siedler, Nina-Luisa — Gesetzgeber und BVerfG – Eine funktionellrechtliche Kompetenzabgrenzung,
Hamburg 1999

Skouris, Wassilios — Der Europäische Gerichtshof,
in: Die Bedeutung der Europäischen Gemeinschaften für das deutsche Recht und die deutsche Gerichtsbarkeit,
Seminar zum 75. Geburtstag von Karl August Bettermann,
Berlin 1989, S. 67-81

Starck, Christian
Weber, Albrecht — Verfassungsgerichtsbarkeit in Westeuropa – Teilband I,
Baden-Baden 1986
(zitiert: Starck/Weber-Bearbeiter)

Stein, Torsten — „Bananen-Split"? – Entzweien sich BVerfG und EuGH über den Bananenstreit?,
in: EuZW 1998, 261-264

Steiner, Udo — Der Richter als Ersatzgesetzgeber,
in: NJW 2001, 2919-2924

Störmer, Rainer — Vorabentscheidungsersuchen nach Art. 177 EGV durch Landesverfassungsgerichte,
in: NJ 1998, 377-341

Stoy-Schnell, Uta — Das Bundesverfassungsgericht und die Corte costituzionale,
Diss. Universität Köln 1997, Frankfurt, Berlin, Bern, New York, Paris, Wien 1998

Streil, Jochen — Das Vorabentscheidungsverfahren als Bindeglied zwischen europäischer und nationaler Rechtsprechung,
in: Jürgen Schwarze (Hrsg.), Der Europäische Gerichtshof als Verfassungsgericht und Rechtsschutzinstanz,
Baden-Baden 1983, S 69-88

Streinz, Rudolf — Europarecht,
5. Auflage, Heidelberg 2001
(zitiert: Streinz, Europarecht)

Streinz, Rudolf — Bundesverfassungsgerichtlicher Grundrechtsschutz und Europäisches Gemeinschaftsrecht: die Überprüfung grundrechtsbeschränkender deutscher Begründungs- und Vollzugsakte von Europäischem Gemeinschaftsrecht durch das Bundesverfassungsgericht,
Baden-Baden 1989
(zitiert: Streinz, Grundrechtsschutz und Gemeinschaftsrecht)

Streinz, Rudolf — Das „Kooperationsverhältnis“ zwischen Bundesverfassungsgericht und Europäischem Gerichtshof nach dem Maastricht-Urteil,
in: Jörn Ipsen/Hans-Werner Rengeling/Jörg Manfred Mössner/Albrecht Weber (Hrsg.), Verfassungsrecht im Wandel, Wiedervereinigung Deutschlands, Deutschland in der Europäischen Union, Verfassungsstaat und Föderalismus, Zum 180jährigen Bestehen der Carl Heymanns Verlag KG,
Köln, Berlin, Bonn, München 1995, S. 663-679
(zitiert: Streinz, FS Heymanns Verlag)

Thomas, Fredrik — Das Maastricht-Urteil des dänischen Obersten Gerichtshofs vom 6. April 1998,
in: ZaöRV 58 (1998), 879-900

Tomuschat, Christian — Das Bundesverfassungsgericht im Kreise anderer nationaler Verfassungsgerichte,
in: Peter Badura/Horst Dreier (Hrsg.), Festschrift 50 Jahre Bundesverfassungsgericht,
Tübingen 2001, S. 245-288
(zitiert: Tomuschat, FS BVerfG)

Tomuschat, Christian — Die Europäische Union unter der Aufsicht des Bundesverfassungsgerichts,
in: EuGRZ 1993, 489 –492

Tomuschat, Christian — Die gerichtliche Vorabentscheidung nach den Verträgen über die europäische Gemeinschaften,
Köln, Berlin 1964
(zitiert: Tomuschat, Vorabentscheidung)

Trautwein, Thomas — Zur Rechtsprechungskompetenz des BVerfG auf dem Gebiet des Europäischen Gemeinschaftsrecht,
in: JuS 1997, 893-897

Vedder, Christoph — Die Unterscheidung von Unionsrecht und Gemeinschaftsrecht nach dem Vertrag von Amsterdam,
in: EuR – Beiheft 1 – 1999, 7-17

Voßkuhle, Andreas — Anmerkung zum Beschluss des BVerfG v. 9.1.01,
in: JZ 2001, 924-927

Walter, Christian — Die drei Entscheidungen des französischen Verfassungsrats zum Vertrag von Maastricht über die Europäische Union,
in: EuGRZ 1993, 183-187

Weber, Albrecht — Zur Kontrolle grundrechts- bzw. kompetenzwidriger Rechtsakte der EG durch nationale Verfassungsgerichte,
in: Ole Due/Marcus Lutter/Jürgen Schwarze (Hrsg.), Festschrift für Ulrich Everling, Bd. II,
Baden-Baden 1995, S. 1625 – 1639

Weber, Albrecht — Generalbericht: Verfassungsgerichtsbarkeit in Westeuropa,
in: Christian Starck und Albrecht Weber (Hrsg.), Verfassungsgerichtsbarkeit in Westeuropa – Teilband I,
Baden-Baden 1986, S. 41-120
(zitiert: Starck/Weber-Bearbeiter)

Zehetner, Franz — Zum Vorlagerecht nationaler Gerichte an den Gerichtshof der Europäischen Gemeinschaften,
in: EuR 10 (1975), 113-128

Zierlein, Karl-Georg	Die Bedeutung der Verfassungsrechtsprechung für die Bewahrung und Durchsetzung der Staatsverfassung, in: EuGRZ 1991, 301-341
Zuck, Rüdiger	Das Gerede vom gerichtlichen Kooperationsverhältnis, in: NJW 1994, 978-979
Zuck, Rüdiger	Kooperation zwischen dem Bundesverfassungsgericht und dem Europäischen Gerichtshof, in: Bernd Guggenberger und Thomas Würtenberger (Hrsg.), Hüter der Verfassung oder Lenker der Politik, Baden-Baden 1998, S. 121-150 (zitiert: Zuck, Kooperation)
Zuck, Rüdiger Lenz, Christofer	Verfassungsrechtlicher Rechtsschutz gegen Europa, in: NJW 1997, 1193-1200
Zuleeg, Manfred	Bananen und Grundrechte – Anlaß zum Konflikt zwischen europäischer und deutscher Gerichtsbarkeit, in: NJW 1997, 1201-1207

A. Einleitung

I. Gegenstand und Ansatz der Untersuchung

Zum 50-jährigen Bestehen des BVerfG hat dessen damalige Präsidentin Jutta Limbach in einem Festaufsatz das Verhältnis des deutschen Verfassungsgerichts zum EuGH thematisiert. Angesichts der europafreundlichen Politik aller deutschen Parteien werde dem BVerfG immer wieder vorgehalten, es sei ein retardierendes Moment im europäischen Integrationsprozess. Aber genau das Gegenteil sei der Fall, behauptet sie[1]. Ihre Behauptung steht in einer langen Tradition von derartigen Aussagen der Richter des BVerfG. Kein Richter, keine Richterin hat je das freundschaftliche Verhältnis der Gerichte bestritten[2]. Bezeichnenderweise spricht das BVerfG seit seinem Maastricht-Urteil aus dem Jahre 1989 von einem „Kooperationsverhältnis" der beiden Gerichte bezogen auf den Grundrechtsschutz[3]. Dabei kaschiert dieser Ausdruck die tatsächliche Konnotation einer damit verbundenen territorialen Ausweitung des Grundrechtsschutzes und somit das Problem des Zusammenwirkens der beiden Gerichte. Das Spannungsfeld bei der Grundrechtskontrolle wird dadurch vielmehr zum Dauerzustand erklärt[4].

Es stellt sich nämlich die Frage, wie sich eine Kooperation zwischen dem BVerfG und dem EuGH gestaltet, wenn beide Gerichte von unterschiedlichen Prüfungsmaßstäben ausgehen. Denn der EuGH prüft die Frage, ob Gemeinschaftsrechtsakte die vom Vertrag gezogenen Grenzen überschritten haben. Dabei handelt es sich um Fragen des Gemeinschaftsrechts. Das BVerfG hingegen prüft nationales Recht, d.h., ob ein Gemeinschaftsrechtsakt von dem im Zustimmungsgesetz erteilten Rechtsanwendungsbefehl gedeckt ist und daher in Deutschland Geltung beanspruchen kann. Beiden Fragen sind gemeinsam, dass sie Gemeinschaftsrechtsakte zum Prüfungsgegenstand haben. Hier liegen die potentiellen Konflikte zwischen den beiden Gerichten, da die Möglichkeit besteht, dass zum selben Problem widersprüchliche Entscheidungen aus Karlsruhe und Luxemburg ergehen[5]. Bei einem Widerspruch behält sich das BVerfG, spätestens seit dem Bananenbeschluss[6], das Recht zur authentischen Interpretation und damit das letzte Wort vor[7].

Hier, in diesem Schnittpunkt der beiden Zuständigkeits- und Rechtskreise, bietet das Instrument der Vorabentscheidung nach Art. 234 EGV die Möglich-

---

[1] Limbach, NJW 01, 2916.
[2] Z.B. Kirchhof, Rechtsschutz, S. 110; Limbach EuGRZ 00, 418 ff, dies. in FAZ v. 29.8.01, S. 2; Papier in FAZ v. 13.4.02, S. 6; vgl. auch Grimm, RdA 96, 69.
[3] BVerfGE 89, 155 (175).
[4] Horn, DVBl. 95, 94; Epping, Außenwirtschaftsfreiheit, S. 194 ff; Huber, EuZW 97, 519; Selmayr/Prowald, DVBl. 99, 269 f.
[5] Vgl. nur Grimm, RdA 96, 69.
[6] BVerfGE 102, 147 (163).
[7] Limbach, NJW 01, 2916; Grimm, RdA 96, 69.

keit der Zusammenarbeit[8]. Unbestritten ist das Vorlageverfahren nach Art. 234 EGV ein Vehikel der Kooperation, ein Scharnier zwischen den beiden Rechtsordnungen, das Instrument der Zusammenarbeit[9]. Nach dieser Vorschrift entscheidet der EuGH in einem „Zwischenverfahren" über die Auslegung und Gültigkeit von Gemeinschaftsrecht nach Vorlage eines nationalen Gerichts. Alle Gerichte in der EG sind aufgefordert, bei Zweifeln über die Auslegung von Primärrecht und Zweifeln über die Gültigkeit und Auslegung aller anderen Normen des sog. sekundären Gemeinschaftsrechts dem EuGH diese vorzutragen, damit dieser die Frage des Gerichts beantwortet. Das nationale Gericht wendet dann die Auslegung durch den Gerichtshof in Luxemburg im konkreten Rechtstreit an. Die Vorlage ist für Gerichte, deren Entscheidungen nicht mehr mit Rechtsmitteln des innerstaatlichen Rechts angefochten werden können, nach Art. 234 Abs. 3 EGV verpflichtend.

Das Vorlageverfahren bietet die Chance eines „richterlichen Dialoges"[10]. Bereits in einem Urteil aus dem Jahre 1965 sprechen die Richter in Luxemburg von einem richterlichen Zusammenwirken im Rahmen des alten Art. 177 (Art. 234 n.F.) EGV[11]. Sie zeigen damit auf, wie eine Zusammenarbeit aussehen kann. Wenn die Luxemburger Richter von „Kooperation" sprechen, meinen sie, im Gegensatz zur konturlosen Formel des „Kooperationsverhältnisses"[12] aus der Maastricht-Entscheidung des BVerfG[13], ganz konkret die Zusammenarbeit der Gerichte über das Vorlageverfahren.

> *„Zur ersten Frage ist daran zu erinnern, daß – wie der Gerichtshof in zahlreichen Entscheidungen hervorgehoben hat – Artikel 177* [Art. 234 n.F.; Anm. d. Autors] *im Interesse der ordnungsgemäßen Anwendung und einheitlichen Auslegung des Gemeinschaftsrechts in allen Mitgliedstaaten von einer Zusammenarbeit ausgeht, die auf einer Aufgabenteilung zwischen der innerstaatlichen Gerichtsbarkeit und dem Gerichtshof der Gemeinschaften beruht."*[14]

---

[8] Rodriguez Iglesias, NJW 00, 1889.

[9] Nicolaysen, EuR 35 (2000), 509; Zehetner, EuR 10 (1975), 115 m.w.N.; Hirsch, NJW 00, 1819, 1821; ders. in FS Bay.VerfGH, S. 52; Trautwein, JuS 97, 896; Streinz in FS Heymanns Verlag, 667 ff; ders. Grundrechtsschutz und Gemeinschaftsrecht, 157 und 304; Klein, GS Grabitz, S. 271 (284 f); Everling, GS Grabitz, S. 63 f; Jürgensen/Schlünder, AöR 121 (1996), 224; Pernice, EuZW 93, 649; Gersdorf, DVBl. 94, 684; Huber, AöR 116 (1991), 247; Schlaich/Korioth, Rn. 354; Giegerich, S. 120; Grimm, RdA, 96, 69; Sander, DÖV 00, 596; Streil, S. 69 ff; Lieber, S. 19.

[10] "Kooperation bedeutet zumindest "richterlichen Dialog", d.h. den EuGH mit dem Problem zu befassen," Pernice, EuZW 93, 649; Hirsch, FS Bay.VerfGH, S. 52; Schwarze-Schwarze, Art. 234, Rn. 3.

[11] EuGH Rs. 16/65, Schwarze/Einfuhr- und Vorratsstelle, Slg. 1965, 1152/1165.

[12] Vgl. Zuck, NJW 94, 979.

[13] BVerfGE 89, 155 (175).

[14] EuGH Rs. 244/80, Foglia/Novello II, Slg. 1981, 3045/3062 Rz. 14.

In späteren Entscheidungen heißt es dann auch folgerichtig:

> *„Das in Artikel 177* [Art. 234 n.F.; Anm. d. Autors] *EWG-Vertrag vorgesehene Verfahren ist somit ein Instrument der Zusammenarbeit zwischen dem Gerichtshof und den nationalen Gerichten."*[15]

Sehr viele innerstaatliche Gerichte standen und stehen im richterlichen Dialog mit dem EuGH im Sinne dieser Definition. Die Zusammenarbeit manifestiert sich durch die Vorlagen aus allen Staaten, von Gerichten aus allen Fachbereichen. Bis zum Jahre 2002 erreichten dabei den EuGH insgesamt 4834 Vorlagen, davon stammen alleine aus Deutschland 1321 Vorlagefragen nach Art. 234 EGV[16]. In der Liste der vorlegenden Gerichte erscheinen BGH (mit 85 Vorlagen), BAG (4 Vorlagen), BVerwG (55 Vorlagen), BFH (198 Vorlagen), BSG (69 Vorlagen) und damit alle höchsten Bundesgerichte[17]. 1997 hat darüber hinaus der Hess.StGH den EuGH im Verfahren nach Art. 234 Abs. 3 EGV angerufen. Auffallend ist, dass das BVerfG in dieser Reihe fehlt, zumal der EuGH von den deutschen Gerichten vermehrt nach Art. 234 EGV angerufen wird[18].

Das BVerfG hat bereits vor der Maastricht-Entscheidung[19] grundsätzliche Aussagen zum Vorlageverfahren gemacht, so etwa in der Vielleicht[20]- und der Solange I-Entscheidung[21]:

> *„Art. 177 EWGV* [Art. 234 EGV n.F.; Anm. d. Autors] *spricht dem Gerichtshof im Verhältnis zu den Gerichten der Mitgliedstaaten die abschließende Entscheidungsbefugnis über die Auslegung des Vertrages sowie über die Gültigkeit und die Auslegung der dort genannten abgeleiteten gemeinschaftsrechtlichen Akte zu."*[22]

> *„Inzidentfragen aus dem Gemeinschaftsrecht kann es* [das BVerfG; Anm. d. Autors] *(ebenso wie der Europäische Gerichtshof) selbst entscheiden, sofern nicht die Voraussetzungen des auch für das Bundesverfassungsgericht verbindlichen Art. 177 des Vertrages* [Art. 234 n.F.; Anm. d. Autors] *vorliegen oder schon eine nach dem Gemeinschaftsrecht das Bundesverfassungsgericht bindende Entscheidung des Europäischen Gerichtshof eingreift."*[23]

---

[15] EuGH Rs. 231/89, Gmurzynska-Bscher/Oberfinanzdirektion Köln, Slg. 1990, 4003/4017 Rz. 18; siehe auch Rs. C-147/91, Ferrer Laderer, Slg. 1992, 4097/4115 Rz. 6; vgl. Hirsch, NJW 00, 1819.
[16] EuGH-Rechtsprechungsstatistik 2002 – Anlage 1, siehe S. 127.
[17] EuGH-Rechtsprechungsstatistik 2002 – Anlage 2, siehe S. 128.
[18] 909 Vorlagen stammen von allen anderen deutschen Gerichten – EuGH-Rechtsprechungsstatistik 2002 – Anlage 2, siehe S. 128.
[19] BVerfGE 89, 155.
[20] BVerfGE 52, 187.
[21] BVerfGE 37, 271.
[22] BVerfGE 52, 187 (200).
[23] BVerfGE 37, 271 (282).

Seit der Mitgliedschaft Deutschlands in der EG, also seit deren Gründung, hat aber trotz einer immer stärkeren Verzahnung der Rechtssysteme keine Vorlage nach Art. 234 EGV den EuGH von Seiten des BVerfG erreicht.

Dem BVerfG scheint es um sein Recht zur authentischen Interpretation zu gehen, um das letzte Wort. Zwar wird die Funktion einer „Superrevisionsinstanz" stets und zu Recht abgelehnt[24]. In diesem Ausdruck scheint dennoch viel vom Selbstverständnis des Gerichts enthalten zu sein. Denn seit Jahren hüten die deutschen Verfassungsrichter die Verfassung und sind Garant für einen effektiven Grundrechtsschutz[25]. Wie sollten sie nunmehr eine Instanz akzeptieren, die ihnen bei ihrer Interpretationsarbeit Vorgaben macht? Mit der Anrufung eines anderen Gerichts hätte sich das BVerfG an dessen Auslegung zu orientieren und würde das Recht zur authentischen Interpretation verlieren. Diese Vermutungen wären dann unbegründet, wenn es in der Rechtsprechungshistorie des deutschen Verfassungsgerichts keinen Rechtsstreit gegeben hat, in dem die Auslegung und Gültigkeit gemeinschaftsrechtlicher Normen zweifelhaft und deswegen eine Vorlage an den EuGH bislang nicht in Erwägung zu ziehen war.

Gegenstand dieser Analyse ist deshalb die Rechtsprechung des BVerfG, in der gemeinschaftsrechtliche Normen zur Anwendung kamen. Es wird untersucht, ob nicht in dem einen oder anderen Fall eine Vorlagepflicht bestand. Dabei ist zu berücksichtigen, dass die Vorlagepflicht für letztinstanzliche Gerichte nur dann gegeben ist, wenn die Auslegung oder Gültigkeit von Gemeinschaftsrecht erforderlich i.S.d. Art. 234 Abs. 2 EGV, d.h. entscheidungserheblich, ist. Die Entscheidungserheblichkeit wird vom EuGH, abgesehen von einigen noch zu erläuternden Ausnahmen, aber nicht näher nachgeprüft. Sie unterliegt somit der Einschätzungsprärogative des vorlegenden Gerichts. Das BVerfG hatte und hat es also selber in der Hand, mit der Bejahung der Erforderlichkeit einer Vorlage eine Vorlagepflicht nach Art. 234 Abs. 3 EGV auszulösen. Etwa in solchen Verfahren, in denen die Auslegung gemeinschaftsrechtlicher Normen und das Verhältnis zum deutschen Recht im Mittelpunkt stehen. Aber auch in Fallkonstellationen, in denen das BVerfG zur Streitentscheidung auf Normen des Gemeinschaftsrecht rekurriert, die deren Begründung untermauern soll. Und schließlich bleibt die Möglichkeit einer freiwilligen Vorlage nach Art. 234 Abs. 2 EGV weiterhin bestehen[26]. Deshalb findet im Rahmen der Untersuchung der Rechtsprechung des BVerfG neben der Vorlagepflicht auch die Möglichkeit zu einer freiwilligen Vorlage Beachtung.

Die Verpflichtung zu einer Vorlage ergibt sich also erst nach Annahme der Entscheidungserheblichkeit durch das Gericht und damit aus dessen Bereitschaft den EuGH anzurufen. Damit ist der Wille eines Gerichts zur Zusammenarbeit ein ausschlaggebendes Prüfungskriterium. Was umso mehr für das BVerfG gilt, hat es doch die Formel vom „Kooperationsverhältnis" geprägt.

---

[24] Limbach, NJW 01, 2917; Kirchhof, Rechtsschutz, S. 115 ff.
[25] Aus Sicht des Staatsbürgers jedenfalls – Lamprecht, NJW 01, 2942 ff.
[26] Rodriguez Iglesias, NJW 00, 1891; Schwarze-Schwarze, Art. 234 Rn. 46.

Wenn im Rahmen dieser Arbeit die Kooperation zwischen BVerfG und EuGH untersucht wird, konzentriert sich diese ausschließlich auf das Vorlageverfahren. Zugrunde gelegt wird damit das Verständnis und die Definition des EuGH zum Vorlageverfahren, wonach das Instrumentarium für eine Zusammenarbeit der Gerichte Art. 234 EGV zu Verfügung stellt[27]. Die strikte Begrenzung der Kooperation allein auf dieses Verfahren liegt der Arbeit zugrunde[28]. Zugegebenermaßen ist ein Zusammenwirken der Gerichte auch über das Vorlageverfahren hinaus möglich. Die Feststellung allerdings, dass sich der konstruktive Gedankenaustausch zwischen BVerfG und EuGH viel subtiler gestalte als von vielen Kritikern angenommen, erscheint mehr als ein Versuch einen Konflikt zu verdecken[29]. Denn wenn die verfahrenstechnisch zulässige Möglichkeit, in einen direkten Kontakt zum EuGH zu treten, vom deutschen Verfassungsgericht außer Acht gelassen werden sollte, erscheint alles weitere Reden über eine Kooperation unglaubwürdig. „Kooperation bedeutet zumindest „richterlichen Dialog“, d.h. den EuGH mit Problemen zu befassen.“[30] Und diese Chance ergibt sich aus dem Gesprächsangebot des EuGH an alle Gerichte über ein Vorlageersuchen nach Art. 234 EGV. Auch wenn Jürgen Schwarze seiner Analyse zum Verhältnis der beiden Gerichte ein weites und nicht wie hier ein auf Art. 234 EGV begrenztes Verständnis von Zusammenarbeit zugrunde legt, ist ihm zuzustimmen, wenn er sagt, dass eine gute Kooperation nur gelingen kann, wenn sie von einem beiderseitigen Willen dazu getragen ist[31].

Die mangelnde hier zu beweisende Dialogbereitschaft des BVerfG drängt geradezu einen Vergleich mit den Verfassungsgerichten der anderen EG-Mitgliedstaaten auf. Zu klären ist, ob die Sorge um die Letztentscheidungsbefugnis ein Spezifikum allein des deutschen oder gar aller Verfassungsgerichte ist. Auch bei diesem Teil der Untersuchung dient das Vorlageverfahren als Prüfungsansatz. Dabei wird sich zeigen, dass sich kein einheitliches Bild ergibt. Denn von den auf verfassungsrechtliche Fragestellungen spezialisierten Verfassungsgerichten finden sich nur wenige, die den EuGH bisher im Wege einer Vorabentscheidung angerufen haben. Aber auch die Gerichte, die Aufgaben von Verfassungsrechtsprechung im Rahmen des ordentlichen Instanzenzuges als höchstes Landesgericht wahrnehmen, haben unterschiedlich ausgeprägte Vorlagetraditionen.

---

[27] EuGH Rs. 231/89, Gmurzynska-Bscher/Oberfinanzdirektion Köln, Slg. 1990, 4003/4017 Rz. 18; siehe auch Rs. C-147/91, Ferrer Laderer, Slg. 1992, 4097/4115 Rz. 6; vgl. Hirsch, NJW 00, 1819.

[28] Wie hier versteht auch Rodriguez Iglesias in NJW 00, 1889 ff das „Kooperationsverhältnis“; Schwarze, FS BVerfG, S. 224 legt seiner Arbeit ein weiteres Verständnis zugrunde, welches nicht allein auf das Vorlageverfahren fokussiert.

[29] So aber Limbach, EuGRZ 00, 420.

[30] Pernice, EuZW 93, 649.

[31] Schwarze, FS BVerfG, S. 241.

II. Aufbau der Untersuchung

Seit der Maastricht-Entscheidung spricht das BVerfG von einem „Kooperationsangebot", welches es an den EuGH richtet[32]. Das Kooperationsangebot bezieht sich allerdings zunächst auf die Gewährleistung des Grundrechtsschutzes. Was dieses Wort jedoch meint, ist, wie ein Blick ins kontrovers diskutierende Schrifttum zeigt, immer noch offen. Auch hier wird spekuliert: Geht es um „Kooperation" oder um „Konkurrenz"[33]? Meint Kooperation also die Überwachung der EuGH-Rechtsprechung durch das BVerfG in einem „kontinuierlichen Prozeß"[34] oder nur eine „Reservefunktion" für den (Ausnahme-)Fall struktureller Defizite der EG[35]? Meint „Kooperation" eine Beschränkung des BVerfG in der Prüfungsintensität auf eine „Evidenzkontrolle" am „Maßstab der Vertretbarkeit"[36] oder eine Beschränkung im Entscheidungsausspruch auf eine Feststellung der Grundrechtswidrigkeit ohne Kompetenz, über die Anwendbarkeit der EG Normen zu entscheiden[37]? Oder handelt es sich lediglich um bloßes „Gerede"[38]?

Als Ansatz der Untersuchung dient der spezielle Blickwinkel der durch die Überschrift vorgegebenen Thematik. So ist es zunächst notwendig, die Rechtsprechung des BVerfG und der anderen Verfassungsgerichte daraufhin zu untersuchen, wie sie ihr Verhältnis zum EuGH und dementsprechend das Verhältnis der nationalen Rechtsordnungen zum Gemeinschaftsrecht definieren[39]. Deswegen wird diese einleitend in Kapitel B dargestellt, wobei Ausgangspunkt der Betrachtung die Äußerungen des EuGH zu dieser Problematik sind. Kennt man die verschiedenen Standpunkte, kann man zur genaueren Analyse der Vorlagepraxis der Verfassungsgerichte übergehen, nicht jedoch ohne ausreichende Kenntnisse über das Vorlageverfahren als verfahrenstechnische Möglichkeit der Zusammenarbeit von nationalen Gerichten und EuGH. Deshalb wird dieses in Kapitel C vorgestellt.

Erst nachdem diese Vorarbeit geleistet wurde, kann die Aufarbeitung der Vorlagepraxis des BVerfG und der Verfassungsgerichtsbarkeiten gelingen. In vielen Entscheidungen hat das deutsche Verfassungsgericht Überlegungen angestellt und diese auch formuliert. Diese werden chronologisch aufgearbeitet (Kapitel D). Das BVerfG wendet sich mit seinen Worten zum Vorlageverfahren meist an deutsche Instanzgerichte. Es setzt entscheidende Maßstäbe, in welchen Fällen diese das Vorlageverfahren zwingend zu beachten haben. An diesen Maßstäben wird das Gericht im zweiten Teil des Kapitels D gemessen.

---

32 BVerfGE 89, 155 (175); Kirchhof sieht das „Kooperationsangebot" schon im Solange II-Urteil enhalten, in Rechtschutz, S. 115 ff.

33 Schlaich/Korioth, Rn. 354.

34 Tomuschat, EuGRZ 93, 490.

35 Gersdorf, DVBl. 94, 680.

36 Gersdorf, DVBl. 94, 684; Streinz, Europarecht, Rn. 217.

37 Gersdorf, DVBl. 94, 680 ff.

38 Zuck, NJW 94, 979.

39 Siehe dazu auch die umfangreichere Untersuchung von Oppenheimer, The Relationship between European Community Law and National Law: The Cases, Cambridge 1994.

Die auffallende Zurückhaltung des BVerfG bzgl. des Vorlageverfahrens zum EuGH ist Anlass für diese Untersuchung. Alle Entscheidungen des BVerfG im Zusammenhang mit gemeinschaftsrechtlichen Normen wurden auf eine mögliche Vorlageverpflichtung hin analysiert.

Die Frage, ob neben dem deutschen auch andere Verfassungsgerichte das Vorlageverfahren ignoriert haben, drängt sich auf. In Kapitel E wird das BVerfG in den Kontext der anderen Verfassungsgerichtsbarkeiten der Mitgliedstaaten der Gemeinschaft gestellt. Hier wird deren Vorlagepraxis näher betrachtet und darauf hin untersucht, ob die anderen Verfassungsgerichte die ausgestreckte Hand des EuGH über den Art. 234 EGV annehmen und in einen richterlichen Dialog mit dem EuGH treten. Diese Frage soll im rechtsvergleichenden Teil der Arbeit beantwortet werden. Dabei ist eine Untergliederung in eine „konzentrierte" und eine „diffuse" Verfassungskontrolle notwendig. Denn Verfassungsgerichte, bei denen die verfassungsrechtliche Kontrollkompetenz konzentriert ist, wie in Deutschland, existieren nicht in allen Staaten der Gemeinschaft. Andere Verfassungen haben diese Prüfungsbefugnis den höchsten Gerichten im Rahmen ihrer allgemeinen Gerichtsarbeit anvertraut. Wieder andere Staaten lehnen jegliche Verfassungskontrolle ab. Die Unterschiede werden erklärt (Kapitel E I) und die sich daraus ergebenden Konsequenzen für die Arbeit erläutert (Kapitel E II). Nach der Vorlagepraxis der spezialisierten Verfassungsgerichte (Kapitel E III) werden dann die übrigen obersten nationalen Gerichte bearbeitet (Kapitel E IV). Ob, und wenn ja, in welcher Häufigkeit und mit welchen Themenschwerpunkten diese Gerichte den EuGH im Rahmen einer Vorabentscheidung angerufen haben, bildet vor der resümierenden Zusammenfassung in Kapitel F den Abschluss der Untersuchung.

III. Vorgehens- und Untersuchungsweise

Die bekannten Entscheidungen des BVerfG zum Gemeinschaftsrecht, also insbesondere die Solange I[40]-, Solange-II[41], Vielleicht-Entscheidung[42], das Maastricht-Urteil[43] und der Bananenbeschluss[44] bilden das gedankliche Korsett dieser Arbeit, stehen gleichwohl nicht in deren Mittelpunkt. Denn der Untersuchungsgegenstand wird durch die Überschrift vorgegeben. Der Ansatz wurde soeben erläutert. Entsprechend wurden alle Entscheidungen der beiden Senate des BVerfG, wie auch die veröffentlichten und unveröffentlichten Beschlüsse der Kammern daraufhin überprüft, ob eine Vorlagepflicht oder die Möglichkeit dazu bestanden hat. Dementsprechend sind alle Entscheidungen in denen das Gemeinschaftsrecht erwähnt wurde, erfasst, gelesen und bewertet worden. Einen Überblick über all diese Verfahren ergibt sich aus den jewei-

---

[40] BVerfGE 37, 271.
[41] BVerfGE 73, 339.
[42] BVerfGE 52, 187.
[43] BVerfGE 89, 155.
[44] BVerfGE 102, 147.

ligen Fußnoten. Dort sind sämtliche Fälle, in denen das Gemeinschaftsrecht irgendeine Rolle spielte, aufgeführt. Um allerdings die Übersicht zu gewährleisten und die Schwerpunktsetzung auf die Fälle zu konzentrieren, in denen tatsächlich eine Vorlage in Betracht zu ziehen gewesen war, werden lediglich diese Verfahren im Mittelpunkt stehen.

Auch die Vorlagen der Verfassungsgerichtsbarkeiten der anderen Staaten der Europäischen Gemeinschaft konnten eruiert werden. Ausgehend von der neuesten Rechtsprechungsstatistik des EuGH, die alle Verfahren bis 2002 erfasst und der Kontaktaufnahme mit dem Gerichtshof, wurden die Vorlageverfahren ausgewertet. Diese wurden in einem intensiven Austausch mit dem EuGH ermittelt. Als weiteres Hilfsmittel stand das Suchsystem CELEX zur Verfügung, welches die gemeinschaftlichen Dokumente und damit auch Gerichtsverfahren erfasst. Dieses System erfasst aber die Verfahren nicht, in denen der EuGH einen Streichungsbeschluss gefasst hat, da diese nicht in die amtliche Entscheidungssammlung aufgenommen und aus den öffentlichen Registern gelöscht werden[45]. Da auf der einen Seite zwar alle Vorlageersuchen in der Rechtsprechungsstatistik erscheinen, die vom EuGH per Streichungsbeschluss gestrichenen Verfahren aber nicht im öffentlichen Register erscheinen, konnten diese auch nicht im Rahmen der Untersuchung miteinbezogen werden. Die Ergebnisse dieser Recherche wurden stichprobenhaft mit ausgesuchten Verfassungsgerichten rückgekoppelt.

Die Arbeit untersucht die Vorlagepraxis der Verfassungsgerichte vom Zeitpunkt des Beitritts eines Staates bis zum Jahr 2002. In Belgien (1984) und Luxemburg (1997) wurden erst relativ spät Verfassungsgerichte gegründet. Strenggenommen müsste deshalb vor diesen Gründungen die Vorlagepraxis der anderen höchsten staatlichen Gerichte untersucht werden. Eine solche Analyse unterbleibt indes. Zum einen, um die Übersichtlichkeit und Verständlichkeit der Arbeit zu gewährleisten und zum anderen, da sie die Vorlagepraxis der Verfassungsgerichte zum eigentlichen Gegenstand der Arbeit hat. Der deskriptiv empirische Ansatz steht im Vordergrund. Deshalb steht eine kurze Vorstellung der höchsten Gerichte der Mitgliedstaaten und eine zusammenfassende Analyse der bisher vorgelegten Fragen nach Art. 234 EGV und deren Einteilung in Fallgruppen, die sich an der systematischen Einteilung der EuGH-Statistik orientieren, am Anfang des rechtsvergleichenden Teils der Arbeit (Kapitel E).

Alle Staaten, die ein spezialisiertes Verfassungsgericht haben, werden vorrangig und deshalb separat untersucht. Mehr oder minder hilfsweise wird in den anderen Staaten auf deren höchste Gerichtsinstanzen zurückgegriffen. Mit der Unterteilung in eine „diffuse", eine „konzentrierte" und in eine nichtexistierende Verfassungskontrolle tritt das Problem der Vergleichbarkeit offen zu Tage. Alle Gerichte erfüllen verschiedene Funktionen und haben die unter-

[45] Siehe beispielsweise EuGH, Rs. 243/85, Allen/Generics, mit Streichungsbeschluss v. 21.3.86; Rs. C-314/92, Ladenimor/Intercomfinanz, mit Streichungsbeschluss v. 11.4.94; Rs. C-195/01, Scandecor, mit Streichungsbeschluss v. 27.10.01.

schiedlichsten Kompetenzen. Insbesondere die Verfassungsgerichte haben eine herausgehobene Stellung. Zwar variieren diese in ihrer Zuständigkeit, in der Zahl der Antragsberechtigten und der Verfahren, die die Stellung der Verfassungsgerichte in den einzelnen Staaten ausmachen. So kann etwa in Deutschland grundsätzlich unter bestimmten Voraussetzungen „jedermann" das BVerfG anrufen. Italien dagegen kennt keine Verfassungsbeschwerde und Frankreichs Conseil constitutionel ist auf eine rein präventive Verfassungskontrolle beschränkt. Die Unterschiede sind zahlreich und ließen sich weiter ausführen. Sie sollen aber nur kurz angerissen werden, ohne fortwährend auf alle Unterscheidungen hinzuweisen. Wichtig für die Arbeit ist das Wissen darum, dass sich entsprechend der Stellung der Gerichte auch die Arbeitsbelastung und die Möglichkeit der Konfrontation mit Gemeinschaftsrecht, die eine Vorlage an den EuGH nach sich ziehen könnte, unterscheiden. Dennoch wird die Vorlagepraxis der spezialisierten Verfassungsgerichte separat dargestellt, da damit der Wille der jeweiligen Verfassungsgeber Rechnung getragen wird, die diese Gericht als Hüter der Verfassung initiiert haben. Den Verfassungsgerichten ist gemein, dass sie, in besonderen Verfahren, letztverbindlich über die Verfassungsmäßigkeit eines Gesetzes entscheiden. Ihnen ist gemein, dass sie das letzte Wort in den kreierten Verfahren haben. Damit ist alleine die tatsächliche Existenz des Verfassungsgerichts und nicht ihre Kompetenz ausschlaggebend für die Untersuchung.

Deshalb wird die Vorlagepraxis der spezialisierten Verfassungsgerichte vorab untersucht. Erst dann erfolgt die Analyse der Vorlagepraxis aller anderen o bersten nationalen Gerichte. Für diese Gerichte ist darauf hinzuweisen, dass von ihnen viele Vorlagen wie z.B. dem House of Lords Großbritanniens, dem Supreme Court Irlands, dem Højesteret Dänemarks oder Schwedens Högsta Domstolen stammen. Eine Unterscheidung, wann diese Gerichte in ihrer Funktion als Verfassungsgericht und wann als oberste Entscheidungsinstanz im Instanzenzug tätig waren, ist im Grunde fast nicht möglich. Deshalb wird von einer weiteren Aufteilung in Gerichte mit einer „diffusen" und Gerichte mit keiner Verfassungsprüfungskompetenz abgesehen. Es wird bei diesen Gerichten vielmehr ein rein hypothetischer Ansatz eingeführt. Alle bisher von den höchsten Landesgerichten vorgelegten Verfahren werden am Maßstab der Verfahren des BVerfG gemessen. D.h. es werden Überlegungen angestellt, ob das eine oder andere Verfahren in Deutschland vor dem BVerfG ausgetragen worden wäre. Eine wirklich Vergleichbarkeit ist im Grunde nicht möglich und unterliegt vielen Einwänden. Gleichwohl eignet er sich dazu, einen etwaigen Boykott des Vorlageverfahrens im verfassungssensiblen Bereich der Rechtsprechung auch der anderen Gerichte aufzuspüren und so einen Diskussionsansatz zu ermöglichen.

B. Verhältnis von Gemeinschaftsrecht zum nationalen Recht in der Rechtsprechung der obersten nationalen bzw. Verfassungsgerichte

Die Europäische Gemeinschaft ist nicht nur eine wirtschaftliche und politische Gemeinschaft, sondern auch eine Rechtsgemeinschaft[46]. Sie verdankt ihre Entstehung den Verträgen, die von den Mitgliedstaaten unterzeichnet und ratifiziert wurden. Dieses sogenannte Primärrecht bildet zugleich die Ermächtigungsgrundlage für das sekundäre Gemeinschaftsrecht. Darunter versteht man diejenigen Rechtssetzungsakte, die von der Gemeinschaft mit Gültigkeit für die Mitglieder erlassen werden. Dabei spielen insbesondere die unmittelbar geltenden Verordnungen und die Richtlinien, die eines Umsetzungsaktes in den Mitgliedstaaten bedürfen, eine hervorgehobene Rolle (Art. 249 EGV). Neben den nationalen Rechtsordnungen entsteht so eine Gemeinschaftsrechtsordnung.

Beide Rechtsordnungen stammen aus unabhängigen Quellen und stehen selbständig, jedoch nicht beziehungslos nebeneinander. Denn ein Großteil aller Regelungen insbesondere im Wirtschaftsrecht, wie auch alle anderen Gesetze sind vom Gemeinschaftsrecht beeinflusst oder bestimmt[47]. So existieren auf demselben räumlichen Geltungsbereich die Rechtsordnungen der Nationalstaaten und der EG. Daraus kann sich die Situation ergeben, dass für gleichartige Sachverhalte zwei unterschiedliche Regelungen getroffen wurden. Welcher Regelung ist nun der Vorzug zu geben, denn eine Kollisionsregel, vergleichbar mit Art. 31 GG, findet sich in den Verträgen nicht?

Die Berührungspunkte betreffen unterschiedliche Ebenen. Auf der einen Seite sind vor allem das primäre und das sekundäre Gemeinschaftsrecht und auf der anderen Seite das Verfassungsrecht und die einfachen nationalen Gesetze zu unterscheiden. Die häufigste Berührung ergibt sich beim Zusammentreffen von sekundärem Gemeinschaftsrecht und einfachem staatlichen Recht. Art. 249 Abs. 2 EGV mit seiner Forderung nach unmittelbarer Geltung der Verordnungen zeigt dabei die Richtung an. Die Intention der Gemeinschaft und dementsprechend die gemeinschaftlichen Regelungen sind dem Ziel der Integration untergeordnet. Um diesen Prozess und um die Einheitlichkeit der Anwendung des Gemeinschaftsrechts in den Mitgliedstaaten zu gewährleisten, besteht heute Einverständnis darüber, dass sekundäres Gemeinschaftsrecht Vorrang vor nationalem Recht genießt. Dieser Anwendungsvorrang ist im Grunde auch für das Verhältnis von primärem Gemeinschaftsrecht zum einfachen staatlichen Recht unbestritten[48]. Der EuGH hat dieses zuerst im Fall Costa/ENEL ausgesprochen[49] und im Simmenthal II-Urteil[50] auch gegen-

---

[46] EuGH Rs. Les Verts/Parlament, Slg. 1986, 1339/1365, Rz. 23; siehe auch Schwarze-Schwarze, Art. 220, Rn. 3.

[47] Vgl. BVerfGE 89, 159 (172 f); zur Entwicklung der Normenflut aus der EG siehe Grams, S. 272 ff mit Grafik auf S. 275.

[48] So wurde der Vorrang auch explizit niedergelegt in Art. 10 Abs. 1 des Entwurfs eines Verfassungsvertrages, Europäischer Konvent vom 18. Juli 2003, CONV 850/1/03.

[49] EuGH Rs. 6/64, Costa/ENEL, Slg. 1964, 1251/1269, Rz. 8 ff; zur gemeinschaftsrechtlichen Sichtweise des Problems siehe auch Sander, DÖV 00, 588 f.

[50] EuGH Rs. 106/77, Simmenthal II, Slg. 1978, 629/643, Rz. 17 f.

über nationalem Verfassungsrecht bestätigt[51]. So hat auch das BVerfG daran keinen Zweifel gelassen[52]:

> *„Aus dem Rechtsanwendungsbefehl des Zustimmungsgesetzes zum EWG-Vertrag, der sich auf Art. 189 Abs. 2 EWGV* [Art. 249 Abs. 2 EGV n.F; Anm. d. Autors] *erstreckt, ergibt sich die unmittelbare Geltung der Gemeinschaftsverordnungen für die Bundesrepublik Deutschland und ihr Anwendungsvorrang gegenüber innerstaatlichem Recht."*[53]

Die theoretische Begründung für diese Vorrangannahme hängt von der völkerrechtlichen Einordnung der Beziehung von nationalem Recht und Gemeinschaftsrecht ab. So ist die zitierte Entscheidung des BVerfG geprägt von der in Deutschland herrschenden Sichtweise, nach der sich hier zwei selbständige Rechtsordnungen gegenüberstehen (dualistische Theorie)[54]. Andere Staaten, wie z.B. Frankreich, gehen von einem einheitlichen Regelungskomplex aus (monistische Theorie), wonach sich der skizzierte Konflikt nach den für innerstaatliche Konflikte geltenden Rechtsgrundsätzen auflöst[55]. Dementsprechend ist für die dualistische Theorie die Parallelexistenz mehr ein Kompetenz- denn ein materielles Konfliktproblem[56]. Diese Einschätzung wird durch eine Entscheidung des italienischen VerfGH bestätigt. Darin heißt es, dass beide Rechtsordnungen voneinander verschieden und jeweils autonom, wenn auch entsprechend der Römischen Verträge „koordiniert" sind. Die Normen der europäischen Rechtsordnung fänden kraft Verfassung in Italien unmittelbare Anwendung, sie blieben aber dem innerstaatlichen Rechtssystem Italiens fremd[57]. Aus diesen Feststellungen ergebe sich, dass der italienische Richter kontrolliere, ob die Gemeinschaftsnorm den zu prüfenden Fall erfasse und auf diesen anzuwenden sei, die entgegenstehende nationale Norm jedoch in Kraft bleibe[58].
Diese Theorien haben dementsprechend auch Einfluss auf die Rechtsprechung der höchsten nationalen Gerichte bezüglich der Einbettung der gemeinschaftlichen in die nationalen Rechtsordnungen. Die Bewältigung des Konfliktproblems erfolgt daher in den Mitgliedstaaten auf unterschiedlichen Wegen.

---

[51] Zu Rechtsprechung von EuGH und BVerfG zu dieser Thematik siehe auch Pernice, GS Grabitz, S. 523 ff.
[52] BVerfGE 31, 145 (174 f); 73, 339 (374 f); 75 223, (240).
[53] BVerfGE 73, 339 (375).
[54] BVerfGE 22, 293 (296); 37, 271 (277); 73, 339 (374); Sander, DÖV 00, 589; Henrichs, EuGRZ 89, 239; Huber, AöR 106 (1991), 216 f; Streinz, Grundrechtsschutz und Gemeinschaftsrecht, S. 89, 115 ff.
[55] Art. 55 französische Verfassung; siehe auch Sander, DÖV 00, 592; Henrichs, EuGRZ 89, 239.
[56] Zum Ganzen Heinrichs, EuGRZ 89, 237 f.
[57] Art. 11 italienische Verfassung.
[58] Entsch. Nr. 170 v. 8.6.1984, Granital, CMLRev. 1984, 757 (759 ff), siehe auch EuGRZ 85, 98 f mit Anm. Ritterspach. Die Entscheidung erinnert stark an die Formulierungen aus BVerfGE 22, 293 (296) und 37, 271 (277 f): „das Gemeinschaftsrecht (ist) weder Bestandteil der nationalen Rechtsordnung noch Völkerrecht (...), sondern eine eigenständige Rechtsordnung".

I. Verhältnis zum deutschen Recht in der Rechtsprechung des BVerfG

Anfänglich entwickelte sich das Verhältnis zwischen BVerfG und EuGH relativ konfliktfrei. 1967 wies das deutsche Verfassungsgericht Verfassungsbeschwerden gegen Gemeinschaftsverordnungen als unzulässig ab und bezeichnete dabei die Gemeinschaft als eine im „Prozeß fortschreitender Integration stehende Gemeinschaft eigener Art" mit einer vom innerstaatlichen Recht der Mitgliedstaaten selbständigen, „eigenen Rechtsordnung", die aus einer „autonomen Rechtsquelle" fließt und durch ein eigenes Rechtsschutzsystem überwacht wird. Ausdrücklich lehnte es die Forderung ab, das Rechtsschutzsystem „auf dem Weg über die deutsche Gerichtsbarkeit zu ergänzen oder zu verbessern", da dies die Grenzen zwischen nationaler und supranationaler Gerichtsbarkeit verwischen und zu ungleichen Rechtsschutz in den Mitgliedstaaten führen würde[59]. Bald darauf erkannte das BVerfG den Anwendungsvorrang des Gemeinschaftsrechts vor einfachem Gesetzesrecht an[60]. Das BVerfG hat in seinen frühen Entscheidungen damit zunächst den Dualismus der beiden Rechtsordnungen betont. Das sekundäre Gemeinschaftsrecht sei nicht gleichzeitig nationales Recht[61]. Seit der Solange II-Entscheidung hat sich die Gewichtung verlagert: Die mitgliedstaatlichen Rechtsordnungen und die Gemeinschaftsrechtsordnung stünden nicht unvermittelt und isoliert nebeneinander, sondern seien in vielfältiger Weise aufeinander bezogen, miteinander verschränkt und wechselseitigen Einwirkungen geöffnet[62]. Das BVerfG erkennt in der zitierten Entscheidung aus dem 73. Band grundsätzlich den Vorrang des Gemeinschaftsrechts vor nationalem Recht an. Es folgert diesen aus dem parlamentarischen Rechtsanwendungsbefehl des Zustimmungsgesetzes zu den Verträgen, der über den zur Zeit der Entscheidung integrationsermächtigenden, maßgeblichen Art. 24 GG abgesichert war. Dieser Vorrang wird aber für zwei Fallkonstellationen wieder zurückgenommen.

Das Verfassungsrecht setzt nach dem Maastricht-Urteil[63] des BVerfG dem Rechtsanwendungsbefehl des Zustimmungsgesetzes Grenzen. Nach einem Bild des Berichterstatters dieser Entscheidung Paul Kirchhof wird der nationale Umsetzungsakt zu einer Brücke, über die das europäische Recht nach Deutschland schreiten kann, mit den deutschen Staatsorganen und vor allem dem BVerfG als Garant für die Standfestigkeit und die rechtliche Kontinuierung dieser staatlichen Brücke. Europäischem Recht, das vom Zustimmungsgesetz nicht gedeckt ist, wird von den Organen der Zutritt verwehrt. Voraussetzung für eine erfolgreiche Überquerung der Brücke durch das sekundäre Gemeinschaftsrecht ist, dass es dem deutschen Grundrechtsstandard entspricht und in den Kompetenzbereich der EG fällt[64]. Nach dieser „Brückenthe-

---

[59] BVerfGE 22, 293 (296).
[60] BVerfGE 31, 145 (174).
[61] BVerfGE 22, 293 (296); 37, 271 (277 f).
[62] BVerfGE 73, 339 (368).
[63] BVerfGE 89, 155.
[64] HdbStR- Kirchhof, Bd. VII, § 183 Rn. 65; ders. in DRiZ 95, 259.

orie"[65] ist im GG die Kompetenz, Hoheitsrechte auf die EG zu übertragen, in Art. 23 Abs. 1 GG verankert. In der Verfassung, so das BVerfG, seien aber zwei unabdingbare Schranken der Integrationsermächtigung enthalten. Das ist zum einen die Wahrung des unverzichtbaren Grundrechtsstandards[66] (dazu mehr unter 1.) und zum anderen die durch die Zustimmungsgesetze übertragenen Kompetenzen auf die Gemeinschaft (dazu unter 2.). Diese Grenzen folgten ursprünglich aus Art. 79 Abs. 3 und Art. 24 Abs. 1 GG. Seit 1992 sind sie im Hinblick auf die Europäische Union ausdrücklich in Art. 23 Abs. 1 GG niedergelegt. Danach können Hoheitsrechte auf zwischenstaatliche Einrichtungen nicht vorbehaltlos übertragen werden[67].

1. Unverzichtbarer Grundrechtsstandard

Erst im Dezember des Jahres 2000 wurde in Nizza von den Regierungschefs eine Grundrechtscharta feierlich proklamiert[68]. Diese ist bislang aber noch unverbindlich[69], da einige Mitgliedstaaten befürchten, der EuGH könnte bei ihrer Verbindlichkeit auch rein nationale Maßnahmen bzw. Rechtsakte überprüfen. Wäre die Charta verbindlich, bestünde eine allgemeine Vertragspflicht nach Art. 10 EGV. Dementsprechend hätten die Mitgliedstaaten diese zu beachten. Im Falle der Missachtung könnte eine Vertragsverletzungsklage gem. Art. 226 ff EGV die Folge sein[70]. Ein einklagbarer Grundrechtsschutz war von den Gründungsstaaten der Gemeinschaft wohl auch deshalb zunächst nicht vorgesehen[71] und der Streit über den Status der Grundrechtscharta verdeutlichte erneut, dass viele Staaten ihren Bürgern bindende Grundrechte – Welche? In welchem Umfang? Mit welcher Wirkung? – nicht zubilligen wollten[72]. Deutschland kennt hingegen die unmittelbare Geltung der Grundrechte. Zu deren Schutz stellt das GG das Verfahren der Verfassungsbeschwerde zur Verfügung. D.h. die Bürger können ihre Grundrechte unmittelbar beim BVerfG einklagen. Die Rechtsprechung des deutschen Verfassungsgerichts ist dementsprechend in diesem Bereich besonders sensibel.

So zeugte erstmals die Solange I-Entscheidung[73] des BVerfG von der Spannung zwischen Verfassungsrecht und Gemeinschaftsrecht. Die Entscheidung

[65] Zuleeg spricht in diesem Zusammenhang von der „Brückentheorie", in NJW 97, 1202.
[66] BVerfGE 58, 1 (40); 73, 339 (375; 386 f); 89, 155 (174 f; 178).
[67] BVerfGE 75, 223 (235, 240 ff); 89, 155 (188, 210), vgl. auch Grimm, RdA 96, 67; Hirsch, NJW 96, 2458; Zuck/Lenz, NJW 97, 1193 f; Sandner, DVBl. 98, 263 ff; Zuck, Kooperation, S. 121 ff.
[68] Amtsblatt der Europäischen Gemeinschaften vom 18.12.2000 – C 364/1; zu Grundrechten und Grundwerten in Europa siehe auch Broß, JZ 03, 429.
[69] Dazu und zur Entstehung der Charta Broß, JZ 03, 430.
[70] Alber, EuGRZ, 01, 349.
[71] Trautwein, JuS 97, 894.
[72] Zur mgl. Integrationswirkung der Grundrechte siehe v.Bogandy, JZ 01, 157 ff; unabhängig davon wird die Frage diskutiert, ob eine Selbstbindung der Organe der EU möglich ist – Alber, EuGRZ 01, 349 ff.
[73] BVerfGE 37, 271 (277 ff).

aus dem Jahre 1974 wirkte wie ein Katalysator für die Entwicklung eines Grundrechtsschutzes durch den EuGH, die ihre Anfänge aber bereits Ende der 60er Jahre hatte[74]. Das BVerfG erklärte den damaligen Grundrechtsstandard für unzureichend und berief sich dabei auf Art. 24 GG. Zu den unverzichtbaren, zum Grundgefüge der Verfassung zählenden Essentialia gehörten jedenfalls die Rechtsprinzipien, die dem Grundrechtsteil des GG zu Grunde liegen. Es werde, solange diese Prinzipien nicht mit denen des GG vergleichbar seien, seine Rechtssprechungsbefugnis über die Anwendung von EG-Recht weiterhin ausüben. Die Entwicklungsleistung der Gemeinschaft aber insbesondere auch des EuGH zur Überwindung des Grundrechtsdefizites wurden 1986 vom BVerfG anerkannt. In der Solange II-Entscheidung[75] sah das Gericht seine Zweifel am europäischen Grundrechtsschutz 12 Jahre nach „Solange-I" als grundsätzlich überwunden an und hat dementsprechend seine Prüfungskompetenz zurückgenommen. Es werde,

> *„solange die EG, insbesondere die Rechtsprechung des EuGH, einen wirksamen Schutz der Grundrechte gegenüber der Hoheitsgewalt der Gemeinschaften generell gewährleisten, der dem vom Grundgesetz als unabdingbar gebotenen Grundrechtsschutz im wesentlichen gleichzuachten ist, zumal den Wesensgehalt der Grundrechte generell verbürgt, seine Gerichtsbarkeit über die Anwendbarkeit von abgeleitetem Gemeinschaftsrecht, das als Rechtsgrundlage für ein Verhalten deutscher Gerichte und Behörden im Hoheitsgebiet in Anspruch genommen wird, nicht mehr ausüben."*[76]

Unsicherheiten, ob das BVerfG von diesem integrationsfreundlichen Kurs abgerückt ist, hat das Maastricht-Urteil vom 12.10.1993 ausgelöst. In diesem Verfahren hat sich das Gericht sowohl zur Gewährung von Grundrechtsschutz gegen Gemeinschaftsrechtsakte, als auch zu seiner Befugnis zur Kontrolle der Einhaltung der Kompetenzgrenzen durch die Gemeinschaft geäußert und dabei einen Kontrollvorbehalt gegenüber gemeinschaftsrechtlichen Maßnahmen besonders herausgestellt[77]. Das BVerfG sah in der Entscheidung ein Festhalten an der Solange-II-Rechtsprechung, wie sich dem Bananenbeschluss aus dem Jahr 2000 entnehmen lässt[78]. Als ein Beleg dafür, dass das BVerfG tatsächlich von einer konsequenten Fortschreibung der Grundrechtsjudikatur des EuGH ausging, kann auf Beschlüsse vor und nach der Maastricht-Entscheidung verwiesen werden. Dort heißt es wortgleich:

> *„Soweit die Richtlinie den Grundrechtsstandard des Gemeinschaftsrecht verletzen sollte, gewährt der Europäische Gerichtshof Rechtsschutz.*

---

[74] EuGH Rs. 29/69, Stauder, Slg. 1969, 419/425, Rz. 7; Rs. 11/70, Internationale Handelsgesellschaft, Slg. 1970 1125/1135 Rz. 3 f; Rs. 4/73, Nold, Slg. 1974, 491/507, Rz. 12ff; siehe auch Everling, GS Grabitz, S. 60 und 74; Anmerkung von Zuleeg, NJW 97, 1205.

[75] BVerfGE 73, 339 (387).

[76] BVerfGE 73, 339 (387).

[77] BVerfGE 89, 155 (174 ff).

[78] BVerfGE 102, 147 (163); ähnlich äußerte sich auch Limbach, EuGRZ 00, 419; dies. in NJW 01, 2917.

Wenn auf diesem Wege der vom Grundgesetz als unabdingbar gebotene Grundrechtsstandard nicht verwirklicht werden sollte, kann das Bundesverfassungsgericht angerufen werden."[79]

In der Literatur wird diese Ansicht des BVerfG, die Rechtsprechung sei einheitlich, nicht einhellig gebilligt. Vielmehr wird auch bezüglich des nationalen Grundrechtsschutzes gegenüber der Hoheitsgewalt der EG ein Bruch in der Judiaktur des BVerfG erkannt[80]. Insbesondere die Verwendung von Zitaten wie dem Wort „generell" aus der Solange-II-Entscheidung solle eine Kontinuität vermitteln, die so nicht besteht, da dieser Begriff in verschiedenen Zusammenhängen mit unterschiedlichem Sinn verwandt wurde. Unabhängig davon, ob sich das BVerfG mit dem EuGH nunmehr in einem „Kooperationsverhältnis" sieht, begnügt sich das BVerfG entgegen der Solange-II-Entscheidung nicht mehr mit einer Funktion als „Rekursinstanz für den Ausnahmefall"[81] sondern beansprucht eine dauerhafte Kontrollzuständigkeit über Gemeinschaftsrechtsakte[82].

Die Befürchtungen hinsichtlich der Ausweitungen der Kontrolle hat das BVerfG trotz der Entscheidung zur Tabakrichtlinie[83] in späteren Entscheidungen nicht bestätigt. Es ist vielmehr zu den Grundsätzen des Solange-II-Beschluss zurückgekehrt und hat die Linie eines pragmatischen Umgangs mit Fragen gemeinschaftsrechtlichen Einschlags fortgesetzt. So ist der Alcan-Beschluss von dem ersichtlichen Willen zur Kooperation mit dem EuGH sowie durch Rücksichtnahme auf Besonderheiten des Gemeinschaftsrechts geprägt[84]. Mit dem Beschluss zur Bananemarktordnung hat das BVerfG erneut den bestehenden Grundrechtsschutz in der Gemeinschaft akzeptiert und so, anknüpfend an die Solange-Entscheidungen, seine Rechtsprechung bestätigt[85]:

„Ein deckungsgleicher Schutz in den einzelnen Grundrechtsbereichen des Grundgesetzes durch das europäische Gemeinschaftsrecht und die darauf fußende Rechtsprechung des Europäischen Gerichtshofs ist nicht gefordert. Den verfassungsrechtlichen Erfordernissen ist entsprechend den in BVerfGE 73, 339 (340, 387) genannten Voraussetzungen genügt, wenn die Rechtsprechung des Europäischen Gerichtshofs ei-

[79] Wortgleich im Beschluss v. 11.4.89 – 2 BvG 1/89 – in NJW 90, 974 (975) und Beschluss der 2. Kammer des Zweiten Senats v. 12.5.89 – 2 BvQ 3/89 – in EuGRZ 89, 339 (340); siehe aber auch Beschluss der 2. Kammer des Ersten Senats vom 9.1.01 – 1 BvR 1036/99 – in NJW 01, 1267 f.

[80] Siehe etwa Horn, DVBl. 95, 89 ff.

[81] Epping, Außenwirtschaftsfreiheit, S. 228.

[82] Epping, Außenwirtschaftsfreiheit, S. 225, 228 f; Schwarze, FS BVerfG, S. 230 f.

[83] BVerfGE 95, 173 (180 f); zu dieser Entscheidung siehe auch den Kommentar von H.-P. Schneider, NJW 98, 576 ff, der Reich in NJW 98, 1537 zu einigen Bemerkungen provozierte, auf den H.-P. Schneider wiederum in NJW 98, 2191 antwortete.

[84] Beschluss der 1. Kammer des Zweiten Senats v. 17.2.2000 – 2 BvR 1210/98 – in NJW 00, 2015 f.

[85] BVerfGE 102, 147 (161 ff); deshalb sei es auch müßig, über die Irritationen des Maastricht-Urteils weiter nachzusinnen, Limbach, NJW 01, 2917.

nen wirksamen Schutz der Grundrechte gegenüber der Hoheitsgewalt der Gemeinschaften generell gewährleistet, der dem vom Grundgesetz unabdingbar gebotenen Grundrechtsschutz im Wesentlichen gleich zu achten ist, zumal den Wesensgehalt der Grundrechte generell verbürgt."[86]

Verfassungsbeschwerden und Vorlagen von Gerichten sind deshalb von vornherein unzulässig, wenn sie das Absinken dieses Grundrechtsstandards in ihrer Begründung nicht darlegen[87]. Das BVerfG hat damit hinsichtlich der Grundrechtskonformität gemeinschaftlicher Rechtsakte pragmatisch entschieden und die Gefahr eines Konfliktes mit dem EuGH langfristig in den Bereich des Theoretischen verlagert[88]. Die in der Solange I-Entscheidung begonnene Skepsis des BVerfG gegenüber dem vom EuGH gewährleisteten Grundrechtsschutz ist mit dem Bananenbeschluss damit zumindest partiell beigelegt.

Alle genannten Entscheidungen des BVerfG haben zu großen Diskussionen in der Wissenschaft geführt, die hier nicht weiter aufgegriffen werden sollen, da sie nicht das dieser Arbeit zu Grunde liegende Thema zum Gegenstand haben. Bemerkenswert ist allerdings, dass Gericht und Richter um Klarstellung ihrer Entscheidungen bemüht sind. Im Mittelpunkt der Erläuterungen steht ein ums andere Mal die tatsächliche Kontrollbefugnis, die das BVerfG nunmehr für sich beansprucht. Den unabdingbaren Grundrechtsstandard gelte es, nach obigem Zitat, zu schützen. Die Richter erklären dazu in Aufsätzen, dass es nicht um eine Einzelfallkontrolle der Superrevisionsinstanz BVerfG gehe, sondern um einen generellen Grundrechtsschutz, der sich nicht an einem Einzelfall dingfest machen lasse, so Jutta Limbach[89]: „Denn der Respekt vor der grundsätzlichen Letztentscheidungskompetenz des EuGH und die Leitidee vom Kooperationsverhältnis vertragen sich nicht mit einer Einzelfallkontrolle durch nationale Verfassungsgerichte und deren Einsatz als „Wachhunde"."[90] Oder wie Dieter Grimm es formuliert: „Verlangt wird also nicht die Gleichheit der Grundrechte, sondern die Gleichwertigkeit des Grundrechtsniveaus."[91] Wäre die Sicherstellung des identischen Grundrechtsschutzes die Absicht des BVerfG, nähme es tatsächlich die Stellung eines Superrevisionsgerichtes ein. Dieses sei aber abzulehnen, denn es gehe ausschließlich um den Kern des Schutzgehaltes der Freiheits- und Gleichheitsrechte[92]. Dementsprechend habe das BVerfG allenfalls eine Reservekompetenz[93].

[86] BVerfGE 102, 147 (164).
[87] BVerfGE 102, 147 (164).
[88] Nicolaysen/Nowak, NJW 01, 1234 f; Schwarze, FS BVerfG, S. 238; Schmid, NVwZ 01, 254.
[89] Limbach, NJW 01, 2917; mit Beispielen Klein, VVDStRL 50 (1991), 81.
[90] Limbach, NJW 01, 2917.
[91] Grimm, RdA 96, 67.
[92] Limbach, NJW 01, 2917; Kirchhof, Rechtsschutz, S. 115 ff.
[93] So Limbach, NJW 01, 2917

Wirklich erhellend sind diese Erklärungsversuche nicht, vermögen sie doch nicht aufzuzeigen, in welchem Fall der Grundrechtsstandard unabdingbar ist oder wie viele Fälle ein Beschwerdeführer abwarten muss, damit eine generelle Gefahr für den Grundrechtsschutz besteht, die über den konkreten Einzelfall hinausgeht[94]. Dabei ist zu beachten, dass das Gericht auf Antrag entscheiden muss und sich seiner Verantwortung unter Berufung auf ein „Kooperationsverhältnis" nicht entziehen kann[95]. Grundrechtsschutz ist Individualrechtschutz, den das BVerfG schon in Hinblick auf Art. 1 Abs. 3 GG nicht aussetzen kann[96].

Die Kritik an der Rechtsprechung sei dahingestellt. Deutlich wird, dass das BVerfG vom Dualismus zweier Rechtsordnungen ausgeht. Es hat die Souveränität der Staaten im Blick und die eigene Letztentscheidungsbefugnis im Kopf – diese wird ja auch ausdrücklich durch den Bananebeschluss beansprucht[97]. Die bereits geäußerte Vermutung, dass es bei dem Verhältnis der Rechtsordnungen weniger um einen Rechtskonflikt als vielmehr um ein Kompetenzproblem geht[98], wird beim Grundrechtsschutz angedeutet und bei der nächsten vom BVerfG in Anspruch genommenen Letztentscheidungsbefugnis, dem sog. „ausbrechenden Rechtsakt"[99], offenkundig.

2. Ultra vires-Handlungen

Die zweite Schranke leitet das BVerfG seit der Maastricht-Entscheidung aus Art. 38 GG i.V.m. dem Demokratieprinzip her[100]. Über die Teilhabe an Wahlen werde ein subjektiv einklagbares Recht gewährleistet, das verletzt sei,

> *„wenn ein Gesetz, das die deutsche Rechtsordnung für die unmittelbare Geltung und Anwendung von Recht der – supranationalen – Europäischen Gemeinschaft öffnet, die zur Wahrnehmung übertragenen Rechte und das beabsichtigte Integrationsprogramm nicht hinreichend bestimmbar festlegt."*[101]

Insbesondere das rechtsverbindliche, unmittelbare Tätigwerden der Europäischen Gemeinschaften im innerstaatlichen Rechtsraum müsse für den Gesetzgeber voraussehbar, im Vertrag umschrieben und durch ihn im Zustimmungsgesetz ausreichend normiert werden[102]. Aus diesem Gebot der Be-

---

94 Vgl. u.a. Huber, EuZW 97, 519; Sandner, DVBl. 98, Zuck/Lenz, NJW 97, 1195; Everling, GS Grabitz, S. 61 m.w.N..
95 Everling, GS Grabitz, S. 61.
96 Sandner, DVBl. 98, 265; Zuck/Lenz, NJW 97, 1195; Everling, GS Grabitz, S. 61 m.w.N..
97 BVerfGE 102, 147 (161 ff); siehe auch Limbach, NJW 01, 2917.
98 Heinrichs, EuGRZ 89, 237.
99 BVerfGE 89, 155 (187 f).
100 BVerfGE 89, 155 (171 ff).
101 BVerfGE 89, 155 (187).
102 BVerfGE 89, 155 (182 ff; insbes. 187).

stimmbarkeit ergebe sich, das spätere wesentliche Änderungen des im EU-Vertrag[103] angelegten Integrationsprogrammes und seiner Handlungsermächtigung ohne ausdrückliche Vertragsänderung nicht mehr vom Zustimmungsgesetz gedeckt seien, folglich ultra vires sind.

> *„Die deutschen Staatsorgane wären aus verfassungsrechtlichen Gründen gehindert, diese Rechtsakte in Deutschland anzuwenden. Dementsprechend prüft das Bundesverfassungsgericht, ob Rechtsschutz der europäischen Einrichtungen und Organe sich in den Grenzen der ihnen eingeräumten Hoheitsrechte halten oder aus ihnen ausbrechen (vgl. BVerfGE 58, 1 (30 f); 75, 223 (235, 242)).“*[104]

Anders als im Bereich des Grundrechtsschutzes, lässt die bisherige Rechtsprechung des BVerfG zur Kontrolle der Kompetenzkonformität gemeinschaftlicher Rechtsakte keine weit reichende Preisgabe des Kontrollanspruchs erkennen. Bei der Grundrechtsjudikatur wird ein genereller Schutz erwartet, der dem Standard des GG im Wesentlichen gleich zu achten ist[105]. Die Existenz eines „ausbrechenden Rechtsaktes“ hingegen wird bisher in erster Linie mit Blick auf einen Einzelfall untersucht, wie etwa im Alcan-Beschluss[106]. Eine Zurücknahme des Kontrollanspruchs ist damit im Bereich der Ultra-vires-Handlungen nicht erkennbar und ein Konflikt mit dem EuGH bezüglich des Verhältnises von deutschem und Gemeinschaftsrecht möglich[107].

Für das Verhältnis der beiden autonomen Rechtsordnungen heißt das konkret, dass nationales Recht einschließlich des nationalen Verfassungsrechts nur durch Gemeinschaftsrecht verdrängt wird, das vertragsgemäß ist. Gemeinschaftsrecht, das in den Verträgen keine Grundlage hat, kann nationales Recht nicht verdrängen. Diese Prämisse ist im Grunde unbestritten. Meinungsverschiedenheiten beginnen erst bei der Frage, wer im Konfliktfall zu seiner Durchsetzung berufen ist – EuGH oder BVerfG[108].

Das BVerfG kann nicht über die Gültigkeit oder Ungültigkeit von sekundärem Gemeinschaftsrecht befinden. Diese richtet sich nach dem primären Gemeinschaftsrecht, welches allein der Jurisdiktion des EuGH unterworfen ist. Andererseits kann der EuGH nicht über die Vereinbarkeit deutscher Gesetze mit dem GG befinden, welches allein der Jurisdiktion des BVerfG unterfällt. Schwierigkeiten gibt es bei der Kollision von Normen der beiden Rechtsord-

---

[103] Zum grundsätzlichen Problem der Unterscheidung von Unionsrecht und Gemeinschaftsrecht siehe Vedder, EuR – Beiheft 1 – 99, 7 ff.
[104] BVerfGE 89, 155 (188).
[105] BVerfGE 73, 339 (387); 102, 147 (164).
[106] Beschluss der 1. Kammer des Zweiten Senats v. 17.2.2000 – 2 BvR 1210/98 – in NJW 00, 2016.
[107] Nicolaysen/Nowak, NJW 01, 1234, 1236.
[108] Grimm, RdA 96, 68 f; Nicolaysen/Nowak, NJW 01, 1234; vgl. insoweit auch zum Problem, ob das BVerfG sich alleine die Letztentscheidung vorbehält oder die Verwerfungskompetenz auf alle deutschen Gerichte und sogar Behörden übertragen hat Grimm, a.a.O.; Hirsch, NJW 96, 2460 ff.

nungen. Konfliktstrategien gibt es nicht. Die beiden Gerichte definieren ihre Beziehung bisher ohne Eingriffe des Normengebers. Bei der Umschreibung des Problemkreises fällt einem jedoch das Wort vom „Kooperationsverhältnis" ein. Zur Kooperationsmöglichkeit über das Vorlageverfahren nach Art. 234 EGV wird im nächsten Kapitel ausführlich Stellung genommen.

Zunächst ist nämlich darauf hinzuweisen, dass auch in anderen Mitgliedstaaten dem vom EuGH proklamierten Vorranganspruch des Gemeinschafts- vor nationalem Recht differenzierte Auffassungen gegenüberstehen.

II. Die Rechtsprechung des italienischen Corte costituzionale

Die italienische Ausgangssituation ist mit der deutschen sowohl hinsichtlich der verfassungsrechtlich zulässigen Übertragung von Hoheitsrechten als auch hinsichtlich der Rechtsprechung des Verfassungsgerichtshofes mit seiner dualistischen Sicht vergleichbar.

Art. 11 der italienischen Verfassung erlaubt Souveränitätsbeschränkungen und die Übertragung von Hoheitsrechten, welche ihre Grenzen in der Anerkennung der Menschenrechte[109] und in der in Art. 139 der Verfassung manifestierten republikanischen Staatsform findet. Bezüglich der Grundrechtsgewährleistung neigt der Verfassungsgerichtshof dazu, den Schutz des Kernbestandes jedes einzelnen Grundrechts zu fordern[110]. Der Corte costituzionale behält sich deshalb, ähnlich wie das BVerfG, die Kompetenz vor, auch künftig das sekundäre Gemeinschaftsrecht bei einer Beeinträchtigung die Verletzung des Kerngehaltes eines Grundrechtes zu überprüfen. Da in Italien der Grundrechtsschutz indes nicht so stark verfolgt wird wie in Deutschland, fand diese Formel bisher keine Anwendung in der Rechtsprechung des Corte costituzionale. Er hält einen solchen Verstoß gar für undenkbar, für eine „abwegige Interpretation" des EGV und spricht von einer „Hypothese"[111]. Wohl auch deswegen wird dieser Vorbehalt in Italien im Gegensatz zu Deutschland kaum diskutiert[112].

Seit 1984 erkennt der Corte costituzionale den unbedingten Vorrang des Gemeinschaftsrechts und im Besonderen die unmittelbare Wirkung von Richtlinien an. Auch in Italien zeigten sich die aus Deutschland bekannten Schwierigkeiten aus der Parallelexistenz der dualistischen Rechtsordnungen[113]. Die

---

[109] Art. 2 italienische Verfassung; zur Problematik welche Grundrechte damit unverbrüchlich sind, siehe Sander, DÖV 00, 592.

[110] Entsch. Nr. 170 v. 8.6.1984, Granital, CMLRev. 1984, 757 (759 ff), siehe auch EuGRZ 85, 98 f mit Anm. Ritterspach.

[111] Entsch. Nr. 185 v. 18.12.1973, Frontini, EuR 9 (1974), 255 (262); siehe auch die Anm. zu dieser Entsch. von Feustel, EuR 9 (1974), 262 ff..

[112] Sander, DÖV 00, 592.

[113] Zur Entwicklung der Rechtsprechung des Corte costituzionale bis zur Granital-Entscheidung siehe Sander, DÖV 00, 592; Henrichs, EuGRZ 89, 240.

Vorrangfrage im Konfliktfall ergibt sich demnach nicht aus den innerstaatlichen Regeln, sondern nach dem sich aus der Kompetenzaufteilung ergebenden Koordinierungsgebot. Der italienische VerfGH behandelt das Verhältnis von Gemeinschaftsrecht zu nationalem Recht ähnlich wie das BVerfG. Er behält sich eine Überprüfung des Zustimmungsgesetzes vor, das durch Art. 11 der italienischen Verfassung insoweit legitimiert wird. Allerdings hegt der italienische VerfGH keine Zweifel daran, dass die EG-Verträge über den Ermächtigungsrahmen nicht hinausgehen. So kann die Betrachtung mit einem Zitat aus der Granital-Entscheidung zusammenfassend abgeschlossen werden:

> *„Auch wenn eine solche Konfliktsituation eher unwahrscheinlich ist, muß sich das Zustimmungsgesetz an den Grundprinzipien unserer Verfassungsordnung und an den unveräußerlichen Menschenrechten messen lassen.“*[114]

III. Die Rechtsprechung des dänischen Højesteret

Eine ähnliche Ausgangslage wie in Deutschland und Italien findet sich auch in Dänemark wieder. Denn Art. 20 des Grundlov[115] sieht eine Übertragung von Hoheitsrechten auf zwischenstaatliche Einrichtungen zwecks Förderung zwischenstaatlicher Rechtsordnung und Zusammenarbeit vor.

Im Rahmen eines für das dänische Gerichtswesen verfahrenstechnisch wie gerichtshistorisch ungewöhnlichen Normenkontrollverfahrens[116] hatte der Højesteret in seiner Funktion als Verfassungsgericht (die nordischen Staaten kennen eine eigenständige Verfassungsgerichtsbarkeit nicht[117]) über die Verfassungsmäßigkeit des Gesetzes zum Beitritt Dänemarks zu den Europäischen Gemeinschaften aus dem Jahre 1972, in der Fassung des Zustimmungsgesetzes zum Maastrichter Vertrag aus dem Jahre 1993, zu entscheiden. Nach einleitenden Worten zum Umfang und zur Bestimmtheit des Art. 20 Grundlov geht der Oberste Gerichtshof auch auf die Befugnisse des EuGH und dem damit verbundenen Prinzip des Vorrangs des Gemeinschaftsrechts ein. Zwar sei es den dänischen Gerichten verwehrt, Rechtsakte der Gemeinschaft ohne eine vorherige Anhörung des EuGH insbesondere über das Vorlageverfahren zu verwerfen, zumal man davon ausgehen könne, dass der Luxemburger Gerichtshof in seinen Urteilen die Grenzen der Übertragung von Souveränität beachte. Aus dem Bestimmtheitsgebot des Art. 20 Abs. 1 Grund-

---

[114] Entsch. Nr. 170 v. 8.6.1984, Granital, CMLRev. 1984, 757 (763 f); Übersetzung nach Henrichs, EuGRZ 89, 240.

[115] „Das dänische Wort „Grundlov“ steht für „Verfassung“ und heißt wörtlich übersetzt „Grundgesetz“." so Gralla, JöR 38 (1989), 302 Fßn. 19.

[116] Zur formellen Seite und zum Gang des Verfahrens siehe Hofmann, EuGRZ 99, 1 ff; Ring/Olsen-Ring, EuZW 98, 590 f; Thomas, ZaöRV 58 (1998), 879 ff.

[117] Tomuschat, FS BVerfG, S. 251.

lov und der grundsätzlichen Kompetenz der dänischen Gerichte, Gesetze auf ihre Verfassungsmäßigkeit zu überprüfen, folge aber,

> *„daß den Gerichten nicht die Zuständigkeit genommen werden kann, Rechtsfragen zu behandeln, ob ein Rechtsakt der Gemeinschaft die Grenzen der durch das Beitrittsgesetz vorgenommenen Souveränitätsübertragung überschreitet. Die dänischen Gerichte können daher einen Rechtsakt der Gemeinschaft für in Dänemark unanwendbar erklären, falls die außergewöhnliche Situation entstehen sollte, daß ein Rechtsakt, der vom Gerichtshof bestätigt wurde, auf einer Anwendung des Vertrages gegründet ist, die außerhalb der vom Beitrittsgesetz bewirkten Souveränitätsübertragung liegt.“*[118]

Das Zitat erinnert stark an die Maastricht-Entscheidung des BVerfG[119], da die Letztentscheidung, ob ein Rechtsakt der Gemeinschaft in Dänemark anwendbar ist, bei den dänischen Gerichten liegt, die letztverbindlich darüber zu entscheiden hätten, in welchem Umfang Dänemark Hoheitsrechte auf die Gemeinschaft übertragen kann. In dieser Passage tritt damit ein möglicher Konflikt zwischen den dänischen Gerichten und dem EuGH offen zu Tage. Denn allen dänischen Gerichten mit dem Højesteret an der Spitze steht grundsätzlich die Kompetenz zu, Rechtsakte der Gemeinschaft für unanwendbar zu erklären. Auch die dänische Gerichtsbarkeit behält sich damit die Überprüfung von Gemeinschaftakten über das Zustimmungsgesetz auf ausbrechende Akte vor.

Bezogen auf die Grundrechte ergeht mehr der versteckte Hinweis, dass keiner internationalen Organisation und damit auch nicht der Gemeinschaft die Befugnis übertragen werden dürfe, Rechtsakte zu erlassen, die die Bestimmungen des dänischen Grundlovs und somit auch nicht die dort normierten Freiheitsrechte verletzen. Ein offener Prüfungsvorbehalt, wie ihn das BVerfG als zentralen Punkt seiner Entscheidungen formuliert hat[120], nennt der Oberste Gerichtshof nicht.

Somit hält sich der Højesteret wie auch der Corte costituzionale und das BVerfG eine Überprüfung vor, ob sich das nationale Zustimmungsgesetz im Rahmen der von der Verfassung gezogenen Grenzen hält.

---

[118] Urteil vom 6.4.1998 zitiert nach der deutschen Übersetzung aus EuGRZ 99, 49 (52).

[119] BVerfGE 89, 155; siehe auch die Anmerkungen von Ring/Olsen-Ring, EuZW 98, 591; Thomas, ZaöRV 58 (1998), 893.

[120] Dazu Hofmann, EuGRZ 99, 4 f.

IV. Die Rechtsprechung des französischen Gerichtsbarkeit

Frankreich hat sich mit seiner Verfassung eindeutig dem monistischen Modell der Rechtsordnungen unterworfen[121]. Danach erlangen alle ordnungsgemäß zu Stande gekommenen internationalen Verträge eine höhere Rechtskraft als nationale Gesetze. Trotz des eindeutigen Wortlauts ist insbesondere die Rechtsprechung des Conseil d´Etat zu dieser Verfassungsvorschrift von einem Wandel geprägt. Wurde ein Vorrang anfänglich noch trotz der klaren Aussage abgelehnt, hat das Gericht in den letzten Jahren eine Wende vollzogen und den Vorrang des primären wie auch des sekundären Gemeinschaftsrechts gebilligt[122].

Der französische Verfassungsrat, 1958 gegründet und mit nur beschränkten Kompetenzen ausgestattet, hat seit jeher die nationale Souveränität auch im Hinblick auf die fortschreitende europäische Integration der Gemeinschaft vorangestellt. Wurden die ersten Urteile dazu noch als „integrationsfeindlich" eingestuft[123], folgten in den 90er Jahren drei Entscheidungen zum Maastricht-Vertrag[124] im Rahmen einer vorbeugenden Kontrolle der für Frankreich zu erwartenden völkerrechtlichen Verpflichtungen, auf die dieses Adjektiv nicht mehr zutraf. So entschied der Verfassungsrat in seinem Urteil vom 9. April 1992, dass der französische Verfassungsgeber nur an wenige Grenzen bei der Übertragung von Hoheitsrechten gebunden und insoweit souverän sei. Schranken bildeten allein die sogenannten libertés publiques, wie schon hervorgehoben die Souveränität, die Achtung der Menschenrechte und die Gewährleistung der republikanischen Staatsform[125]. Mit einer Entscheidung vom 31.12.1997 hat der französische Verfassungsrat festgestellt, dass die Ermächtigung zur Ratifikation des Vertrages von Amsterdam erst nach einer Änderung der französischen Verfassung erteilt werden durfte. U.a. erreichten nämlich die vertraglich vorgesehenen Kompetenzenübertragungen ein solches Ausmaß und geschähen unter solchen Bedingungen, dass die essentiellen Bedingungen für die Ausübung der nationalen Souveränität betroffen sein könnten[126]. Wegen der geäußerten verfassungsrechtlichen Bedenken des Conseil constitutionel gegen den Maastricht-Vertrag wurde zur Erfüllung der Verpflichtungen aus diesem Vertrag die französische Verfassung dann auch ergänzt[127].

Hinsichtlich des Grundrechtsschutzes hatte der Verfassungsrat aber keine mit den vom BVerfG genannten vergleichbaren Bedenken, da diese durch Art. 6 Abs. 2 EUV verbürgt seien. Ein gleichwertiger Grundrechtsschutz sei wegen der gerichtlichen Kontrollmöglichkeiten, an deren Ende der EuGH stehe, ge-

---

[121] Art. 55 französische Verfassung.

[122] Siehe Nachweis bei Sander, DÖV 00, 592 f; Genevois, EuR 20 (1985), 355; Henrichs, EuGRZ 89, 239 f.

[123] Mit Nachweis in der Rechtsprechung des Conseil constitutionel – Sander, DÖV 00, 593.

[124] Walter, EuGRZ 93, 183 ff.

[125] Urt. v. 9.4.1992, EuGRZ 93, 187 (189); siehe auch Weber, FS. Everling, S. 1627 f.

[126] Urteil v. 31.12.1997, EuGRZ 98, 27 (29ff); siehe auch Kirchhof, JZ 98, 973.

[127] Art. 88-1 bis 88-4 französische Verfassung.

währleistet[128]. Auch in Frankreich hat der Grundrechtsschutz nicht den Stellenwert wie in Deutschland. Vielleicht auch deshalb bietet der Conseil constitutionel keinen Anlass für eine Konfrontation mit dem EuGH und teilt auch nicht die Bedenken des BVerfG[129].

V. Die Rechtsprechung des spanischen Tribunal Constitucional

Der spanische Tribunal Constitucional hat zum Verhältnis von spanischem Recht und Gemeinschaftsrecht schon mehrfach Stellung bezogen[130]. Das Gericht sieht in der Kollision dieser beiden Rechtsordnungen nicht ein Problem der Verfassungswidrigkeit, sondern der Bestimmung des anwendbaren Rechts, die zu entscheiden allein den ordentlichen Gerichten obliegt. Es sei deshalb ausgeschlossen, derartige Kollisionen etwa im Wege einer verfassungsgerichtlichen Normenkontrolle entscheiden zu lassen[131]. Ebenso hat das Tribunal die Möglichkeit einer Verfassungsbeschwerde unmittelbar gegen Gemeinschaftsrechtsakte abgelehnt. Das spanische Verfassungsgericht unterstreicht damit die Alleinzuständigkeit des EuGH bei der Auslegung des Gemeinschaftsrechts[132]. Hinsichtlich einer gerügten Verletzung des Gleichheitssatzes in einem abstrakten Kontrollverfahren stellt das Verfassungsgericht fest, dass das Schutzniveau der Gemeinschaft gegenwärtig nach Inhalt und Reichweite mit dem nationalen Recht vergleichbar sei[133]. Der Vorbehalt bezüglich des Grundrechtsschutzes ist von allen bisher in diesem Kapitel zitierten obersten Gerichten formuliert worden. Und auch die Konkretisierung der spanischen Verfassung, die einen gemäßigten Monismus zum Ausdruck bringt[134], findet sich in der Rechtsprechung der Nachbargerichte wieder. In der Erklärung vom 1. Juli 1992 heißt es:

> *„Zusammenfassend läßt sich sagen, daß die Corte Generales kraft Art. 93 die Ausübung von „aus der Verfassung abgeleiteten Kompetenzen" abtreten oder zuerkennen, nicht aber über die Verfassung selbst verfügen können, indem sie gegen ihre Bestimmungen verstoßen oder es zulasen, daß gegen sie verstoßen wird."*[135]

Damit und mit der folgenden Begründung hat sich der Tribunal Constitucional für eine umfassende Kontrolle der Grundrechtskonformität von in Vollzug des

---

[128] Urt. v. 9.4.1992, EuGRZ 93, 187 (189).
[129] Sander, DÖV 00, 593 f.
[130] Siehe Nachweis bei Kirchhof, JZ 98, 973 und López Castillo/Polakiewicz, EuGRZ 93, 277 ff.
[131] López Castillo/Polakiewicz, EuGRZ 93, 283.
[132] So Schwarze, Entstehung einer europäischen Verfassung, S. 540.
[133] Entsch. 28/1991 v. 14.2.1991, zitiert nach López Castillo/Polakiewicz, EuGRZ 93, 283 f m.w.N. aus der spanischen Literatur.
[134] Art. 93 spanische Verfassung; siehe auch Anmerkungen dazu von López Castillo/Polakiewicz, EuGRZ 93, 283.
[135] Erklärung 108/1992 v. 1.7.1992, EuGRZ 93, 285 (289).

Gemeinschaftsrechts ergangenen nationalen Rechtsakten ausgesprochen. Unberücksichtig bleibt aber das Problem, das entstehen kann, wenn die nationalen Ausführungsakte ihrem Inhalt nach vollständig vom Gemeinschaftsrecht determiniert sind[136].
Ungeklärt ist ferner die Frage, ob der EuGH auch in Spanien als gesetzlicher Richter im Sinne der Verfassung angesehen werden kann. Das spanische Verfassungsgericht betrachtet sich bisher jedenfalls nicht als ein Gericht im Sinne des Art. 234 EGV[137].

VI. Die Lage in den übrigen Mitgliedstaaten

Alle EU-Mitgliedstaaten haben Integrationsermächtigungen zu Gunsten internationaler Organisationen[138] z.T. insbesondere mit Blick auf die Union[139] in ihren Verfassungen. Allerdings enthält nur die niederländische[140] und die irländische Verfassung[141] spezielle Regelungen für den Anwendungsvorrang des Gemeinschaftsrechts vor nationalem Recht. Gleichwohl hat sich der irische Supreme Court entschieden, dass die in Irland geschützten Grundrechte bei einer Beeinträchtigung durch eine Gemeinschaftsnorm und einer entsprechenden Auslegung durch den EuGH über die Anwendbarkeit der Norm in Irland von ihm judiziert werden müssten[142]. Damit behält sich der Oberste Gerichtshof Irlands die letztverbindliche Entscheidung über einen Anwendungsvorrang von Gemeinschaftsrecht in grundrechtsrelevanten Bereichen vor.

Weitere Gerichtsentscheidungen, die einen Vorbehalt der nationalen vor der europäischen Rechtsordnung proklamieren, finden sich in Europa nur noch in Belgien und im Vereinigten Königreich. Die belgische Cour de Cassation hat die Argumentation der belgischen Regierung in einer Entscheidung zurückgewiesen, wonach der EGV durch ein Parlamentsgesetz ins nationale Recht überführt worden sei und damit den gleichen Rang wie andere Parlamentsgesetze habe und durch spätere Parlamentsgesetze verdrängt werden könne. Nach Ansicht der Cour ist die lex posterior-Regel auf Gemeinschaftsrecht we-

---

136 López Castillo/Polakiewicz, EuGRZ 93, 284.

137 López Castillo/Polakiewicz, EuGRZ 93, 285; Schwarze, Entstehung einer europäischen Verfassung, S. 541.

138 Art. 34 belgische Verfassung; Art 20 dänische Verfassung; Art. 24 GG; Art. 93 ff i.V.m Art. 1 finnische Verfassung; Art. 52 ff französische Verfassung; Art. 28 griechische Verfassung; Art. 29 irische Verfassung; Art. 11 italienische Verfassung; Art. 49bis luxemburgische Verfassung; Art. 90 ff niederländische Verfassung; Art. 9 österreichische Verfassung; Art. 8 portugiesische Verfassung; Kapitel 10 § 2 f schwedische Verfassung; Art. 93, 95 spanische Verfassung.

139 Art. 23 GG; Art. 88-1 bis 88-4 französische Verfassung; Art. 29 Abs. 4 Nr. 3-5 irische Verfassung; Art. 23 a ff österreichische Verfassung; Kapitel 10 § 5 schwedische Verfassung.

140 Art. 93 und 94 niederländische Verfassung.

141 Art. 29 Abs. 4 Nr. 3-5 irländische Verfassung.

142 Entsch. v. 19.12.1989, Society for the Protection of Unborn Children vs. Grogan, IR 753, zitiert nach Emmert, S. 149.

gen dessen eigenständiger Rechtsnatur nicht anwendbar[143]. Auch die britischen Gerichte haben die lex posterior-Frage zugunsten des Gemeinschaftsrechts entschieden[144]. Mangels einer geschriebenen Verfassungsurkunde – damit entfällt auch das Vorrangproblem bezüglich Primärrecht/nationales Verfassungsrecht – erlangt das Gemeinschaftsrecht durch die Ausführungsgesetze Gesetzeskraft. Der Vorrang des Gemeinschaftsrechts bei Widerspruch zu innerstaatlichem Recht ist aber anerkannt und wird als Konsequenz aus dem Zustimmungsgesetz zur EG von 1972 gesehen[145].

Stellungnahmen anderer Gerichte zum Verhältnis der Rechtsordnungen lassen sich nicht finden. So hat der österreichische VerfGH ein Verfahren gegen die Volksabstimmung zum EU-Beitritt nicht zu allgemeinen Ausführungen zur Union und zum Gemeinschaftsrecht genutzt, wie es das BVerfG etwa in der Maastricht-Entscheidung[146] getan hat, sondern strikt die Formalien des Plebiszits geprüft[147].

Zusammenfassend lässt sich feststellen, dass in den Staaten mit einem traditionell monistischen Verständnis der internationalen Rechtsordnungen Probleme der Rangordnung eher die Ausnahme sind. Ebenso auffällig ist, dass gerade in Deutschland und Italien, also in den Staaten mit einem besonders starken Verfassungsgericht, die größten Konfliktpotentiale zu bestehen scheinen. Insbesondere das BVerfG und der Corte costituzionale haben diese formuliert. Aber auch der französische Verfassungsrat, der Oberste Gerichtshof Dänemarks und der spanische Tribunal Constitucional melden Bedenken gegen einen vom EuGH beanspruchten bedingungslosen Vorrang des Gemeinschaftsrechts vor den nationalen Verfassungen an[148]. Diese Erkenntnis verwundert nicht, geht es bei der Frage nach dem Rangverhältnis der Rechtsordnungen doch auch um eine Rangordnung der Verfassungsgerichte zum EuGH. Bei allen Beteuerungen der Gerichte zu einer Kooperation oder Koordination beanspruchen die nationalen Verfassungsgerichte die Letztentscheidungsbefugnis bei Rechtsstreitigkeiten der Gemeinschaft und sprechen sie so in den genannten Fällen dem EuGH ab.

Obwohl nicht in allen Staaten eine Rechtsprechung zum Rangverhältnis der Rechtsordnungen Gemeinschaftsrecht/nationales Recht existiert, lassen sich doch verallgemeinernde Aussagen treffen.

1. Das BVerfG steht mit den gemachten Vorbehalten bzgl. Grundrechtsschutz und ultra vires-Handlungen in Europa nicht alleine da, wenn auch der Grundrechtsschutz nur in Deutschland ein wirkliches Problem darstellt. In allen anderen Staaten wird ein möglicher Konflikt zwar gesehen, aber als

[143] Entsch. v. 21.5.1971, Fromageri „Le Ski", zitiert nach Emmert, S. 146.
[144] Gormley, EuR 22 (1987), 371; Henrichs, EuGRZ 89, 240.
[145] Gormley, EuR 22 (1987), 373.
[146] BVerfGE 89, 155.
[147] VerfGH 19940830; WI-6/94, Slg. 13839.
[148] Zur Rechtsprechung der Verfassungsgerichte siehe auch Kirchhof, JZ 98, 972 f.

mehr oder minder hypothetisch abgetan, da das Grundrechtsniveau der Gemeinschaft und insbesondere der Schutz durch den EuGH als ausreichend anerkannt wird.

2. Die Gerichte gestatten eine Integration nur in dem Rahmen, der durch die nationalen Verfassungen vorgegeben ist. Eine Aufgabe der unumstößlichen Verfassungsgüter, die in aller Regel Staatsform und Menschenrechte beinhalten, ist verboten.

C. Die Kooperationsmöglichkeit mit dem EuGH über Art. 234 EGV

Sieht man auf den soeben vorgenommenen Vergleich der Rechtsprechung der Gerichte zum Verhältnis von Gemeinschaftsrecht und nationalem Verfassungsrecht, fällt auf, dass trotz aller Vorbehalte ein Kompetenzkonflikt zwischen den Gerichten und dem EuGH nicht offen formuliert wird. Die Entscheidungen der Gerichte sind im Gegenteil von sprachlicher Harmonie geprägt. Von „Zusammenarbeit“[149], „Konkordanz“[150], von einem „Kooperationsverhältnis“[151] oder von „Koordination“[152] wird da gesprochen. Übereinstimmend werden diese Begriffe im Zusammenhang mit dem Vorabentscheidungsverfahren nach Art. 234 EGV verwendet. Über eine Vorlage der nationalen Gerichte an den EuGH besteht die ganz konkrete und verfahrenstechnisch einzig vorgesehene Möglichkeit des richterlichen Dialogs. Dass der EuGH mehr als ein „Gesprächspartner“ in einem richterlichen Dialog ist, hat er mit seiner Rechtsprechung zum Vorrang des Gemeinschaftsrechts vor nationalem Recht untermauert[153]. Gleichzeitig hat er damit den Vorrang seiner Judikative im Bereich der Rechtssetzung beim Gemeinschaftsrecht gegenüber nationalen Gerichten beansprucht[154]. Die Entscheidungen des EuGH können nicht losgelöst aus dem geschichtlichen Prozess der zunehmenden gemeinschaftlichen Integration sowie dem Kompetenzgefüge mit den anderen Organen der EG betrachtet werden.

I. Der EuGH

Gem. Art. 220 EGV; Art. 31 EGKSV; Art. 136 EAGV obliegt dem EuGH die Wahrung des Rechts bei der Auslegung und der Anwendung der Verträge. Der EuGH entstand im Rahmen der Bildung der EGKS im Jahre 1952. Seit 1958 ist er gem. Art. 3 und 4 des Abkommens über gemeinsame Organe[155] für die Europäischen Gemeinschaften vom 25.03.1957 durch die Unterzeichnung der Römischen Verträge i.V.m. Art. 220 ff EGV, 136 ff EAGV; 31 ff EGKSV gemeinsamer Gerichtshof der drei Gemeinschaften[156]. Seit 1992 entscheidet er nach Art. 35 und 46 EUV auch über die in diesen Normen festge-

---

[149] EuGH Rs. 16/65, Schwarze/Einfuhr- und Vorratsstelle, Slg. 1965, 1152/1165; Rs. 244/80, Foglia/Novello II, Slg. 1981, 3045/3062 Rz. 14; Rs. 231/89, Gmurzynska-Bscher/Oberfinanzdirektion Köln, Slg. 1990, 4003/4017 Rz. 18; siehe auch Rs. C-147/91, Ferrer Laderer, Slg. 1992, 4097/4115 Rz. 6; vgl. Hirsch, NJW 00, 1819.

[150] BVerfGE 37, 271 (278).

[151] BVerfGE 89, 155 (175).

[152] Corte costituzionale, Entsch. Nr. 170 v. 8.6.1984, Granital, CMLRev. 1984, 757 (759 f)

[153] EuGH Rs. 26/62, van Gend & Loos, Slg. 1963, 1/25; Rs. 6/64, Costa/ENEL, Slg. 1964, 1251/1269 ff, Rz. 8 ff; Rs. 11/70, Internationale Handelsgesellschaft, Slg. 1970, 1125/1135, Rz. 3 f; Rs. 106/77, Simmenthal II, Slg. 1978, 629/643, Rz. 14/16/23.

[154] Siehe Nicolaysen/Nowak, NJW 01, 1234.

[155] BGBl. 1957 II, S. 1156.

[156] Zur Geschichte des EuGH siehe Brown/Kennedy, S. 1-6; zur Aufgabe des EuGH im Gefüge der Organe der EG siehe Grams, S. 326 ff.

legten Bedingungen der EU im Wege der Vorabentscheidung. Der Gerichtshof ist damit rechtssprechende Gewalt im Gewaltengefüge der Europäischen Gemeinschaft[157]. Er judiziert über das Gemeinschaftsrecht. Dazu werden nicht nur die Verträge und das sekundäre Gemeinschaftsrecht, das im Primärrecht wurzelt[158], sondern auch das ungeschriebene Gemeinschaftsrecht in Gestalt des Gewohnheitsrechts und der allgemeinen Rechtsgrundsätze gezählt[159].

Der Gerichtshof besitzt eine Summe von genau aufgeführten Einzelzuständigkeiten[160]:

- Verfassungsrechtliche Verfahren, das sind Verfahren mit Streitigkeiten, an denen Mitgliedstaaten und Gemeinschaftsorgane beteiligt sind[161].
- Verwaltungsrechtliche Verfahren, das sind Verfahren bei Streitigkeiten zwischen Einzelpersonen (inklusive Gemeinschaftsbediensteter) und Gemeinschaftsorganen[162].
- Sonstige Verfahren, wie z.B. das Vorabentscheidungsersuchen gem. Art. 234 EGV, das Amtshaftungsverfahren, Gutachten, einstweilige Anordnungen etc.[163].
- Rechtsmittelverfahren, damit sind Verfahren bei Rechtsmitteln gegen Entscheidungen des Gerichts erster Instanz gemeint[164].

Zu einer solchen Aufteilung ist jedoch anzumerken, dass ihr eine praktische Bedeutung nicht zukommt. Sie zeigt vielmehr die Vielfalt der gemeinschaftlichen Rechtsprechungszuständigkeiten. Eine strikte Trennung der Zuständig-

---

157 Siehe Art. 7 EGV; vgl. insoweit Ipsen, Gemeinschaftsrecht, S. 367; Oppermann, Rn. 381; Borchardt, Art. 220 Rn. 1; Schweizer/Hummer, Rn. 433; Streinz, Europarecht, Rn. 494; Bleckmann, Verhältnis Gerichtshof, S. 29 ff. Zur demokratischen Legitimation des EuGH, Epping, Der Staat 36 (1997), 349 ff; zur demokratischen Legitimation der EU Kohler-Koch, in Aus Politik und Zeitgeschichte, B6/2000, 30 ff. Zum genauen Aufbau und zur Arbeitsweise des EuGH Klinke, S. 23 ff, bzw. S. 39 ff. Zur Stellung der Richter am EuGH Bächle, S. 28 ff; Klinke, S. 28 f; zur Auswahl der Richter Siebert, S. 64 ff; Epping, Der Staat 36 (1997), S. 354 ff insbesondere 361 ff. Zur Stellung der Generalanwälte Pichler, S. 59 ff, zum französischen Vorbild des Commissairs du gouvernement, S. 46 ff; Fischer/Köck S. 377; Reischl, S, 121 ff; zu den Aufgaben, Rechte und Pflichten Lenz, FS Everling, S. 719 ff.

158 Vgl. Art. 230 EGV.

159 Mehr zum Recht i.S.d. Art. 220 EGV siehe Koenig/Sander, Kap. 1, Rn. 13 ff; Borchardt, Art. 220 Rn. 5; Oppermann, Rn. 381; Streinz, Europarecht, Rn. 346 ff.

160 Einteilung nach Ipsen, Gemeinschaftsrecht, S. 370 ff

161 Ipsen, Gemeinschaftsrecht, S. 370 f; Schweizer/Hummer, Rn. 262; Oppermann, Rn. 382; ders., DVBl 94, 902; Borchardt, Art. 220, Rn. 2; Streinz, Europarecht, Rn. 332; Schwarze, EuGH als Verfassungsgericht, S. 11 ff.

162 Ipsen, Gemeinschaftsrecht, S. 371 f; Schweizer/Hummer, Rn. 263; Oppermann, Rn. 382; Borchardt, Art. 220, Rn. 2; Streinz, Europarecht, Rn. 332.

163 Schweizer/Hummer, Rn. 264; Oppermann, Rn. 382; Borchardt, Art. 220, Rn. 2; Streinz, Europarecht, Rn. 332.

164 Schweizer/Hummer, Rn. 265; Oppermann, Rn. 382; Borchardt, Art. 220, Rn. 2; Streinz, Europarecht, Rn. 332.

keiten ist nicht gewollt und auch nicht vollzogen[165]. Vielmehr ist der EuGH der „Supreme Court" der Gemeinschaft, d.h. zugleich oberstes Zivilgericht, Verfassungsgericht und Verwaltungsgericht der Gemeinschaft[166].

Die Entwicklung zeigt, dass der EuGH den europäischen Entwicklungsprozess immer wieder in Gang hält[167]. Er erfüllt damit die viel zitierte Funktion eines „Motors der Integration"[168]. Das hängt zwangsläufig mit der Gemeinschaft als Rechtsgemeinschaft zusammen. Das Ziel der Union ist ein Zusammenwachsen Europas. Die Verträge sind damit nicht funktional, sondern zuvörderst final ausgerichtet. Diesem Prozess fühlt sich auch der EuGH verpflichtet, weswegen er sich selber zu seiner integrationsfördernden Rechtsprechung bekennt[169]. Als Beispiel kann seine eben zitierte Rechtsprechung zum Vorrang des Gemeinschaftsrechts vor den nationalen Rechtsordnungen gelten[170]. An diesem Beispiel wird deutlich, dass bestehende Konflikte im Austausch der Gerichte und ohne eventuell notwendige Eingriffe der Normengeber ausgetragen werden. Erfüllen Ministerrat und Kommission ihre Aufgabe also nicht, ist es Sache des EuGH, dem Gemeinschaftsrecht zur Wirksamkeit zu verhelfen[171].

Der Auftrag des Art. 220 EGV, die „Wahrung des Rechts bei der Auslegung und Anwendung des Vertrags" durch die Stellung des Gerichtshofs im System der Organe (siehe Art. 7 EGV) zu gewährleisten, schließt die Kompetenz zur Rechtsfortbildung- und Gewinnung nicht aus, unabhängig davon, ob man diese, soweit sie bewusste Lücken mit Freiraum für die Gerichte schließt, zur

---

165 Koenig/Sander, Kap. 1, Rn. 5. Obwohl Dauses über die Einrichtung von Fachgerichten nachdenkt, Weiterentwicklung der Gerichtsbarkeiten, S. 29 ff.

166 So Oppermann, Rn. 382; ders., DVBl. 94, 903; di Fabio, S. 77; Limbach, NJW 01, 2916; Ipsen, Gemeinschaftsrecht, S. 370 ff; Schwarze, NJW 92, 1065; Skouris, S. 67 ff und 70 ff.

167 Zur Entwicklung des Gemeinschaftsrechts Montag in NJW 98, in 2088, in NJW 00, 32 ff, in NJW 01, 1613 ff und für das Jahr 1997 Brenner/Huber, DVBl. 99, 764 ff. Zum Grundrechtsschutz siehe auch Rengeling, Grundrechtsschutz, S. 11; Oppermann, DVBl 94, 905.

168 Vgl. Koenig/Sander, Kap. 1, Rn. 8; Streinz, Europarecht, Rn. 494; Schweizer/Hummer, Rn. 445; Huber, AöR 116 (1991), 213; Vor dem Hintergrund einer sich verfestigten Rechtssprechung und eines nunmehr geschlossenen Rechtssystems hält Hirsch den Titel „Motor der Integration" für nicht mehr gerechtfertigt, da nicht länger der EuGH die Geschwindigkeit der Integration vorgibt, in NJW 00, 1820. Andererseits sieht v.Bogandy den EuGH gerade mit der in Nizza im Dezember 2000 proklamierten Grundrechtscharta erneut in diese Rolle gedrängt, was er selber aber nicht befürwortet, in JZ 01, 170 f.

169 Hirsch, NJW 00, 1821.

170 EuGH Rs. 26/62, van Gend & Loos, Slg. 1963, 1/25; Rs. 6/64, Costa/ENEL, Slg. 1964, 1251/1269 ff, Rz. 8 ff; Rs. 11/70, Internationale Handelsgesellschaft, Slg. 1970, 1125/1135, Rz. 3 f; Rs. 106/77, Simmenthal II, Slg. 1978, 629/643, Rz. 14/16/23.

171 Lenz-Borchardt, Art. 220, Rn. 22; so auch Borchardt, Art. 220 Rn. 22. Die Fundstellen aus der Kommentierung von Lenz sind – auch im weiteren Verlaufe der Arbeit – inhaltsgleich und nahezu identisch mit dem aktualisierten Auszug aus diesem Kommentar, der als Einzelbuch zum EuGH von dessen Bearbeiter Borchardt veröffentlicht worden ist. Aus diesem Grunde wird jeweils nur die Fundstelle aus der aktuelleren Veröffentlichung Borchardts angegeben. Streinz, Europarecht, Rn. 496.

Auslegung rechnen möchte oder nicht. Eine strikte Trennung zwischen Auslegung und Rechtsfortbildung ist zumindest fragwürdig[172]. Der EuGH orientiert sich, neben den bekannten Auslegungsmethoden (Wortlaut, System, Sinn und Zweck, Entstehungsgeschichte[173]), am „effet utile". Damit ist gemeint, dass der Gerichtshof derjenigen Auslegung den Vorrang einräumt, welche die Verwirklichung der Vertragsziele am meisten fördert[174]. Der Gerichtshof beansprucht damit faktisch ein politisches Mandat für sich[175].

Als Beispiel für die Rechtsgewinnung sei der Grundsatz der staatlichen Haftung des Staates für Schäden, die Einzelnen als Folge eines Verstoßes gegen das Gemeinschaftsrecht entstanden sind[176], die bereits angesprochene Grundrechtssprechung des Gerichtshofes – die Grundrechte wurden durch den EuGH, Ende der 60er Jahre beginnend[177], immer weiter ausgebaut und zu einem umfassenden Grundrechtsschutz entwickelt[178] – oder die unmittelbare Wirkung des Gemeinschaftsrechts[179] genannt.

II. Das Vorlageverfahren nach Art. 234 EGV

Die Rechtsprechung des EuGH ergeht zu einem Großteil auf Grundlage von Vorlagen nationaler Gerichte. Für die Durchsetzung und Fortentwicklung des Gemeinschaftsrechts waren Vorabentscheidungsersuchen immer wieder von entscheidender Bedeutung[180]. Fundamentale Prinzipien des Gemeinschaftsrechts, wie etwa die eben genannte unmittelbare Anwendbarkeit[181] oder sein Vorrang vor nationalem Recht[182] wurden vom EuGH in Vorabentscheidungsverfahren entwickelt. Das Vorabentscheidungsverfahren hat sich, gerade auch im Hinblick auf den großen Einfluss des Gemeinschaftsrechts auf das nationale Recht, zu einem „Schluss- und Eckstein" der Gemeinschaftsrechtsordnung entfaltet[183].

---

[172] Streinz, Europarecht, Rn. 495.

[173] Zur Auslegungsmethode durch den EuGH, Anweiler, S. 23 ff; Poctas, S. 47 ff; Pache, NVwZ 99, 1033 ff.

[174] Vgl. dazu Anweiler, S. 219 ff; Streinz, Europarecht, Rn. 498 f; Schweitzer/Hummer, Rn. 452 ff.

[175] Huber, AöR 116 (1991), 213; Ipsen, Verfassungsrolle, S. 29 ff; zur Rolle des EuGH im Integrationsprozess auch Everling, EuR 22 (1987), 215 ff.

[176] EuGH, Rs. C-6/90 und C-9/90, Frankovich u.a./Italien, Slg. 1991, I-5357/5366 ff Rz. 14 f .

[177] EuGH Rs. 29/69, Stauder/Ulm, Slg. 1969, 419/419 ff

[178] Vgl. nur die kurze Zusammenfassung von Hirsch in NJW 00, 1820. Erst Ende 2000 haben die Mitglieder der Union, eine Grundrechtscharta bei ihrem Treffen in Nizza proklamiert, Amtsblatt der Europäischen Gemeinschaften vom 18.12.2000 – C 364/1.

[179] EuGH Rs. 26/62, van Gend & Loos, Slg. 1963, 1/25.

[180] Rengeling/Middeke/Gellermann, Rn. 352.

[181] EuGH Rs. 26/62, van Gend & Loos, Slg. 1963, 1/24 ff.

[182] EuGH Rs. 6/64, Costa/ENEL, Slg. 1964, 1251/1269 ff, Rz. 8 ff.

[183] Dauses, Vorabentscheidungsverfahren, S. 50; Rodriguez Iglesias, NJW 00, 1895; Schwarze-Schwarze, Art. 234, Rn. 5.

Die Bedeutung dieses Verfahrens sieht man auch in der großen Anzahl von Vorlagen. Das Vorabentscheidungsersuchen[184] nach Art. 234 EGV nimmt, gemessen an der Anzahl aller Verfahren vor dem EuGH, den größten Raum in der Arbeit des Gerichts ein[185]. Über 1/3 aller anhängig gewordenen Rechtssachen von 1953 – 2002, nämlich genau 4834 von insgesamt 12407, waren Vorabentscheidungsersuchen. Beachtlich ist diese Zahl umso mehr, als die erste Frage dem Gericht erst 1961 vorgelegt wurde. Schwankte die Anzahl der Verfahren in den ersten sechs Jahren noch zwischen 1 und 7, stieg sie von 1967 – 1977 auf bis zu 84. Im Jahre 1978 wurden dann erstmals mehr als 100 (genau 123) Vorabentscheidungsersuchen an den EuGH gerichtet. Ab 1993 überschritt die Anzahl regelmäßig die 200er Marke[186]. Diese Entwicklung zeigt die immer stärkere Bedeutung des Vorlageverfahrens für die Arbeit des Luxemburger Gerichts. Eine wesentliche Ursache liegt darin, dass nationales und Gemeinschaftsrecht sich in zunehmendem Maße beeinflussen[187] und die Gemeinschaft stets um weitere Mitgliedstaaten erweitert wurde.

Die administrative Durchführung des Gemeinschaftsrechts ist im Wesentlichen Sache der mitgliedstaatlichen Verwaltungsorgane[188]. Da gegen die nationalen Vollzugsakte der Rechtsweg nach nationalem Recht eröffnet ist, werden die nationalen Gerichte im Rahmen ihrer Zuständigkeit mit Gemeinschaftsrecht befasst. Die Gerichte der Mitgliedstaaten sind insofern Rechtsprechungsorgane der Gemeinschaft, die das Gemeinschaftsrecht in eigener Verantwortung und richterlicher Unabhängigkeit auslegen und anwenden[189]. Der EuGH hat jedoch das Recht zur autoritativen Auslegung, um eine wirksame Anwendung des Gemeinschaftsrechts zu sichern und zu vermeiden, dass die Unterschiede zwischen den für die einzelnen nationalen Gerichte geltenden Auslegungsregeln zu einer unterschiedlichen Interpretation des Gemeinschaftsrechts führen. Deshalb wurde durch die Verträge das Vorlageverfahren eingeführt[190]. Denn gleiches Recht darf in den Mitgliedstaaten nicht ungleich gesprochen werden[191].

---

[184] Noch ausführlicher in Dauses, Vorabentscheidungsverfahren, mit entsprechendem Literaturnachweis im Anhang IV; Schima, Das Vorabentscheidungsverfahren vor dem EuGH; Schermers/Timmermanns/Kellermann/Stewart, Article 177 EEC: Experiences and Problems, mit ausführlichen Schilderungen von Autoren aus den Mitgliedstaaten; außerdem in den Kommentierungen von Schwarze-Schwarze, Art 234 Rn. 1 ff; Callies/Ruffert-Wegener, Art. 234 Rn. 1 ff; Borchard Art. 234 Rn. 1 ff.

[185] EuGH-Rechtsprechungsstatistik 2002 – Anlage 1, siehe S. 127.

[186] EuGH-Rechtsprechungsstatistik 2002 – Anlage 3, siehe S. 129.

[187] Zur Normenflut aus der EG siehe auch Grams, S. 272 ff mit Grafik auf S. 275

[188] Abgesehen von wenigen Ausnahmen, insbesondere im Beamtenrecht, Wettbewerbsrecht (Art. 81 ff EGV), Antisubventions- und Antidumpingrecht (Art. 133 EGV), Haushalt; Borchardt, Art. 234, Rn. 1; Dauses, Vorabentscheidungsverfahren, S. 43; Hatje, S. 43; Pernice, GS Grabitz, S. 531 ff.

[189] Borchardt, Art. 234, Rn. 1 spricht hier von einem „europäischen Richter"; Dauses spricht vom „"ordentliche(n)" Richter des Gemeinschaftsrechts", Vorabentscheidungsverfahren, S. 44.

[190] Borchardt, Art. 234, Rn. 1; Streinz, Europarecht, Rn. 566; Streil, S. 69 ff.

[191] Sensburg, NJW 01, 1259; Heitsch, EuGRZ 97, 462.

Das Verfahren hat in der Praxis aber auch hinsichtlich des Individualrechtsschutzes erhebliche Bedeutung erlangt. Denn der EGV hält nur einen begrenzten Kanon an direkten Klagemöglichkeiten für natürliche und juristische Personen gegen Gemeinschaftsrechtsakte bereit (zu nennen ist die Nichtigkeitsklage nach Art. 230 Abs. 4 EGV). Das Vorlageverfahren bietet hier einen gewissen Ausgleich, da den nationalen Richtern die Möglichkeit eröffnet ist, die Gültigkeit der einem nationalen Vollzugsakt zu Grunde liegenden Gemeinschaftsregelung auf ihre Rechtmäßigkeit überprüfen zu lassen. Daneben ist durch das Vorabentscheidungsverfahren den nationalen Gerichten ein Mittel gegeben, die Vereinbarkeit nationalen Rechts mit dem Gemeinschaftsrecht zu überprüfen und im Falle der Unvereinbarkeit das vorrangig, unmittelbar anwendbare Gemeinschaftsrecht anzuwenden. Damit wird eine wesentliche Rechtsschutzlücke geschlossen, da es im Gemeinschaftsrecht keinen Rechtsbehelf für natürliche und juristische Personen gibt, einen Mitgliedsstaat unmittelbar vor dem EuGH zur Einhaltung des Gemeinschaftsrechts zu zwingen[192].

In dem Verfahren interpretiert der EuGH Gemeinschaftsrecht in einem Zwischenstreit[193] nach Vorlage eines mitgliedstaatlichen Gerichts bei dessen Zweifeln über die Gültigkeit und Auslegung des gemeinschaftsrechtlichen Norm. Der nationale Richter ist und bleibt Herr des bei ihm anhängigen Verfahrens und allein für die Entscheidung des ihm unterbreiteten Rechtsstreits zuständig. Die Ausgestaltung des Verfahrens ist dabei Sache der innerstaatlichen Rechtsordnung. Sie darf aber nicht ungünstiger ausgestaltet sein als bei entsprechenden Klagen, die nur innerstaatliches Recht betreffen, und sie dürfen die Ausübung der durch die Gemeinschaftsrechtsordnung verliehenen Rechte nicht praktisch unmöglich machen oder übermäßig erschweren. So befasst sich der Gerichtshof mit der ihm unterbreiteten Frage zwar fallbezogen, aber abstrakt[194]. Der nationale Richter wendet das so gedeutete Gemeinschaftsrecht im konkreten Rechtsstreit an[195].

Durch das Vorabentscheidungsverfahren entsteht nach Aussage des EuGH so die Möglichkeit der Zusammenarbeit zwischen ihm und den nationalen Gerichten[196]. Die ständige Kooperation ist zu einen Garanten eines effektiven Gemeinschaftsrechts geworden[197]. Das Vorlageverfahren nach Art. 234 EGV

---

192 Borchardt, Art. 234, Rn. 2.

193 Everling, Das Vorabentscheidungsverfahren, S.21.

194 Bleckmann, Europarecht, S. 218 ff; Borchardt, Art. 234, Rn. 3.

195 Everling, Das Vorabentscheidungsverfahen, S. 21.

196 EuGH, Rs. 244/80, Foglia/Novello, Slg. 1981, 3045/3062 Rz. 14.

197 Die zeigt die deutliche Zahl der Vorlagefragen im Vergleich zu den anderen Verfahren – EuGH-Rechtsprechungsstatistik 2002 – Anlage 3, siehe S. 129 –. Borchardt bezweifelt in diesem Zusammenhang, dass der EuGH sein bisheriges Bemühen, für den vorgelegten Rechtsstreit eine möglichst sachdienliche Auslegung dem vorlegenden Gericht an die Hand zu geben, aufrechterhalten kann. Er vermutet vielmehr, dass mit der übermäßigen Inanspruchnahme des Vorabentscheidungsverfahrens die Qualität der Urteile zwangsläufig beeinträchtigt wird, Borchardt, Art. 234, Rn. 11; Lenz befürchtet, dass die fakultative Vorlagemöglichkeit der Instanzgerichte von diesen nicht genutzt werde, um die Ausgangsverfahren nicht unnötig in die Länge zu ziehen, in NJW 93, 2665.

ist also nicht hierarchisch ausgestattet in dem Sinne, dass der EuGH als europäische Revisions- oder Kassationsinstanz über den nationalen Gerichten auftritt[198].

1. Vorlageberechtigt

Vorlageberechtigt ist nach Art. 234 Abs. 2 EGV jedes „Gericht eines Mitgliedstaates", das die Klärung einer Auslegungsfrage für erforderlich hält. Der Gerichtsbegriff ist gemeinschaftsrechtlich zu verstehen[199]. Die Voraussetzungen, die an den Spruchkörper gestellt werden, sind:

- Unabhängigkeit der Mitglieder[200],
- nach nationalem Recht als streitentscheidend kreiert[201],
- Tätigkeit aufgrund gesetzlicher Grundlage[202],
- Existenz transparenter Verfahrensvorschriften[203],
- Anwendung von Rechtsnormen, d.h. keine Entscheidung nach billigem Ermessen[204],
- Entscheidungen haben Rechtssprechungscharakter, denen vom entsprechenden Mitgliedstaat bindende Kraft beigemessen wird[205].

Vorlageberechtigt sind demnach alle nach nationalem Recht eingerichteten Gerichte, einschließlich der Verfassungsgerichte der Mitgliedstaaten[206].

Mit der Vorlageberechtigung besteht die Möglichkeit zur fakultativen Vorlage. Diese ist für Instanzgerichte von großer Bedeutung. Viele Grundsatzurteile, wie z.B. die berühmte Costa/ENEL-Entscheidung, gehen auf die Vorlage eines Instanzgerichtes zurück[207].

2. Vorlagefrage

Der EuGH entscheidet nach Art. 234 EGV über Fragen der Auslegung und der Gültigkeit von Gemeinschaftsrecht. Auslegungsfragen können alle Quellen des Gemeinschaftsrechts betreffen, d.h. insbesondere den EGV selbst wie

---

198 Everling in GS Grabitz, S. 63; Borchardt, Art. 234, Rn. 3; Rodriguez Iglesias, Der EuGH, S. 7.
199 Zum Gerichtsbegriff Pietrek, S. 60 ff, Tomuschat, Vorabentscheidung, S. 32 ff.
200 Vgl. EuGH, Rs. C-24/92, Corbiau, Slg. 1993, I-1277/1304 Rn. 15.
201 Borchardt, Art. 234, Rn. 19.
202 Borchardt, Art. 234, Rn. 19.
203 Borchardt, Art. 234, Rn. 19.
204 Borchardt, Art. 234, Rn. 19.
205 EuGH, C-111/94, Job Centre, Slg. 1995, I-3361/3386, Rn. 9 f; Rs. 318/85, Greis Unterweger; Slg. 1986, 955/957, Rn. 4 f.
206 So auch Borchardt, Art. 234, Rn. 21.
207 Bei der Entscheidung EuGH Rs. 6/64, Costa/ENEL, Slg. 1964, 1251/1269 ff war es ein italienischer Friedensrichter; Lenz in NJW 93, 2665; Schwarze, NJW 92, 1066 f; Dauses, Vorabentscheidungsverfahren, S. 50.

auch die vom EuGH entwickelten und anerkannten allgemeinen Rechtsgrundsätze der Gemeinschaftsrechtsordnung[208]. Dazu sind auch die völkerrechtlichen Abkommen der EG mit Drittstaaten oder internationalen Organisationen zu rechnen sowie Handlungen der Gemeinschaftsorgane und der EZB und atypische Rechtsakte, die häufig als Beschlüsse oder Entschließungen ergehen, solange sie geeignet sind, Rechtswirkungen zu entfalten. Unerheblich ist aber, ob die entsprechende Handlung des Gemeinschaftsorgans unmittelbare Wirkung entfaltet. Deshalb sind auch Richtlinien vorlagefähig, da ihre Auslegung unabhängig von ihren Wirkungen für das nationale Gericht zweckmäßig sein kann[209]. Von der Auslegung ist die Anwendung des Gemeinschaftsrechts auf den konkret zur Entscheidung anstehenden Einzelfall zu unterscheiden, die alleine dem nationalem Gericht obliegt. Da die Grenzziehung mitunter schwierig sein kann, weil etwa eine Entscheidungshilfe durch den EuGH nur bei hinreichender Berücksichtigung der Besonderheiten des Ausgangsfalls gegeben werden kann, hat der Gerichtshof seine Zuständigkeit nach Art. 234 EGV bisher ohne übertriebenen Formalismus nach praktischen Gesichtpunkten gehandhabt, wobei er stets darum bemüht war, dem vorlegenden Gericht eine zur Entscheidung des Rechtsstreits möglichst sachdienliche Auslegung des Gemeinschaftsrechts zu geben[210].

Gültigkeitsfragen können sich hingegen lediglich auf das sekundäre Gemeinschaftsrecht beziehen, für welches das primäre Gemeinschaftsrecht Prüfungsmaßstab ist[211]. Die Gültigkeitsprüfung entspricht einer umfassenden Rechtmäßigkeitskontrolle aller Rechtshandlungen der Gemeinschaftsorgane und der EZB am Maßstab des Vertragsrechts, der allgemeinen Rechtsgrundsätze sowie der über dem sekundären Gemeinschaftsrecht stehenden völkerrechtlichen Abkommen, soweit sie vom EuGH als Prüfungsmaßstab für Gemeinschaftsrechtsakte anerkannt werden[212].

Bestimmungen des nationalen Rechts können nicht zum Gegenstand einer Vorabentscheidung gemacht werden. Das Vorlageverfahren verleiht dem Luxemburger Gericht nicht die Befugnis nationales Recht auszulegen oder seine Vereinbarkeit mit dem Gemeinschaftsrecht zu beurteilen[213]. Der nationale Richter darf den EuGH also nicht mit der Frage anrufen, ob ein innerstaatliches Gesetz mit dem Gemeinschaftsrecht vereinbar ist. Solche an sich unzulässigen Fragen werden vom EuGH dahingehend umgedeutet, das das vorle-

---

[208] Borchardt, Art. 234, Rn. 6 ff; Streinz, Europarecht, Rn. 558; 346 ff; Schwarze-Schwarze, Art. 234, Rn. 7 ff.

[209] EuGH Rs. 111/75, Mazzalai/Ferrovia del Renon, Slg. 1976, 657/666, Rz. 7/11; Schwarze-Schwarze, Art. 234, Rn. 8; Borchard, Art. 234, Rn. 8.

[210] Borchardt, Art. 234, Rn. 11.

[211] Zur Unterscheidung von primären und sekundären Gemeinschaftsrecht siehe Streinz, Europarecht, Rn. 346 ff.

[212] Borchardt, Art. 234, Rn. 12 mit Beispielen.

[213] EuGH, Rs. 6/64, Costa/ENEL, Slg. 1964, 1251/1269 ff; Rs. C-292/92, Hünermund, Slg. 1993, I-6787/6820, Rn. 8; Rs. 16/83, Prantl, Slg. 1984, 1299/1324, Rn. 10.

gende Gericht nach Kriterien, nach Antworten für die Auslegung der streitigen nationalen Rechtsfrage suche[214].

Wörtlich führt der EuGH im Albatros-Urteil dazu aus[215]:

> *„Es wird gerügt, die dem EuGH vorgelegten Fragen zielten darauf ab, im Verfahren nach Art. 177* [Art. 234 n.F.; Anm. d. Autors] *EGV eine Entscheidung über die Vereinbarkeit von Gesetzen und Verwaltungsmaßnahmen eines Mitgliedstaates mit dem Vertrag herbeizuführen. (...) Der EuGH kann nach dieser Bestimmung (...) weder den Vertrag auf einen Einzelfall anwenden noch (...) über die Vereinbarkeit einer Maßnahme des innerstaatlichen Rechts mit dem Vertrag entscheiden. Er kann jedoch aus der Fassung des Vorlagebeschlusses eines innerstaatlichen Gerichts diejenigen Fragen der Auslegung des Vertrages herausschälen, die Vorfragen für die Entscheidung des Rechtsstreits sind."*

Wohl deswegen empfiehlt Borchardt vorlagewilligen Gerichten, ihre Vorlagefrage mit einer möglichst ausführlichen Begründung zu versehen. Eine konkrete und fallspezifische Formulierung der Frage sei unschädlich, da der EuGH die für seine Entscheidung erhebliche Abstraktion selber vornehme[216]. Demgegenüber heißt es im „Hinweis zur Vorlage von Vorabentscheidungsersuchen durch die innerstaatlichen Gerichte", einer Information des EuGH[217]: „Die Vorlage sollte knapp, aber so umfassend begründet werden, dass der Gerichtshof (...) den tatsächlichen und rechtlichen Rahmen des Ausgangsverfahrens richtig erfassen" kann[218].

3. Erforderlichkeit der Vorlage

Eine wichtige Voraussetzung für ein Vorabentscheidungsersuchen durch ein nationales Gericht ist das Gebot der Erforderlichkeit einer Vorabentscheidung des EuGH für die Entscheidung des Ausgangsrechtsstreits. Nach Art. 234 Abs. 2 EGV muss das vorlegende Gericht die Frage für den Erlass seines Urteils erforderlich halten. Das ist dann der Fall, wenn eine Vorabentscheidung für den Ausgangsrechtsstreit erheblich ist. Die Prüfung der Erforderlichkeit oder Entscheidungserheblichkeit der Vorlagefrage erfolgt allein durch den nationalen Richter. Die Parteien des Ausgangsverfahrens können zwar Anre-

---

214 EuGH Rs. 6/64, Costa/ENEL, Slg. 1964, 1251/1269 ff; Rs. 14/86, Pretore di Salo/X, Slg. 1987, 2545/2569, Rn. 6; Rs. 54/85, Mirepoix, Slg. 1986, 1067/1076, Rn. 6.

215 EuGH Rs. 20/64, Firma Albatros GmbH, Slg. 1965, XI-3, 1/8.

216 Borchardt, Art. 234, Rn. 18.

217 „Hinweis zur Vorlage von Vorabentscheidungsersuchen durch die innerstaatliche Gerichte", S. 4, Pkt. 6, hrsg. vom EuGH, veröffentlicht in NJW 97, 1765 oder abzurufen auf der Homepage des Gerichtshofes unter www.curia.eu.int.

218 Zu den weiteren Voraussetzungen siehe ebenda; zum Hinweis siehe auch die Anmerkungen Schwarze-Schwarze, Art. 234, Rn. 30; zur Problematik der richtigen Formulierung der Frage siehe auch Schermers/Timmermanns/Kellermann/ Stewart-Bebr, .S. 345 ff.

gungen geben und über eine mögliche Vorlage streiten. Letztlich trifft aber der nationale Richter die Entscheidung über die Vorlage und deren Inhalt[219]. Eine Nachprüfung durch den EuGH findet grundsätzlich nicht statt[220], es sei denn, ein offensichtlich konstruierter Ausgangsrechtsstreit mit einer rein hypothetischen Frage wird vorgelegt[221]. Eine zweite Ausnahme besteht dann, wenn dem EuGH nicht ausreichend Informationen und Angaben zum Streit übermittelt werden[222]. Schließlich lehnt der Luxemburger Gerichtshof die Vorlagefrage ab, wenn die erbetene Auslegung in keinem Zusammenhang mit dem Ausgangsstreit steht[223]. Die grundsätzliche Zurückhaltung bei der Überprüfung der Erforderlichkeit hat ihren Grund in der Unzuständigkeit des EuGH über nationale Rechtsfragen zu entscheiden.

Eine Vorlage kann von allen nationalen vorlageberechtigten Gerichten in jedem Stadium eines schwebenden Streitverfahrens erfolgen[224]

4. Vorlagepflicht

Das fakultative Vorlagerecht des Art. 234 Abs. 2 EGV wird durch die obligatorische Vorlagepflicht der Gerichte ergänzt, deren „Entscheidungen selbst nicht mehr mit Rechtsmitteln des innerstaatlichen Rechts angefochten werden können", Art. 234 Abs. 3 EGV.
Noch nicht abschließend geklärt ist, ob der Begriff des letztinstanzlichen Gerichts konkret (funktionell) oder abstrakt (institutionell) zu verstehen ist[225].

Nach der abstrakten (oder institutionellen) Betrachtungsweise[226] sind ausschließlich die in der Instanzhierarchie obersten Gerichte der Mitgliedstaaten

---

219 EuGH Rs. 244/80, Foglia/Novello, Slg. 1980, 3045/3062 Rn. 15, Rn. 19 – Ausnahmsweise aber Überprüfung der Zuständigkeit möglich; EuGH Rs. C-200/98, X AB, Y AB/Riksskatteverket, Slg. 1999, I-8261/8283 Rz. 18; Pietrek, S. 86 ff; Bleckmann, Europarecht, S. 60 f.

220 EuGH Rs. C-361/97, Nour/Burgenländiesche Gebietskrankenkasse, Slg. 1998, I-3101/3106, Rn. 10; Rs. C-67/91, Asociacion Espanola de Banca Privada u.a., Slg. 1992, I-4785/4828, Rn. 25; Rs. C-419/93, Bosman, Slg. 1995, I-4921/5061, Rn. 62.

221 EuGH Rs. 244/80, Foglia/Novello, Slg. 1980, 3045/3062 Rn. 18, 21, 25 ff; Rs. C-83/91, Meilicke, Slg. 1992, I-4919/4932, Rn. 21 ff.

222 EuGH Rs. C-9/98, Agostini, Slg. 1998, I-4261/4262, Rn. 4 ff; Rs. C-128/97 und C-137/97, Testa und Modesti, Slg. 1998 I-2181/2185, Rn. 5 ff.

223 EuGH Rs. C-361/97, Nour/Burgenländiesche Gebietskrankenkasse, Slg. 1998, I-3101/3106, Rn. 12 ff, 15 m.w.N.

224 Borchardt, Art. 234, Rn. 23.

225 Siehe ausführliche Darstellung des Streits bei Dauses, Vorabentscheidungsverfahren, S. 109 ff.

226 Bleckmann, Europarecht, S. 255; Tomuschat, Vorabentscheidung, S. 44; nunmehr auch Dauses, Vorabentscheidungsverfahren, S. 109 ff, der, unter Aufgabe seiner früheren Ansicht, wegen der Überbelastung des EuGH und des gewährleisteten Individualrechtsschutzes zur abstrakten Theorie tendiert – anders noch in JZ 79, 126.

vorlagepflichtig. Dies sind in der Bundesrepublik neben dem BVerfG[227] die obersten Gerichtshöfe des Bundes.

Nach der konkreten Betrachtungsweise[228] bestimmt sich die Vorlagepflicht nach der tatsächlichen Rechtsmittelmöglichkeit. Sie bezieht sich nicht auf die Gerichtshierarchie. Vorlagepflichtig ist vielmehr das Gericht, welches im konkreten Rechtsstreit letzte Instanz ist. Entscheidend ist damit die Funktion des Gerichts. Der Individualrechtsschutz erfährt danach den Vorrang vor der klareren Abgrenzung der abstrakten Sichtweise.

Letztlich muss der Streit im Rahmen dieser Arbeit nicht entschieden werden, wenn auch die besseren Argumente und hier besonders der effektive Individualrechtsschutz, für die konkrete Theorie sprechen. Nach beiden Auffassungen sind die Verfassungsgerichte der Mitgliedstaaten nach Art. 234 Abs. 3 EGV zu einer Vorlage verpflichtet.

Das BVerfG hat die Vorlagepflicht seinerseits grundsätzlich auch anerkannt[229]. Weil Art. 234 EGV der Einheitlichkeit des Gemeinschaftsrechts dient, wäre es zweckwidrig und mit Art. 10 EGV nicht vereinbar, die Verfassungsgerichte hiervon auszunehmen.

Eine über Art. 234 Abs. 3 EGV hinausgehende Vorlagepflicht gilt für alle und damit nicht nur für letztinstanzliche Gerichte dann, wenn das Gericht von der Ungültigkeit eines Gemeinschaftsaktes überzeugt ist und diesem die Anwendung versagen will. Der EuGH hat das alleinige Verwerfungsmonopol für rechtswidriges Gemeinschaftsrecht beansprucht[230].

5. Umfang der Vorlagepflicht

Grundsätzlich ist die Vorlagepflicht unbeschränkt. Davon hat der EuGH aber in der Rs. Da Costa[231] und der Rs. C.I.L.F.I.T.[232] Ausnahmen geschaffen. Es bestehe keine Vorlagepflicht, so die Da Costa-Entscheidung, wenn die Wirkung einer bereits in einem gleichgelagerten früheren Fall ergangenen Vora-

---

227 Zur Vorlagepflicht des BVerfG – BVerfGE 37, 271 (282); 45, 142 (162); 52, 187 (201); 73, 339 (371); vgl. auch Selmayr/Prowald, DVBl. 99, 276.

228 Für die konkrete Betrachtungsweise: Constantinesco, S. 826; Bebr, S. 380; Ipsen, Gemeinschaftsrecht, S. 767; Borchardt, Art. 234, Rn. 36 ff; Streinz, Europarecht, Rn. 562; Grabitz/Hilf-Wohlfahrt, Art. 177, Rn. 48 ff; v.d.Groeben/Thiesing/Ehlermann-Krück, Art. 177 Rn. 67; Schwarze-Schwarze, Art. 234, Rn. 41; Calliess/ Ruffert-Wegener, Art. 234, Rn. 19; Rengeling/Middeke /Gellermann, Rn. 384; Koenig/Haratsch, Rn. 381; die im Vergleich zu Dauses umgekehrte Entwicklung durchläuft Oppermann. Dieser vertritt in der 2. Auflage anders als in der 1. Auflage nunmehr die konkrete Theorie, in Europarecht, Rn. 761.

229 BVerfGE 37, 271 (282); 45, 142 (162); 52, 187 (201); 73, 339 (371); vgl. auch Selmayr/Prowald, DVBl. 99, 276.

230 EuGH Rs. 314/85, Foto-Frost, Slg. 1987, 4199/4231, Rz. 15-17.

231 EuGH Rs. 28-30/62, Da Costa, Slg. 1963, 63.

232 EuGH Rs. 283/81, C.I.L.F.I.T., Slg. 1982, 3415.

bentscheidung den inneren Grund dieser Verpflichtung entfallen und sie somit sinnlos erscheinen lasse[233].

In der Rs. C.I.L.F.I.T. hat der EuGH diese Ausnahme konkretisiert und nuanciert. Die Vorlagepflicht entfalle, wenn die Rechtsprechung des Gerichtshofs in einem solchen oder ähnlichen Fall als gesichert angesehen werden könne[234]. Ferner gelte, als zweite Ausnahme, die Vorlagepflicht dann nicht, wenn die richtige Anwendung des Gemeinschaftsrechts derart offenkundig sei, dass keinerlei Raum für vernünftige Zweifel an der Entscheidung der gestellten Frage bleibe (sog. acte clair-Doktrin)[235].

Dabei ist der „vernünftige Zweifel" nach objektiven Kriterien unter Einbeziehung möglicher Rechtsprechung der Gerichte anderer Mitgliedstaaten und des EuGH zu beurteilen. Insbesondere ist an die spezifischen Schwierigkeiten der Auslegung des Gemeinschaftsrechts zu denken: Mehrsprachigkeit der Texte, terminologische Neuerungen, Bestimmungen des Sach- und Sinnzusammenhangs etc.[236].

Anzumerken ist, dass die Vorlagepflicht des Art. 234 Abs. 3 EGV nach den genannten Kriterien zwar entfällt, die Chance einer freiwilligen, d.h. fakultativen Vorlage gem. Art. 234 Abs. 2 EGV damit aber nicht verwehrt ist.

---

[233] EuGH Rs. 28-30/62, Da Costa, Slg. 1963, 63/81.

[234] EuGH Rs. 283/81, C.I.L.F.I.T., Slg. 1982, 3415/3429, Rz. 14.

[235] EuGH Rs. 283/81, C.I.L.F.I.T., Slg. 1982, 3415/3429, Rz. 16.

[236] Dauses, Vorabentscheidungsverfahren, S. 116 ff; Borchardt, Art. 234, Rn. 41; Hirsch, FS Bay.VerfGH, S. 54.

D. Die Auslegung und Handhabung des Art. 234 EGV durch das BVerfG

Die Vorlagepflicht nach Art. 234 Abs. 3 EGV erstreckt sich, wie gezeigt, auch auf das BVerfG. Dass eine Verpflichtung zur Vorlage für die deutschen Instanzgerichte besteht, hat das Verfassungsgericht in mehreren Entscheidungen herausgearbeitet. Es hat den EuGH als gesetzlichen Richter anerkannt[237] und das Vorlageverfahren als für das BVerfG verbindliches Verfahren herausgestellt[238]. Aber nicht nur die Vorlagepflicht, sondern ebenso der Umfang einer Vorlage spielt in den Entscheidungen des BVerfG eine immer wiederkehrende Rolle.

Angesichts des die Untersuchung einleitenden Zitats von Jutta Limbach, dem BVerfG werde immer wieder eine integrationshemmende Rechtsprechung vorgeworfen[239], wird deutlich, dass sich das BVerfG mit dem ständigen Vorwurf konfrontiert sieht, das Gericht betreibe Politik im Gewande des Rechts[240]. Verfassungsrecht ist seinem Wesen nach politisches Recht, d.h., das BVerfG hat immer wieder politisch bedeutsame Probleme zu entscheiden. Das BVerfG entscheidet letztverbindlich[241] zum Schutze der Verfassung[242]. Die vom BVerfG sich selbst auferlegte richterliche Selbstbeschränkung (judical-self-restraint)[243] bewirkt nicht viel, besagt sie doch mehr eine Selbstverständlichkeit. Formuliert wird mit diesem Begriff das Problem, aber keine Lösung des grundsätzlichen Kompetenzkonflikts[244]. Ein Gericht entscheidet auf Antrag nach der Rechtslage und hat dabei seine Kompetenzen sowohl wahrzunehmen als auch einzuhalten[245]. D.h., eine non-liquet-Entscheidung wegen mangelnder Justiziabilität ist ebenso wenig möglich wie die Übertragung der „political question-Doktrin", wonach z.B. der US-Supreme Court Entscheidungen über Fragen politischer Natur ablehnen kann[246].

D.h., das BVerfG hat konkrete Rechtsstreitigkeiten zu entscheiden[247]. Die Verfahren, in denen das BVerfG mit Gemeinschaftsrecht konfrontiert werden kann, können die abstrakte[248] und die konkrete Normenkontrolle[249 250], die Or-

---

[237] BVerfGE 73, 339 (366 ff).
[238] BVerfGE 37, 271 (282); 52, 187 (200).
[239] Limbach, NJW 01, 2916.
[240] Siehe dazu die umfangreichen Literaturnachweise bei Siedler, S. IX ff; Mishra, S. 29 ff.
[241] Aber eben nicht letztinstanzlich, so Schneider, NJW 80, 2104.
[242] Das Gericht bezeichnet sich selber immer wieder gerne als „Hüter der Verfassung". Zu diesem Titel siehe Schild, S. 13 ff. Dabei stellt sich die Frage der Wahrnehmung der Kompetenzen im Staatsgefüge der deutschen Verfassung, siehe Steiner, NJW 01, 2919 ff; Brohm, NJW 01, 1 ff.
[243] BVerfGE 36, 1 (14); 59, 360 (377).
[244] AK-Rinken, vor Art. 93, Rn. 92.
[245] Schlaich/Korioth, Rn. 493 m.w.N.; Jarras/Pieroth-Pieroth, Art. 93, Rn. 3.
[246] Schneider, NJW 80, 2104; Schlaich/Korioth, Rn. 69.
[247] Vgl. BVerfGE 40, 356 (360); 65, 152 (154). Das BVerfG ist gem. Art. 92 GG ein Gericht - siehe zu dieser Thematik AK-Rinken, vor Art. 93 Rn. 80 ff; zur Entstehungsgeschichte Robbers, JuS 90, 257; AK-GG-Rinken, vor Art. 93, Rn. 6 ff; Zierlein, EuGRZ 91, 305 f; Roellecke, NJW 01, 2926 f.
[248] Art. 93 Abs. 1 Nr. 2 GG i.V.m. §§ 13 Nr. 6; 76 ff BVerfGG.

ganklage[251], ein Bund-Länder-Streit[252] [253] oder die Verfassungsbeschwerde[254] [255] sein. Prüfungsgegenstand können nur Maßnahmen der deutschen öffentlichen Gewalt sein[256]. Angegriffen werden können allein die Begründungs- und Vollzugsakte eines deutschen Organs, also das Zustimmungsgesetz zu einem Gründungs- oder Änderungsvertrag des primären Gemeinschaftsrechts[257], Beschlüsse über das deutsche Abstimmungsverhalten im Rat[258] oder der Vollzug von Gemeinschaftsrecht (Verordnungen)[259] oder deutschem Durchführungsrecht (Gesetz zur Umsetzung von Richtlinien) durch deutsche Behörden oder Gerichte[260]. Neben den Verfahren, in denen eine Prüfung des Gemeinschaftsrechts mittelbar erfolgt, sind auch diejenigen zu nennen, in denen es um die verfassungsrechtliche Pflicht deutscher Organe geht, das Gemeinschaftsrecht zu beachten, wie etwa bei der Verletzung der Vorlagepflicht nach Art. 234 EGV durch deutsche Gerichte als Entzug des gesetzlichen Richters EuGH[261] [262].

Prüfungsmaßstab ist bei allen Entscheidungen das GG. Die Prüfung der Vereinbarkeit von Gemeinschaftsrecht mit deutschem Verfassungsrecht ist auf die Einhaltung der Schranken der Integrationsermächtigung des Art. 23 Abs. 1 GG beschränkt. Dabei sei erneut an das Bild von Paul Kirchhof erinnert, wonach europäischem Recht, welches vom Zustimmungsgesetz nicht gedeckt ist, der Zutritt über die Brücke des nationalen Umsetzungsaktes vom BVerfG als Wächter im Brückenhaus verwehrt wird[263]. Voraussetzung für eine erfolgreiche Überquerung der Brücke durch das Gemeinschaftsrecht ist, dass es dem deutschen Grundrechtsstandard entspricht[264] und in den Kompetenzbereich der EG fällt[265].

249 Art. 100 Abs. 1 Nr. 2 GG i.V.m. §§ 13 Nr. 1; 80 ff BVerfGG.
250 Vgl. z.B. BVerfGE 22, 135 (146 ff); 52, 187 (199, 210); 102, 147 (161, 164 ff).
251 Art. 93 Abs. 1 Nr. 1 i.V.m. §§ 13 Nr. 5; 63 ff BVerfGG.
252 Art. 93 Abs. 1 Nr. 3 GG i.V.m. §§ 13 Nr. 7, 68 ff BVerfGG.
253 Vgl. z.B. BVerfGE 80, 74 (79); 92, 203 (226 ff).
254 Art. 93 Abs. 1 Nr. 1 i.V.m. §§ 13 Nr. 5; 63 ff BVerfGG.
255 Vgl. z.B. BVerfGE 73, 339 (366 ff); 89, 155 (171 ff); 95, 173 (180 ff); 97, 350 (368 ff).
256 Zur Problemlage nach der Maastricht-Entscheidung des BVerfG (BVerfGE 89, 155) siehe Streinz, Europarecht, Rn. 214 a; Gersdorf, DVBl. 94, 675 f.
257 Vgl. z.B. BVerfGE 73, 339 (372); 89, 155 (171).
258 Vgl. z.B. BVerfGE 80, 74 (79); 92, 203 (226).
259 Vgl. z.B. BVerfGE 37, 271 (277 f); 45, 142 (160).
260 Vgl. z.B. BVerfGE 95, 173 (180).
261 Vgl. z.B. BVerfGE 29, 198 (207 ff); 31, 145 (157); 73, 339 (366 ff); 75, 223 (233 ff); 82, 159 (191 ff).
262 Zu der gesamten Thematik Streinz, Grundrechtsschutz und Gemeinschaftsrecht, S. 154 ff; Eibach, S. 1 ff; Rengeling/Middeke/Gellermann, Rn. 911 ff; Hoffman-Riem, EuGRZ 02, 476 f; Feige, AöR 100 (1975), 539 ff.
263 HdbStR- Kirchhof, Bd. VII, § 183 Rn. 65; ders. in DRiZ 95, 259.
264 BVerfGE 73, 339 (375, 386 f); 89, 155 (174 f).
265 BVerfGE 89, 155 (187 f).

I. Die Rechtsprechung des BVerfG zu Art. 234 EGV

Das BVerfG hat in vielen Streitigkeiten, die vor ihm ausgetragen wurden, Aussagen zum Vorlageverfahren und zur Vorlageverpflichtung gemacht. Dabei sind der Vielleicht-Beschluss[266] und die Solange I[267]- und II-Entscheidung[268] die wohl bekanntesten Fälle, in denen das BVerfG Gedanken zu dieser Thematik formuliert hat.

1. Aussagen zur Jurisdiktionskompetenz des EuGH

Das Vorlageverfahren wird erstmals im Juli 1967 in einer Entscheidung des BVerfG genannt, im Zusammenhang mit der zitierten Interpretation einer Vorschrift des E(W)GV durch den EuGH. Dort wird hervorgehoben, dass der Gerichtshof das zur verbindlichen Auslegung des Gemeinschaftsrechts berufene Organ der Gemeinschaft (nach dem alten Art. 177 EWGV; Art. 234 EGV n.F.) ist[269]. Das BVerfG macht dem Gerichtshof die Auslegungsbefugnis über das Gemeinschaftsrecht also zunächst nicht streitig, sondern stärkt dessen Position. Diese Aussage findet sich auch in späteren Entscheidungen wieder[270]. Betrachtet man den Vielleicht-Beschluss, weist das BVerfG die zunehmende Verschränkung der Rechtsordnungen am Beispiel der Kompetenzzuordnungen des Vorlageverfahrens nach:

> „*Sie* [die Kompetenzzuordnungen; Anm. d. Autors] *sind auf ein Zusammenwirken zwischen den Gerichten der Mitgliedstaaten und dem Gerichtshof der Gemeinschaften gerichtet. Sie dienen im Interesse des Vertragszwecks der Integration, der Rechtssicherheit und der Rechtsanwendungsgleichheit einer möglichst einheitlichen Auslegung und Anwendung des Gemeinschaftsrechts durch alle Gerichte im Geltungsbereich des EWG-Vertrages*“[271].

Damit stellt das BVerfG schon sehr früh auf ein Zusammenwirken von Gerichtshof und nationalen Gerichten ab. Konsequent ist es, wenn das deutsche Verfassungsgericht in der Solange I-Entscheidung seine Bindung an die Vorlagepflicht des Art. 234 Abs. 3 EGV erklärt[272]. Das BVerfG untermauert damit, dass es die Möglichkeit des Vorlageverfahrens kennt und anerkennt. Das BVerfG hat auch später seine prinzipielle Bereitschaft zur Vorlage wieder-

---

[266] BVerfGE 52, 187 (200).
[267] BVerfGE 37, 271 (281).
[268] BVerfGE 73, 339 (368 ff).
[269] BVerfGE 22, 135 (150).
[270] BVerfGE 37, 271 (281); 52, 187 (200); 73, 339 (368, 370); 75, 223 (234); 82, 159 (192).
[271] BVerfGE 52, 187 (200); so später auch in BVerfGE 73, 339 (368); 82, 159 (192).
[272] BVerfGE 37, 271 (282); siehe zu dieser Diskussion zum Zeitpunkt der Entscheidung – Feige, AöR 100 (1975), 530 m.w.N..

holt[273]. Besonders deutlich sagt das Gericht dieses wiederum im Vielleicht-Beschluss:

> *„Art. 100 Abs. 1 GG, §§ 80 ff. BVerfGG verleihen dem Bundesverfassungsgericht nicht eine Gerichtsbarkeit darüber, Normen des primären Gemeinschaftsrechts im Widerspruch zu dem Inhalt, den der EuGH diesen Normen in einer Vorabentscheidung desselben Ausgangsverfahrens beigemessen hat, für den Hoheitsbereich der Bundesrepublik Deutschland als anwendbar festzustellen"*[274].

Es kann bis hierhin festgehalten werden, dass das BVerfG die Auslegungsbefugnis des EuGH für das Gemeinschaftsrecht anerkennt und sich selber dessen Jurisdiktion über das Vorlageverfahren grundsätzlich, d.h. in den oben genannten, von der Verfassung vorgegebenen Grenzen (unverzichtbarer Grundrechtsschutz und Ultra-vires-Handlungen), unterwirft[275].

2. Aussagen zur Vorlagepflicht

Aber auch für das BVerfG gilt: kein Grundsatz ohne Ausnahme. Das Karlsruher Gericht war durch mehrere Urteilsverfassungsbeschwerden die Art. 101 Abs. 1 Satz 2 GG betrafen, gehalten, die Vorlagepflicht näher zu konkretisieren, da in allen Fällen die Nichtbeachtung des Vorlageverfahrens und damit die fehlende Einbindung des EuGH im jeweiligen Prozess vor dem Instanzgericht gerügt wurde. Das BVerfG musste in zahlreichen Verfahren[276] klären, ob der gesetzliche Richter entzogen worden war. Um dieses tun zu können, musste zunächst der EuGH als gesetzlicher Richter i.S.d. Art. 101 Abs. 1 Satz 2 GG anerkannt werden[277]. Erst danach konnte es zu einer Überprüfung der

---

[273] BVerfGE 52, 187 (201); 73 339 (371); für die Verfassungsbeschwerde in BVerfGE 45, 142 (162).

[274] BVerfGE 52, 187 (200).

[275] Siehe dazu auch Ost, NVwZ 01, 401.

[276] BVerfGE 29, 198; 31, 145; 73, 339; 75, 223; 82, 159 BVerfG Beschluss v. 13.2.78 – 2 BvR 1347/76 – in EuR 13 (1978), 278; Beschluss v. 26.3.86 – 1 BvR 1483/85 – in EuR 21 (1986), 273; Beschluss der 1. Kammer des Zweiten Senats v. 4.11.87 – 2 BvR 876/85 – in NJW 88, 2173; Beschluss der 1. Kammer des Zweiten Senats v. 9.11.87 – 2 BvR 808/82 – in NJW 88, 1456; Beschluss der 3. Kammer des Zweiten Senats v. 27.8.91 – 2 BvR 276/90 – in NJW 92, 678; Beschluss der 3. Kammer des Zweiten Senats v. 29.11.91 – 2 BvR 1642/91 – in NVwZ 92, 360; Beschluss der 3. Kammer des Zweiten Senats v. 22.12.92 – 2 BvR 557/88 – in NVwZ 93, 883; Beschluss der 3. Kammer des Zweiten Senats v. 16.12.93 – 2 BvR 1725/88 – in NJW 94, 2017; Beschluss der 2. Kammer des Ersten Senats v. 13.6.97 – 1 BvR 2102/95 – in NJW 97, 2512; Beschluss der 1. Kammer des Ersten Senats v. 21.8.96 – 1 BvR 866/96 – in NVwZ 97, 481; Beschluss der 2. Kammer des Ersten Senats v. 5.8.98 – 1 BvR 264/98 – in NZA 98, 1245; Beschluss der 3. Kammer des Zweiten Senats v. 14.10.98 – 2 BvR 588/98 – in NVwZ 99, 293; Beschluss der 2. Kammer des Ersten Senats v. 9.1.01 – 1 BvR 1036/99 – in NJW 01, 1267.

[277] Siehe dazu Arnold, FS Neumayr, S. 17 ff.

willkürlichen Entziehung kommen, in deren Rahmen die Auslegung der Vorlagepflicht nach Art. 234 Abs. 3 EGV eine entscheidende Rolle spielen sollte.

a) Der EuGH als gesetzlicher Richter i.S.d. Art. 101 Abs. 1 Satz 2 GG

Das BVerfG hat sich lange um eine klare Aussage zur Qualität des EuGH als gesetzlicher Richter nach Art. 101 Abs. 1 Satz 2 GG gedrückt[278]. In der Solange II-Entscheidung hat es dann erstmalig den EuGH als gesetzlichen Richter i.S.d. grundgesetzlichen Norm anerkannt[279]:

> *„Der Gerichtshof ist kein Organ der Bundesrepublik Deutschland sondern ein gemeinsames Organ der Europäischen Gemeinschaften. Die funktionelle Verschränkung der Gerichtsbarkeit der Europäischen Gemeinschaften mit der Gerichtsbarkeit der Mitgliedsstaaten zusammen mit dem Umstand, daß die Gemeinschaftsverträge kraft der durch die Zustimmungsgesetze gemäß Art. 24 Abs. 1, 59 Abs. 2 Satz 1 GG erteilten Rechtsanwendungsbefehle und das auf vertraglicher Grundlage erlassene abgeleitete Gemeinschaftsrecht Teil der innerstaatlich geltenden Rechtsordnung der Bundesrepublik Deutschland und von ihren Gerichten zu beachten, auszulegen und anzuwenden sind, qualifizieren den Gerichtshof als gesetzlichen Richter im Sinne des Art. 101 Abs. 1 Satz 2 GG, soweit ihm durch die Zustimmungsgesetze zu den Gemeinschaftsverträgen darin enthaltene Rechtsprechungsfunktionen aufgetragen sind. Hierzu rechnet insbesondere die Kompetenz des Gerichthofs zu Vorabentscheidungen gemäß Art. 177 EWGV* (Art. 234 EGV n.F.; Anm. d. Autors).“[280]

Damit war die Einbeziehung des EuGH in die gerichtliche Hierarchie Deutschlands durch das BVerfG endgültig bestätigt worden und eine willkürliche Verletzung des Art. 101 Abs. 1 Satz 2 GG durch die Nichtbeachtung der Vorlagepflicht nach Art. 234 Abs. 3 EGV konnte kontrolliert werden[281].

---

[278] Diese Frage wurde noch ausdrücklich offen gelassen in BVerfG E 29, 198 (207); 31, 145 (169); Beschluss des BVerfG v. 13.2.78 – 2 BvR 1347/76 – in EuR 13 (1978), 278 (279); Beschluss v. 9.6.71 – 2 BvR 225/69 – in NJW 71, 2122; Beschluss v. 26.3.86 – 1 BvR 1483/85 – in EuR 21 (1986), 273 (274).

[279] BVerfGE 73, 339 (366 ff).

[280] BVerfGE 73, 339 (367 f); siehe auch BVerfGE 82, 159 (192 f; 195).

[281] Siehe auch BVerfGE 82, 159 (194 ff); Beschluss der 2. Kammer des Ersten Senats v. 9.1.01 – 1 BvR 1036/99 – in NJW 01, 1267 (1268); Beschluss der 1. Kammer des Ersten Senats v. 21.8.96 – 1 BvR 866/96 – in NVwZ 97, 481; Beschluss der 2. Kammer des Ersten Senats v. 5.8.98 – 1 BvR 264/98 – in NZA 98, 1245 f; Sensburg, NJW 01, 1259 f; Hoffmann-Riem, EuGRZ 02, 477.

b) Aussagen zum Umfang der Vorlagepflicht

Da der EuGH nunmehr als gesetzlicher Richter i.S.d. Art. 101 Abs. 1 Satz 2 GG anerkannt war, musste das BVerfG Verfassungsbeschwerden wegen der Nichtbeachtung der Vorlagepflicht als eine verfahrensrechtliche Vorschrift, die von den Instanzgerichten zu beachten ist, überprüfen. Ein Eingriff in das Recht nach Art. 101 Abs. 1 Satz 2 GG liegt entsprechend dem Wortlaut des Gesetzes im „Entziehen" des gesetzlichen Richters. Wann dieses jedoch der Fall ist, ergibt sich nicht unmittelbar aus der Norm selbst, sondern aus den Grenzen der Ausgestaltung, wie sie durch die Rechtsprechung des BVerfG gekennzeichnet wurde[282]. Danach liegt eine Verletzung vor, wenn der Verstoß auf Willkür beruht, die Zuständigkeitsregel des Art. 234 Abs. 3 EGV also in offensichtlich unhaltbarer Weise gehandhabt worden ist.

Um eine willkürliche Missachtung der Vorlagepflicht untersuchen zu können, musste der Rahmen der Verpflichtung klar sein. Dieser stellt gleichzeitig den Umfang des Willkürmaßstabes nach Art. 101 Abs. 1 Satz 2 GG dar, den das BVerfG zu überprüfen hat. Da die durch Art. 234 EGV übertragene Kompetenz am Zustimmungsgesetz gemessen werden muss, ist sie nicht schrankenlos, sondern unterliegt den Vorgaben des GG, die vom BVerfG kontrolliert werden[283]. Das deutsche Verfassungsgericht behält sich also vor, die Einhaltung der Kompetenznorm des Art. 234 EGV wie andere deutsche verfahrenstechnische Zuständigkeitsregeln zu überprüfen[284]. Aus diesem Grunde wird der Umfang der Vorlagepflicht des Art. 234 Abs. 3 EGV mit Blick auf Art. 101 Abs. 1 Satz 2 GG definiert.

Das BVerfG führt dazu aus, dass grundsätzlich ein nationales letztinstanzliches Gericht gemäß Art. 234 Abs. 3 EGV seiner Vorlagepflicht nachkommen müsse, wenn sich in einem bei ihm schwebenden Verfahren eine Frage des Gemeinschaftsrechts stellt und diese entscheidungserheblich ist[285]. Die deutschen Verfassungsrichter knüpfen an die C.I.L.F.I.T-Entscheidung des EuGH an, wonach diese Verpflichtung dann entfällt, wenn sich die Antwort bereits aus einer vergleichbaren Entscheidung des Gerichtshofes ergibt oder die Anwendung des Gemeinschaftsrechts derart offenkundig ist, „daß für einen vernünftigen Zweifel keinerlei Raum bleibt." Zugrunde zu legen sei nach der acte clair-Doktrin ein objektiver Klarheitsbegriff. Die Vorlagepflicht entfalle dann, wenn das Ausgangsgericht überzeugt sei, „daß auch für die Gerichte der übrigen Mitgliedstaaten und den Gerichtshof die gleiche Gewißheit bestünde."[286]

---

[282] BVerfGE 75, 223 (235); Beschluss der 3. Kammer des Zweiten Senats v. 27.9.1991 – 2 BvR 276/90 – in NJW 92, 678.

[283] BVerfGE 75, 223 (235).

[284] BVerfG Beschluss der 3. Kammer des Zweiten Senats v. 27.9.1991 – 2 BvR 276/90 – in NJW 92, 678.

[285] So ausdrücklich in BVerfGE 82, 159 (193); Beschluss der 1. Kammer des Zweiten Senats v. 9.11.1987 – 2 BvR 808/82 – in NJW 88, 1456.

[286] BVerfGE 82, 159 (193); Beschluss der 1. Kammer des Zweiten Senats v. 9.11.1987 – 2 BvR 808/82 – in NJW 88, 1456 unter Verweis auf EuGH Rs. 283/81, C.I.L.F.I.T., Slg. 1982, 3415/3429 f, Rz. 14 ff.

Das BVerfG nimmt diese Argumentation des EuGH auf und führt weiter aus:

> *„Die innerstaatlichen Gerichte sind vielmehr zu einer an objektiven Maßstäben ausgerichteten Prüfung verpflichtet, ob die entscheidungserhebliche gemeinschaftsrechtliche Norm in der Tat mehrere, für einen kundigen Juristen vernünftigerweise gleichermaßen mögliche Auslegungen zuläßt, wobei auch das gesamte Gemeinschaftsrecht, seine Ziele und sein Entwicklungsstand zur Zeit der betroffenen Vorschrift heranzuziehen sind."*[287]

Da es in diesen Fällen der Urteilsverfassungsbeschwerde um eine mögliche Verletzung des Anspruchs auf den gesetzlichen Richter geht, überprüft das BVerfG alleine, ob die Zuständigkeitsregelung des Art. 234 Abs. 3 EGV in offensichtlich unhaltbarer Weise, d.h. willkürlich verletzt wurde. Das Gericht ist also um eine genaue Bestimmung des Willkürmaßstabes des Art. 101 Abs. 1 Satz 2 GG bemüht. Denn:

> *„Die Frage nach dem gesetzlichen Richter ist eine Frage des innerstaatlichen Rechtes, die in allen Fällen der Vorlageverpflichtung unter gleichen Gesichtspunkten geprüft werden muß."*[288]

Als Willkür wird nach der verfassungsrechtlichen Rechtsprechung nur gewertet, wenn die Entscheidung sich bei der Anwendung und Auslegung von Zuständigkeitsnormen so weit von dem diese Normen bestimmenden Grundsatz des gesetzlichen Richters entfernt, dass die Gerichtsentscheidung nicht mehr zu rechtfertigen ist. Demnach wird Art. 101 Abs. 1 Satz 2 GG nur durch solche gerichtlichen Entscheidungen verletzt, die bei verständiger Würdigung der das GG beherrschenden Gedanken nicht mehr verständlich erscheinen und offensichtlich unhaltbar sind[289]. Der EuGH sei als gesetzlicher Richter über das Vorlageverfahren in das deutsche Rechtsschutzsystem einbezogen, um die Einheitlichkeit der Anwendung und Auslegung des Gemeinschaftsrechts zu gewährleisten. Die Vorlageverpflichtung wird damit zu einer garantierten Zuständigkeitsregel als Teil des rechtsstaatlichen Objektivitätsgebotes nach Art. 101 Abs. 1 Satz 2 GG, welche das BVerfG auf deren offensichtlich unhaltbare Verkennung hin als alleinigen Kontrollmaßstab zu überprüfen hat[290].

> *„Die Vorlagepflicht wird insbesondere in den Fällen offensichtlich unhaltbar gehandhabt, in denen ein letztinstanzliches Hauptsachegericht eine Vorlage trotz der – seiner Auffassung nach bestehenden – Entscheidungserheblichkeit der gemeinschaftlichen Frage überhaupt nicht*

---

[287] BVerfG Beschluss der 1. Kammer des Zweiten Senats v. 9.11.87 – 2 BvR 808/82 – in NJW 88, 1456 (1456).

[288] Beschluss v. 13.2.78 – 2 BvR 1347/76 – in EuR 13 (1978), 278 (279).

[289] BVerfG Beschluss der 1. Kammer des Zweiten Senats v. 9.11.87 – 2 BvR 808/82 – in NJW 88, 1456 (1456 f).

[290] BVerfGE 82, 159 (194 f); BVerfG Beschluss der 3. Kammer des Zweiten Senats v. 27.8.91 – 2 BvR 276/90 – in NJW 92, 678; Beschluss der 3. Kammer des Zweiten Senats v. 22.12.92 – 2 BvR 557/88 – in NVwZ 93, 883.

in Erwägung zieht, obwohl es selbst Zweifel hinsichtlich der richtigen Beantwortung der Frage hegt (grundsätzliche Verkennung der Vorlagepflicht). Gleiches gilt in den Fällen, in denen das letztinstanzliche Hauptsachegericht in seiner Entscheidung bewußt von der Rechtsprechung des Europäischen Gerichtshofs zu entscheidungserheblichen Fragen abweicht und gleichwohl nicht oder nicht neuerlich vorlegt (bewußtes Abweichen ohne Vorlagebereitschaft, vgl. BVerfGE 75, 223). Liegt zu einer entscheidungserheblichen Frage des Gemeinschaftsrechts einschlägige Rechtsprechung des Europäischen Gerichtshofs noch nicht vor oder hat eine vorliegende Rechtsprechung die entscheidungserhebliche Frage möglicherweise noch nicht erschöpfend beantwortet oder erscheint eine Fortentwicklung der Rechtsprechung des Europäischen Gerichtshofs nicht nur als entfernte Möglichkeit, so wird Art. 101 Abs. 1 Satz 2 GG nur dann verletzt, wenn das letztinstanzliche Hauptsachegericht den ihm in solchen Fällen notwendig zukommenden Beurteilungsrahmen in unvertretbarer Weise überschritten hat (Unvollständigkeit der Rechtsprechung)."[291]

Das BVerfG schafft also Regelbeispiele, wann die Vorlagepflicht unhaltbar und damit willkürlich verletzt wird. Das BVerfG definiert die Vorlagepflicht des Art. 234 EGV und legt primäres Gemeinschaftsrecht aus, was Konsequenzen mit Blick auf eine eigene Vorlage des BVerfG an den EuGH wegen dessen Auslegungsmonopol nach Art. 220 EGV hat (dazu unter II. – Handhabung des Art. 234 EGV durch das BVerfG).

3. Zusammenfassung

Fasst man alle Aussagen des BVerfG zu Art. 234 EGV zusammen, so ist zunächst festgestellt worden, dass der EuGH über das Vorlageverfahren zur verbindlichen Auslegung des Gemeinschaftsrechts berufen ist. Die mitgliedstaatlichen Rechtsordnungen verschränken und verweben sich zunehmend mit der Gemeinschaftsrechtsordnung, was seinen Ausdruck auch im Vorlageverfahren findet. Dadurch ist der EuGH in das deutsche Gerichtssystem mit eingebunden, dessen Beachtung, nach der Zuständigkeitsgarantie des Art. 101 Abs. 1 Satz 2 GG als Teil des rechtsstaatlichen Objektivitätsgebotes der Kontrolle des BVerfG unterliegt. Dieses überprüft im Rahmen des Willkürverbotes eine Verletzung der Vorlagepflicht und schafft dabei Regelbeispiele, wann diese unhaltbar gehandhabt wird:

[291] BVerfGE 82, 159 (195 f); so später auch Beschluss der 2. Kammer des Ersten Senats v. 9.1.01 – 1 BvR 1036/99 – in NJW 01, 1267 (1268); Beschluss der 2. Kammer des Ersten Senats v. 5.8.98 – 1 BvR 264/98 – in NZA 98, 1245 (1246); Beschluss der 3. Kammer des Zweiten Senats v. 16.12.93 – 2 BvR 1725/88 – in NJW 94, 2017; Beschluss der 3. Kammer des Zweiten Senats v. 22.12.92 – 2 BvR 557/88 – in NVwZ 93, 883 (884).

1. die grundsätzliche Verkennung der Vorlagepflicht[292].
2. das bewusste Abweichen von der bisherigen Rechtsprechung des EuGH ohne Vorlagebereitschaft[293].
3. Unvollständigkeit der Rechtsprechung[294].

Die Karlsruher Richter unterstreichen in einem Beschluss aus dem Jahre 1988 schließlich, dass Art. 234 Abs. 3 EGV eine vertragliche Verpflichtung Deutschlands normiere, die bei einer Verletzung der Vorlagepflicht gleichzeitig eine Verletzung der Gemeinschaftsverträge darstelle. Alle Gerichte seien deshalb angehalten, eine derartige Gefahr nach Möglichkeit nicht herbeizuführen. Die beste Gewähr hierfür bestehe in der strikten Beachtung der Vorlagepflicht nach Maßgabe der vom EuGH hierzu entwickelten Maßstäbe[295].

II. Die Handhabung des Art. 234 EGV durch das BVerfG

Das BVerfG muss sich an der eigenen Auslegung des Art. 234 Abs. 3 EGV messen lassen. Denn erstaunlich ist, dass trotz der eingangs erwähnten hohen Zahl von Vorlagen aus Deutschland, die aus allen Gerichtszweigen und allen Instanzen stammen, kein Vorabentscheidungsersuchen vom BVerfG gestellt wurde. In zahlreichen Verfahren wurde es bisher mit Problemen des Gemeinschaftsrechts konfrontiert. Die Frage drängt sich auf, ob es in all den Verfahren tatsächlich nie zu einer Vorlage nach Art. 234 Abs. 3 EGV verpflichtet war.

Gegenstand der näheren Untersuchung waren alle Entscheidungen, in denen es zu einer Anwendung und Auslegung von Gemeinschaftsrecht gekommen ist. So gibt es Entscheidungen, in denen eine Richtlinie oder Verordnung etwa zur Unterstützung einer an sich schon stringenten Begründung nur zitiert wird und bei denen es zu keiner Anwendung und damit auch zu keiner Auslegung von Gemeinschaftsrecht gekommen ist[296]. Nicht berücksichtigt wurden all diejenigen Verfahren, in denen das BVerfG Recht der Gemeinschaft hätte an-

[292] So auch im Beschluss der 1. Kammer des Zweiten Senats v. 9.11.87 – 2 BvR 808/82 – in NJW 88, 1456 (1457).
[293] So bereits in BVerfGE 75, 223 (233 ff).
[294] Ebenfalls in BVerfG Beschluss der 2. Kammer des Ersten Senats v. 9.1.01 – 1 BvR 1036/99 – in NJW 01, 1267 (1268); Beschluss der 2. Kammer des Ersten Senats v. 5.8.98 – 1 BvR 264/98 – in NZA 98, 1245 (1246); Beschluss der 3. Kammer des Zweiten Senats v. 16.12.93 – 2 BvR 1725/88 – in NJW 94, 2017; Beschluss der 3. Kammer des Zweiten Senats v. 22.12.92 – 2 BvR 557/88 – in NVwZ 93, 883 (884).
[295] BVerfG Beschluss der 1. Kammer des Zweiten Senats v. 9.11.87 – 2 BvR 808/82 – in NJW 88, 1456 (1457); siehe dazu auch Voßkuhle, JZ 01, 925.
[296] BVerfGE 21, 245 (257); 23, 13 (30 f); 41, 205 (223); 49, 89 (129, 146); 50, 166 (177); 56, 54 (85); 61, 291 (305 f, 315); 65, 1 (55); 81, 132 (136 f); 88, 366 (378); 94, 49 (86); 101, 1 (45); 103, 1 (16 ff); BVerfG Beschluss der 2. Kammer des Ersten Senats v. 28.9.92 – 1 BvR 496/87 – in NZA 93, 213 (214); Beschluss v. 27.11.97 – 1 BvL 12/91 – in NJW 98, 1215 (1217); Beschluss der 1. Kammer des Zweiten Senats v. 17.2.00 – 2 BvR 1210/98 – in NJW 00, 2015.

wenden können[297]. Eine Ausweitung auf mögliche Anwendungsfälle von EG-Recht und darüber hinaus auf daraus verpflichtende Vorlagen des BVerfG an den EuGH wird wegen mangelnder Überprüfbarkeit nicht thematisiert. Ein solches Vorgehen wäre reine Spekulation. Deswegen beschränkt sich die Arbeit auf tatsächlich vom BVerfG angewandtes Gemeinschaftsrecht. Zum großen Teil ist die Auslegung von Gemeinschaftsrecht klar und zweifelsfrei, so dass eine Vorlage nicht in Erwägung zu ziehen war[298]. Auch in den zahlreichen Fällen der Urteilsverfassungsbeschwerde wurde vom BVerfG meist nur der Willkürmaßstab des Art. 101 Abs. 1 Satz 2 GG überprüft[299].

1. Entscheidungen des BVerfG ohne Vorlagepflicht

Alle Entscheidungen des BVerfG wurden entsprechend der durch die Überschrift vorgegebenen Thematik untersucht. Beispielhaft für alle analysierten Entscheidungen des BVerfG einschließlich der veröffentlichten aber auch der unveröffentlichten Kammerbeschlüsse sollen einige Verfahren vorgestellt werden, in denen Gemeinschaftsrecht zu berücksichtigen war, in denen aber keine Pflicht bestand, den EuGH im Wege eines Vorabentscheidungsersuchens anzurufen. Bei dieser Auswahl wurden insbesondere solche Verfahren berücksichtigt, die in der wissenschaftlichen Diskussion wenig bzw. keine Beachtung gefunden haben. Da keine Vorlagepflicht bestanden hat, wird der Sachverhalt nur kurz angerissen.

---

[297] Z.B. BVerfG Beschluss der 1. Kammer des Zweiten Senats v. 25.1.95 – 2 BvR 2689/94 und 52/95 – in EuZW 95, 126 bzgl. des Art. 186 a.F. (Art. 243 n.F.) EGV – siehe auch Rupp, JZ 95, 354; BVerfGE 102, 147 bzgl. des Verhältnisses von Gemeinschaftsrecht zum GATT/WTO-Recht – siehe Schmid, NVwZ 01, 251 und 255; Stein EuZW 98, 264; aber auch Epping, AW-Prax 95, 294 ff.

[298] BVerfGE 22, 293 (295 ff); 52, 187 (193 ff); 71, 305 (306 ff); 80, 74, (79 ff); 85, 191 (203); 92, 203 (230 ff); 95, 173 (181 f); 97, 350 (351 ff); Beschluss v. 29.12.86 – 2 BvR 1460/84 – in AgraR 87, 111; Beschluss der 1. Kammer des Zweiten Senats v. 10.4.87 – 2 BvR 1236/86 – in NJW 87, 3077; Beschluss der 2. Kammer des Zweiten Senats v. 9.7.92 – 2 BvR 1096/92 – in NVwZ 93, 883.

[299] BVerfGE 29, 198; 31, 145; 73, 339; 75, 223; 82, 159 BVerfG Beschluss v. 13.2.78 – 2 BvR 1347/76 – in EuR 13 (1978), 278; Beschluss v. 26.3.86 – 1 BvR 1483/85 – in EuR 21 (1986), 273; Beschluss der 1. Kammer des Zweiten Senats v. 4.11.87 – 2 BvR 876/85 – in NJW 88, 2173; Beschluss der 1. Kammer des Zweiten Senats v. 9.11.87 – 2 BvR 808/82 – in NJW 88, 1456; Beschluss der 3. Kammer des Zweiten Senats v. 27.8.91 – 2 BvR 276/90 – in NJW 92, 678; Beschluss der 3. Kammer des Zweiten Senats v. 29.11.91 – 2 BvR 1642/91 – in NVwZ 92, 360; Beschluss der 3. Kammer des Zweiten Senats v. 22.12.92 – 2 BvR 557/88 – in NVwZ 93, 883; Beschluss der 3. Kammer des Zweiten Senats v. 16.12.93 – 2 BvR 1725/88 – in NJW 94, 2017; Beschluss der 2. Kammer des Ersten Senats v. 13.6.97 – 1 BvR 2102/95 – in NJW 97, 2512; Beschluss der 1. Kammer des Ersten Senats v. 21.8.96 – 1 BvR 866/96 – in NVwZ 97, 481; Beschluss der 2. Kammer des Ersten Senats v. 5.8.98 – 1 BvR 264/98 – in NZA 98, 1245; Beschluss der 3. Kammer des Zweiten Senats v. 14.10.98 – 2 BvR 588/98 – in NVwZ 99, 293; Beschluss der 2. Kammer des Ersten Senats v. 9.1.01 – 1 BvR 1036/99 – in NJW 01, 1267.

Beschluss des Ersten Senats vom 18. Oktober 1967 – 1 BvR 248/63 und 216/67 – BVerfGE 22, 293

Mit einer Verfassungsbeschwerde wandte sich eine deutsche Handelsfirma unmittelbar gegen zwei Verordnungen des Rates und der Kommission[300]. Sie fühlte sich dadurch gegenwärtig und unmittelbar in ihren Grundrechten aus Art. 2 Abs. 1; Art. 3 Abs. 1; Art. 12 Abs. 1 und Art. 14 GG beeinträchtigt. Das BVerfG wies die Verfassungsbeschwerde als unzulässig zurück, da es nach § 90 BVerfGG nur Akte der öffentlichen Gewalt nachprüfen könne, wonach nach ständiger Rechtsprechung „nur Akte der staatlichen, deutschen, an das Grundgesetz gebundenen Gewalt" gemeint seien[301].

Da erst seit der Maastricht-Entscheidung auch Rechtsakte der Gemeinschaft vom BVerfG überprüft werden, wenn sie die Grundrechtsberechtigten in Deutschland betreffen[302] war die Entscheidung im Jahr 1967 richtig. Die gerügten Verordnungen wurden inhaltlich jedenfalls nicht überprüft. An eine Vorlage zum EuGH war folglich nicht zu denken.

Beschluss des Ersten Sentas vom 16. März 1971 – 1 BvR 25, 665, 754/66 – BVerfGE 30, 292

Mehrere Firmen fühlten sich durch ein Gesetz, welches das Anlegen von Mindestvorräten von Mineralölprodukten zum Inhalt hatte, insbesondere in ihrem Recht aus Art. 12 Abs. 1 GG verletzt. Das Gesetz wurde aufgrund der „Richtlinie zur Verpflichtung der Mitgliedstaaten der EWG, Mindestvorräte an Erdöl und/oder Erdölerzeugnissen zu halten" verabschiedet. Die Richtlinie selbst stand aber nicht zur Diskussion, zumal sie die Heranziehung von Privatunternehmen nicht ausdrücklich forderte. Gegenstand der Verfassungsbeschwerde war somit allein die Grundgesetzmäßigkeit des deutschen Gesetzes über Mindestvorräte an Erdölerzeugnissen vom 9.September 1965. Europäische Vorschriften waren unzweifelhaft[303]. Somit entstand auch keine eine Vorlagepflicht begründende Situation.

Beschluss des Zweiten Senats vom 8. Juni 1977 – 2 BvR 499/74 und 1042/75 – BVerfGE 45, 142

Aufgrund von Devisenschwankungen kam es im Frühjahr 1969 zu einer Überschwemmung u.a. des deutschen Marktes mit aus Frankreich stammendem Getreide. Die Bundesrepublik wurde von der Kommission gem. Art. 226 EWGV (mittlerweile aufgehoben) zu Gegenmaßnahmen ermächtigt. Der deut-

---

[300] Art 1 der VO 135 der Kommission v. 7.11.1962 – Amtsblatt EWG, S. 2621; Art. 1 i.V.m. Art. 2, 3 und 12 Abs. 3 VO 159/66 des Rates v. 25.10.1966 – Amtsblatt EWG, S. 3286.

[301] BVerfGE 22, 293 (295 m.w.N.).

[302] BVerfGE 89, 155 (175)

[303] BVerfGE 30, 292 (310 ff).

sche Landwirtschaftsminister erließ daraufhin eine Verordnung, die auf § 7 DurchfG-EWG-Getreide gestützt war. In der Verfassungsbeschwerde ging es allein um diese deutsche Vorschrift (u.a. um das Rückwirkungsverbot)[304]. Europäisches Recht spielte nur am Rande eine Rolle, war aber nicht entscheidungserheblich, sodass eine Vorlage nach Art. 234 Abs. 3 EGV nicht in Betracht kam.

Beschluss des Zweiten Senats vom 22. Mai 1979 – 2 BvR 193, 197/79 – BVerfGE 51, 222

Gegenstand der Verfassungsbeschwerden war die in § 2 Abs. 6 des Gesetzes über die Wahl der Abgeordneten des Europäischen Parlamentes aus der Bundesrepublik Deutschland enthaltene 5 v.H.-Sperrklausel. Diese verstoße, so das BVerfG, nicht gegen das Grundrecht der Wahlrechtsgleichheit, da die Ungleichbehandlung durch das überwiegende Interesse an einer übermäßigen Parteienzersplitterung im Europäischen Parlament überwiege[305]. Zwar beschreibt das BVerfG ausgiebig die Rolle des Parlament im Gefüge der Gemeinschaften. Zu einer Auslegung europäischen Rechts, die darüber hinaus einer Anrufung des EuGH bedurft hätte, kommt es nicht.

Beschluss des Zweiten Senats vom 18. Dezember 1985 – 2 BvR 1167, 1185, 1636/84, 308/85 und BvQ 18/84 – BVerfGE 71, 305[306]

Die Beschwerdeführer und Antragsteller wandten sich mit ihren Verfassungsbeschwerden und Anträgen auf Erlass einstweiliger Anordnungen unmittelbar gegen Bestimmungen der deutschen Milch-Garantiemengen-Verordnung. Diese setzt als nationale Regelung die Vorgaben zur Neuordnung des europäischen Milchmarktes um, die Rat und Kommission der Europäischen Gemeinschaften in diversen Verordnungen festgelegt hatten[307]. Weder die Milch-Garantiemengen-Verordnung, noch die Verordnungen der Gemeinschaften werden zum Gegenstand der inhaltlichen Prüfung der Verfahren, da Karlsruhe die Verfassungsbeschwerde und die Anträge mangels Erschöpfung des Rechtsweges als offenkundig unzulässig zurück gewiesen hat[308]. Im Rahmen dieser Zulässigkeitsprüfung war Gemeinschaftsrecht aber nicht entscheidungserheblich.

---

[304] BVerfGE 45, 142 (160 ff).

[305] BVerfGE 51,222 (233).

[306] Keine nähere Betrachtung findet der Beschluss des BVerfG v. 29.12.86 – 2 BvR 1460/84 – in AgraR 87, 111, weil, wie die Kammer dort ausführt: *„Die Fallgestaltungen, die den vorliegenden Verfahren zugrundeliegen, werden in vollem Umfang von denjenigen umfaßt, welche Gegenstand dieser Entscheidung* [=BVerfGE 71, 305 (334 ff); Anm. d. Autors] *waren."*

[307] BVerfGE 71, 305 (306 ff).

[308] BVerfGE 71, 305 (334 und 349).

Beschluss der 1. Kammer des Zweiten Senats vom 10.4.1987 – 2 BvR 1236/86 – in NJW 87, 3077

Die Beschwerdeführerin wandte sich mit ihrer Verfassungsbeschwerde gegen die Erteilung der Vollstreckungsklausel für eine Entscheidung der Kommission der Europäischen Gemeinschaften und ein Urteil des EuGH durch den Bundesminister der Justiz sowie einem Beschluss des BGH. Die Verfassungsbeschwerde wurde mangels hinreichender Erfolgsaussicht nicht zur Entscheidung angenommen. Denn aus Art. 20 Abs. 3 i.V.m. Art. 24 Abs. 1 GG folge nicht die Verpflichtung des Bundesministers, bei der Erteilung der Vollstreckungsklausel für Urteile des EuGH über die von Art. 192 Abs. 2 Satz 2 EWGV (Art. 256 Abs. 2 Satz 2 EGV n.F.) vorgeschriebene Prüfung der Echtheit des Titels hinaus auch nachzuprüfen, ob das für vollstreckbar zu erklärende Urteil des EuGH den Wesensgehalt von Grundrechten verletzt, die einem deutschen Grundrechtsträger aufgrund der Grundrechtsverbürgungen des GG zustehen[309].
Das BVerfG legt damit in dem Beschluss den alten Art. 192 Abs. 2 Satz 2 EGV (Art. 256 EGV n.F.) nicht aus, sondern zitiert mehr oder minder den Wortlaut der Vorschrift und entscheidet dementsprechend. Da es zu keiner Auslegung kommt, wäre eine Vorlage nach Art. 234 Abs. 3 EGV unzulässig gewesen.

Urteil des Zweiten Senats vom 11. April 1989 aufgrund der mündlichen Verhandlung vom 11. April 1989 – 2 BvR 1/89 – BVerfGE 80, 74

Gegenstand dieses Bund-Länder-Streits (Art. 93 Abs. 1 Nr. 3 GG; § 32 Abs. 1 BVerfGG) war ein Antrag der Bayrischen Staatsregierung auf Erlass einer einstweiligen Anordnung. Sie begehrte die Feststellung, dass die Bundesregierung durch ihren zustimmenden Beschluss zur EG-Rundfunkrichtlinie den Freistaat Bayern in seinen Rechten aus Art. 30 GG verletzt hat. Der Antrag auf Erlass des einstweiligen Rechtschutzes wurde mit Verweis auf ein mögliches und zumutbares Hauptverfahren abgelehnt[310]. Der Rechtsstandpunkt der Antragstellerin hätte auch durch eine Entscheidung in einem Hauptsacheverfahren ausreichend judiziert werden können[311].
Da nur die Eilbedürftigkeit einer Entscheidung vom BVerfG diskutiert wurde, war die Rundfunkrichtlinie nicht direkter Gegenstand der Entscheidung. Dementsprechend kommt es zu keiner Auslegung der Richtlinie und damit zu keiner Vorlage an den EuGH.

---

309 BVerfG in NJW 87, 3077.
310 BVerfGE 80, 74 (79 ff).
311 BVerfGE 80, 74 (81); so ja später auch geschehen in dem vergleichbaren Fall – BVerfGE 92, 203 (230 ff).

Urteil des Ersten Senats vom 28. Januar 1992 aufgrund der mündlichen Verhandlung vom 1. Oktober 1991 – 1 BvR 1025/82, 1 BvL 16/83 und 10/91 – BVerfGE 85, 191

Gegenstand der Verfassungsbeschwerden und der konkreten Normenkontrollanträge war das Verbot der Nachtarbeit für Frauen. Die Vorlagen nach Art. 100 Abs. 1 GG waren unzulässig, weil sie die Entscheidungserheblichkeit der vorgelegten Norm nicht substantiiert deutlich gemacht hätten[312]. Das sei etwa dann nicht mehr der Fall, wenn die Unanwendbarkeit der Norm bereits aus anderen Gründen feststehe, wie im vorliegenden Fall aufgrund des Urteils des EuGH mit der klaren Auslegung zur Richtlinie 76/201/EWG gem. der zitierten Entscheidung des EuGH, Rs. C-345/89, Stoeckel, in EuGRZ 91, 421 ff. Das BVerfG verneint damit eine Vorlagepflicht, da in einem nahezu identischen Fall die streitentscheidende Richtlinie bereits durch den Gerichtshof ausgelegt wurde.
Zwar war die Verfassungsbeschwerde zulässig. Für diese war allerdings allein Art. 3 GG entscheidend. Nur die Verletzung des Schutzbereichs dieses Grundrechts wurde überprüft. Die Richtlinie spielt in diesem Zusammenhang nur eine untergeordnete Rolle. Für die Verfahren bestand somit kein Verpflichtung des BVerfG nach Art. 234 Abs. 3 EGV den EuGH erneut anzurufen.

Beschluss der 3. Kammer des Zweiten Senats vom 09. Juli 1992 – 2 BvR 1096/92 – in NVwZ 93, 883

Die Beschwerdeführerin, die „Feinschnittrollen" herstellt, erhob Verfassungsbeschwerde mit dem Ziel, der Bundesregierung zu untersagen, im Rat der Europäischen Gemeinschaft einer Änderung der EG-Richtlinie 79/32 zur Tabaksteuer zuzustimmen. Deutschland würde damit verpflichtet, im Rahmen der allgemeinen tabaksteuerlichen Definition auch solche umhüllten Tabakstränge als Zigaretten zu erfassen, die sich nicht unmittelbar zum Rauchen eignen, sondern die durch einen einfachen nicht industriellen Vorgang in eine Zigarettenhülse geschoben oder mit einem Zigarettenpapierblättchen umhüllt werden („Feinschnittrollen"). Die Verfassungsbeschwerde wurde als unzulässig nicht zur Entscheidung angenommen, weil nach ständiger Rechtsprechung des BVerfG die Zustimmung der Bundesregierung im Rat der Gemeinschaften keinen die Beschwerdeführerin unmittelbar beschwerenden Hoheitsakt darstelle. Das BVerfG geht auf die Inhalte der Richtlinie gar nicht näher ein und legt diese nicht aus. Die Verfassungsbeschwerde wird noch vor einer inhaltlichen Prüfung wegen des unzulässigen Beschwerdegegenstandes abgelehnt. Damit musste Gemeinschaftsrecht nicht ausgelegt werden und das BVerfG war nicht zu einer Vorlage nach Art. 234 Abs. 3 EGV verpflichtet.

[312] BVerfGE 85, 191 (203).

Beschluss der 3. Kammer des Zweiten Senats vom 31. Mai 1995 – 2 BvR 635/95 – in NJW 95, 2216

Aufgrund der Norderweiterung der Gemeinschaften kam es 1993 zu einer Vergrößerung und Neustrukturierung des Europäischen Parlaments. Der Deutsche Bundestag stimmte diesem Ratsbeschluss zu. Gegen das Zustimmungsgesetz erging eine Verfassungsbeschwerde, die durch den Kammerbeschluss als unzulässig zurückgewiesen wurde. Grundsätzlich verfassungsrechtliche Fragen wären nicht aufgeworfen worden, so das BVerfG, da das Europäische Parlament dem Charakter der EU entspreche, als einem Verband souveräner Mitgliedstaaten. Deshalb verbiete sich der Maßstab des GG, der allein auf den Bundestag anzuwenden sei. Der im Europäischen Parlament angewandte, sogenannte ponderierte Schlüssel verstoße nicht gegen den Grundsatz der Gleichheit der Wahl[313].
Der Grundsatz der Wahlgleichheit wurde vom BVerfG eingehend untersucht. Prüfungsgegenstand war einmal mehr das GG. Im Beschluss wurde kein Gemeinschaftsrecht ausgelegt. Deshalb war eine Vorlage nach Art. 234 Abs. 3 EGV auch hier nicht in Erwägung zu ziehen.

Anhand der ausgewählten Verfahren wird deutlich, dass sich das BVerfG mit der ganzen Bandbreite des Gemeinschaftsrechts – von Maßnahmen zur Regulierung des Getreidemarktes über Milch-Garantiemengen-Verordnungen und EG-Rundfunkrichtlinie bis zu Fragen der Wahl zum Europäischen Parlament – in den verschiedenen Verfahrensarten mit denen das BVerfG angerufen werden kann – Verfassungsbeschwerden, Normenkontrollanträge, Bund-Länder-Streit-Verfahren –, zu befassen hatte. Wichtig ist bis hierhin, dass in den gerade näher erläuterten, wie aber auch in den anderen vorab zitierten Entscheidungen eine Vorlagepflicht des BVerfG nach Art. 234 Abs. 3 EGV nicht festgestellt werden konnte.

2. Auslegung von Gemeinschaftsrecht im Rahmen einer Urteilsverfassungsbeschwerde

Im Rahmen der zahlreichen Urteilsverfassungsbeschwerden[314], wird der Vorwurf erhoben, dass sich das BVerfG de facto die Entscheidung darüber vorbehalte, ob die gemeinschaftsrechtliche Frage des Ausgangsstreits inhaltlich auf der Linie der Rechtsprechung des EuGH liege[315]. Dabei überprüft das BVerfG, wie gezeigt, zunächst den Willkürmaßstab des Art. 101 Abs. 1 Satz 2 GG. In vielen Fällen hält es sich auch ganz offensichtlich daran[316]. In einigen

---

[313] BVerfG in NJW 95, 2216.
[314] S.o. Fßn. 299.
[315] Giegerich, S. 121.
[316] So in BVerfGE 29, 198 (207 ff); 29, 213 (219); 31, 145 (157); Beschluss des BVerfG v. 13.2.78 – 2 BvR 1347/76 – in EuR 13 (1978), 278 (279); Beschluss der 1. Kammer des Zweiten Senats v. 4.11.87 – 2 BvR 876/85 – in NJW 88, 2173; Beschluss der 3. Kammer

Verfahren aber, so der genannte Vorwurf, überprüfe es das Ergebnis der vertragswidrigen autonomen Interpretation des EG-Rechts durch das vorlageverpflichtete Fachgericht auf seine Haltbarkeit. Das BVerfG verlasse also den Schutzbereich des Art. 101 Abs. 1 Satz 2 GG und berühre wiederum das Auslegungsmonopol des EuGH[317].

Dieser Vorwurf scheint nur vordergründig haltbar. Beispielhaft sei der Beschluss vom 9.11.87 im Näheren genannt[318]:

Beschluss der 1. Kammer des Zweiten Senats vom 9. November 1987 – 2 BvR 808/82 – in NJW 88, 1456

Die Beschwerdeführerin, die Beklagte des Ausgangsverfahrens, vertrieb in der Bundesrepublik ein aus den Niederlanden bezogenes Mischfuttermittel, das einen Zusatzstoff enthielt, für den die Klägerin des Ausgangsverfahrens in Deutschland ein Patent besaß. In den Niederlanden hatte sie dieses Patent trotz der Möglichkeit dazu nicht beantragt. Im Ausgangsverfahren machte die Klägerin eine Verletzung ihrer Schutzrechte aus dem Patent geltend. Die Beschwerdeführerin sah darin einen Verstoß insbesondere gegen Art. 30 EWGV a.F. (Art. 28 EGV n.F.). Über das LG (Stattgabe der Klage) und das OLG (Zurückweisung) gelangte die Revision zum BGH, der über dessen Annahme zu entscheiden hatte, was er ablehnte.

Mit der Verfassungsbeschwerde machte die Beschwerdeführerin vor allem geltend, sie sei durch die Nicht-Vorlage des BGH an den EuGH nach Art. 177 EWGV a.F. (Art. 234 EGV n.F.) ihrem gesetzlichen Richter entzogen und somit in ihrem Recht aus Art. 101 Abs. 1 Satz 2 GG verletzt worden.

Bei der Prüfung des Art. 101 Abs. 1 Satz 2 GG streicht das BVerfG zunächst heraus:

> *„An diesem grundsätzlichen Erfordernis der willkürlichen Unterlassung der Erfüllung der Vorlagepflicht ist auch im Fall des Art. 177 EWGV* [Art. 234 EGV n.F.; Anm. d. Autors] *festzuhalten. Die Frage des gesetzlichen Richters ist auch hier eine Frage des innerstaatlichen Rechts, die in allen Fällen der Vorlageverpflichtung unter gleichen Maßstäben geprüft werden muß. Auffassungen im europarechtlichen Schrifttum (...),die für eine mehr oder weniger umfassende Durchprüfung der Vorlageverpflichtung aus Art. 177 EWGV* [Art. 234 EGV n.F.; Anm. d. Autors] *und*

---

des Zweiten Senats v. 27.8.91 – 2 BvR 276/90 – in NJW 92, 678; Beschluss der 3. Kammer des Zweiten Senats v. 29.11.91 – 2 BvR 1642/91 – in NVwZ 92, 360; Beschluss der 2. Kammer des Ersten Senats v. 13.6.97 – 1 BvR 2102/95 – in NJW 97, 2512.

[317] Giegerich, S. 121.

[318] Vgl. auch BVerfG Beschluss v. 13.2.78 – 2 BvR 1347/76 – in EuR 13 (1978), 278 (280); Beschluss der 1. Kammer des Zweiten Senats v. 21.8.96 – 1 BvR 866/96 – in NVwZ 97, 481; Beschluss der 2. Kammer des Ersten Senats v. 5.8.98 – 1 BvR 264/98 – in NZA 98, 1245 (1246 f).

ihrer Nichtbeachtung im Einzelfall eintreten, kann nicht gefolgt werden; sie würden das BVerfG entgegen seiner eigentlichen Aufgabe in die Rolle eines nationalen obersten „Vorlage-Kontroll-Gerichts" versetzen."[319]

Nach diesen einleitenden Worten überprüft das BVerfG aber dennoch die Auslegung des Gemeinschaftsrechts durch das Fachgericht:

> *„Die Bestimmungen der Ratsverordnung (EWG) Nr. 2727/85 (Getreidemarktordnung) und der Zusatzstoffrichtlinie 70/524/EWG bieten keinen Anlaß zu eine Vorlagepflicht begründenden, objektiv vernünftigen Zweifeln (...). Dies folgt aus Inhalt und Regelungs-zusammenhang dieser Normen*"[320].
>
> *„Hinsichtlich der entscheidungserheblichen Frage, ob der Grundsatz des freien Warenverkehrs nach Art. 30 EWGV* [Art. 28 EGV n.F.; Anm. d. Autors] *durch die nach Art. 36 EWGV* [Art. 30 EGV n.F.; Anm. d. Autors] *grundsätzlich mögliche Ausübung nationaler Schutzrechte des gewerblichen Eigentums auch in Fällen verdrängt wird, in denen sich der nationale Schutzrechtsinhaber gegen die Einfuhr eines zwar im Einfuhrstaat, nicht aber im Ausfuhrstaat geschützten Erzeugnisses wendet, obwohl die Erwirkung eines solchen Schutzrechts dort grundsätzlich möglich gewesen wäre, mögen sich eine Vorlagepflicht nach Art. 177 III EWGV* [Art. 234 III EGV n.F.; Anm. d. Autors] *begründende, objektiv vernünftige Zweifel nicht ausschließen lassen; jedoch ergibt sich aus dem Gemeinschaftsrecht und der einschlägigen Rechtsprechung des EuGH nicht eine Rechtsauffassung, die möglichen Gegenauffassungen eindeutig vorzuziehen wäre."*

An diese Feststellung schließt sich die Auslegung der Art. 30 und 36 EWGV a.F. (Art. 28 und 30 EGV n.F.) an. Es geht in der Sache um das richtige Verständnis dieser Normen, die sie auch durch die Rechtsprechung des EuGH erfahren haben. Zumal es sich im vorliegenden Fall, so stellt das BVerfG fest, um einen Fall der nachträglich, nämlich durch Zeitablauf, eingetretenen objektiven Unmöglichkeit handelt, über den vom EuGH noch nicht entschieden wurde[321]. Es geht in der Sache also um die Auslegung von Gemeinschaftsrecht.

Der Grad, auf dem das BVerfG wandelt, ist hier sehr schmal. Es ist nicht von der Hand zu weisen, dass das deutsche Verfassungsgericht zum Interpreten des Gemeinschaftsrechts wird. Es hat den Anschein, dass es tatsächlich die

---

[319] BVerfG Beschluss der 1. Kammer des Zweiten Senats v. 9.11.87 – 2 BvR 808/82 – in NJW 88, 1456 (1457).

[320] BVerfG Beschluss der 1. Kammer des Zweiten Senats v. 9.11.87 – 2 BvR 808/82 – in NJW 88, 1456 (1457).

[321] BVerfG Beschluss der 1. Kammer des Zweiten Senats v. 9.11.87 – 2 BvR 808/82 – in NJW 88, 1456 (1458).

Auslegungskompetenz des EuGH berührt. Eine Vorlagepflicht kann gleichwohl nicht konstatiert werden. Denn dem BVerfG ist zuzubilligen, dass es letztlich den Willkürmaßstab angelegt hat. Art. 234 Abs. 3 EGV ist, wie gezeigt, eine von allen deutschen Gerichten zu beachtende Zuständigkeitsregelung im Verfahrensrecht. Das BVerfG hat sich auch im zitierten Verfahren auf die Kontrolle beschränkt, ob das Hauptsachegericht den ihm zukommenden Beurteilungsrahmen in unvertretbarer Weise überschritten hat. Um dieses feststellen zu können, bedarf es einer intensiven Betrachtung der streitigen Gemeinschaftsnorm durch das BVerfG unter Berücksichtigung der Rechtsprechung des EuGH, die zumeist noch ergänzt wird um die entsprechende Literatur.

Der Vorwurf, dass das BVerfG diesen Grad über den Maßstab des Art. 101 Abs. 1 Satz 2 GG hinaus verlassen hat, lässt sich weder in dem behandelten Verfahren noch in einem anderen Fall belegen. Das BVerfG war deshalb in diesem Zusammenhang nicht zu einer Vorlage nach Art 234 Abs. 3 EGV verpflichtet, um eine willkürliche Entziehung des gesetzlichen Richters festzustellen.

3. Entscheidungen, in denen die Vorlagepflicht verletzt wurde

Bisher wurden die Fälle gezeigt, in denen das BVerfG die Vorlagepflicht nicht zu beachten hatte. Eine ausführlichere Betrachtung finden jetzt die Verfahren, in denen die Vorlagepflicht nach Art. 234 Abs. 3 EGV zwar vom BVerfG verneint wurde gleichwohl nicht unstrittig ist.

a) Beschluss des Zweiten Senats vom 5. Juli 1967 – 2 BvL 29/63 – BVerfGE 22, 134

Bereits 1967 aufgrund eines Vorlagebeschlusses des Finanzgerichts Rheinland-Pfalz nach Art. 100 Abs. 1 GG hing erstmals „die Entscheidungserheblichkeit des zur Prüfung gestellten Gesetzes von der Auslegung von Recht der Europäischen Wirtschaftsgemeinschaft" ab[322].

Ausgang des Verfahrens war die Erhebung eines Abschöpfungsbetrages auf aus Frankreich eingeführte Braugerste auf Grundlage der VO Nr. 19 des Rates der Gemeinschaften zur Entwicklung einer gemeinsamen Agrarpolitik sowie des diese VO ergänzenden deutschen Abschöpfungsgesetzes. Mit dem Abschöpfungsbetrag sollte eine Besteuerung inländischer Waren ausgeglichen werden für gleiche, importierte Ware, die diesen Steuern nicht unterlagen, um so die Absatzchancen der heimischen Produkte zu gewährleisten.

---

[322] So der Leitsatz von BVerfGE 22, 134.

Darüber hinaus hatte das Hauptzollamt Speyer eine Umsatzausgleichssteuer entsprechend dem Umsatzausgleichssteuergesetz festgesetzt.
Gegen die insgesamt drei Bescheide legte die einführende Firma Einspruch ein. Das Hauptzollamt Ludwigshafen wies diesen mit der Begründung zurück, die Umsatzausgleichssteuer gehöre nicht zu den Abgaben mit zollgleicher Wirkung i.S.d. VO Nr. 19. Vielmehr seien für sie die Vorschriften der Art. 95 ff EWGV a.F. (= Art. 90 ff EGV n.F.) maßgebend, die vom Fortbestand der Steuer ausgingen. Hiergegen wandte sich die Berufungsführerin mit der Berufung an das Finanzgericht Rheinland- Pfalz.

Das Finanzgericht legte dem BVerfG durch Beschluss gem. Art. 100 Abs. 1 GG drei Fragen vor. U.a. war es der Ansicht, Art. 18 VO Nr. 19 verbiete die Erhebung einer Umsatzausgleichssteuer auf Braugerste. Diese werde im Inland auf Grund einer Ausnahmeregelung nicht besteuert, so dass eine Ausgleichsfunktion der Steuer nicht vorhanden sei. Die erhobene Steuer wirke damit wie ein Zoll. Das sei aber mit dem klaren Wortlaut von Art. 18 VO Nr. 19 nicht vereinbar[323].

Das BVerfG hat die Vorlage als unzulässig zurückgewiesen. Auf Art. 18 VO Nr. 19 komme es nicht an[324]. Die Zulässigkeit der Erhebung einer Umsatzausgleichssteuer sei ausschließlich nach den Art. 95 ff EWGV a.F. (Art. 90 ff EGV n.F.) zu beurteilen. Demnach sei die Zweckbestimmung der Abgabe entscheidend. Daraus folge, Abgaben mit zollgleicher Wirkung und inländische Abgaben seien unterschiedlichen Regelungen unterworfen[325].
Abgaben mit zollgleicher Wirkung seien nach Art 12 EWGV a.F. (Art. 25 EGV n.F.) unzulässig. Inländische Abgaben auf importierte Ware aus Mitgliedstaaten nach Art. 95 ff EWGV a.F. (Art. 90 ff EGV n.F.) in Höhe der deutschen Abgaben hingegen erlaubt, was gem. Art. 97 EWGV a.F. (mittlerweile aufgehoben) ausdrücklich für die Umsatzausgleichssteuer gelte. Die Kategorisierung der Umsatzausgleichssteuer als Abgabe i.S.d. alten Art. 95 ff EWGV a.F. (Art. 90 ff EGV n.F.) müsse i.Ü. auch dann gelten, wenn die Belastung der eingeführten Ware mit der Steuer im Einzelfall über die inländische Umsatzsteuerbelastung vergleichbarer Waren hinausgehe[326].

Das BVerfG versucht seine Auslegung von Gemeinschaftsrecht zu untermauern:

> *„Soweit noch Zweifel an der Richtigkeit der Ansicht bestanden, die Erhebung der Umsatzausgleichssteuer sei ausschließlich nach den Bestimmungen der Art. 95 ff EWGV* [Art. 90 ff EGV n.F.; Anm. d. Autors] *zu beurteilen, sind diese Zweifel durch das Urteil des Gerichtshofs der*

---

[323] BVerfGE 22, 134 (139 ff).
[324] BVerfGE 22, 134 (147).
[325] BVerfGE 22, 134 (149 f).
[326] BVerfGE 22, 134 (149).

Europäischen Gemeinschaften (Europäischer Gerichtshof) vom 16. Juni 1966 in der Rechtssache 57/65 (Rspr. XII, 258) ausgeräumt worden.[327]"

Dieses Vorlageurteil des EuGH gehe auf einen vergleichbaren Sachverhalt zurück. Das Finanzgericht des Saarlandes habe dem Gerichtshof u.a. die Frage vorgelegt, ob die Art. 95 Abs. 1 und 3 a.F. (Art. 90 Abs. 1 EGV n.F. – Abs. 3 ist aufgehoben) i.V.m. Art. 12 oder 13 EWGV a.F. (Art. 25 EGV n.F. – Art. 13 ist aufgehoben) unmittelbare Wirkung und damit individuelle Rechte des Einzelnen begründen. Der EuGH, so das BVerfG, habe bei seinem Urteil die Umsatzausgleichssteuer vor Augen gehabt. Der Gerichtshof habe dabei zum Ausdruck gebracht,

> „*daß die Ausgleichssteuer eine inländische Abgabe und auch dann keine Abgabe zollgleicher Wirkung ist, wenn sie im Einzelfall über die inländische Umsatzsteuerbelastung gleichwertiger Waren hinausgeht und daher insoweit wie ein Zoll wirkt. (...) Spätestens seit diesem Urteil des Europäischen Gerichtshofes* [EuGH Rs. 57/65, Luetcke gegen Hauptzollamt Saarlouis, Slg. 1966, 258; Anm. d. Autors], *des zur verbindlichen Auslegung des Gemeinschaftsrechts berufenen Organs der Gemeinschaft (Art. 177 EWGV* [Art. 234 EGV n.F.; Anm. d. Autors]*), ist also geklärt und nicht mehr zweifelhaft, daß auf die Erhebung der Umsatzausgleichssteuer nur Art. 95 ff EWGV* [Art. 90 ff EGV n.F.; Anm. d. Autors], *nicht zugleich Art 12* [Art. 25 EGV n.F.; Anm. d. Autors] *des Vertrages und also auch nicht Art. 18 VO Nr. 19 anzuwenden sind.*"[328]

Das BVerfG interpretiert in die Entscheidung des EuGH eine eigene Interpretation der strittigen Norm hinein. Der EuGH macht nämlich keine Aussagen zur vorliegenden Fallkonstellation, wie noch erläutert wird. Das BVerfG hat also selber die Frage beantwortet, ob die Erhebung der Umsatzausgleichssteuer in dem vom Finanzgericht zu entscheidenden Fall im Einklang mit Art. 95 ff EWGV a.F. (Art. 90 ff EGV n.F.) steht.

Das Problem des Umfangs von Art. 18 VO Nr. 19 ist für die Lösung entscheidungserheblich. Die Frage, ob auch die Umsatzausgleichssteuer eine „zollgleiche Abgabe" i.S. dieser Vorschrift ist, gilt es zu beantworten. Wenn dem so wäre, hätte das BVerfG die Zulässigkeit der Normenkontrolle anders beantworten müssen. Die Auslegung der Frage ist ohne Zweifel erforderlich für den Streit i.S.d. Art. 234 Abs. 2 EGV.

Einer genaueren Betrachtung bedarf die Prüfung, ob auch eine Vorlagepflicht des BVerfG nach Art. 234 Abs. 3 EGV bestand.
Das BVerfG geht davon aus, dass die Erhebung der Umsatzausgleichssteuer kein Fall der zollgleichen Abgabe i.S.d. Art. 12 EWGV a.F. (Art.25 EGV n.F.) und damit des Art. 18 VO Nr. 19 ist. Vielmehr gelten für die Umsatzausgleichssteuer die Art. 95 ff EWGV a.F. (Art. 90 ff EGV n.F.). Diese seien nach

[327] BVerfGE 22, 134 (149).
[328] BVerfGE 22, 134 (150).

einer Entscheidung des EuGH die anzuwendenden Vorschriften. Unzweifelhaft und damit offenkundig sei diese Auslegung, betont das BVerfG immer wieder[329]. Auch die ganz herrschende Meinung stehe hinter der Auffassung des Gerichts[330].

Genau bei der Berufung auf die vorherrschenden Meinung wird sichtbar, dass es auch eine andere Auffassung gibt, welche in der Umsatzausgleichssteuer eine Abgabe mit zollgleicher Wirkung sieht, die durch Art. 18 VO Nr. 19 und damit gem. Art. 12 EWGV a.F. (Art. 25 EGV n.F.) verboten ist. Diese andere Literaturansicht wird vom BVerfG auch zitiert[331]. Dieser Meinung, wenn auch als sog. Mindermeinung, hat sich das vorlegende Finanzgericht angeschlossen. Die andere Ansicht ist nicht nur vertretbar, sie wird u.a. vom vorlegendem Fachgericht vertreten. Es mangelt bei der Auslegung des BVerfG folglich an der Offenkundigkeit, die jedem kundigen Juristen zugänglich ist. Das BVerfG hätte damit Zweifel an der eigenen Auslegung zulassen müssen. Es suggeriert eine Offenkundigkeit, die sich dem Finanzgericht nicht erschlossen hat. Seine Auslegung lässt sich mit guten Gründen anzweifeln. Danach wäre eine Vorlage im vorliegenden Fall an den EuGH durch das BVerfG zur Auslegung des Art. 18 VO Nr. 19 und zur Konkretisierung des Ausschließlichkeitsverhältnis und der genaueren Ausgestaltung der jetzigen Art. 25 und 90 ff EGV verpflichtend gewesen. Wie die Vorschrift nun auszulegen ist, ist hier irrelevant. Entscheidend ist alleine, dass es eine andere Auffassung gibt, die auch in Literatur und Rechtsprechung vertreten wird. Es mangelt folglich an der Offenkundigkeit der richtigen Auslegung. Das gilt es festzuhalten.

Es gibt allerdings bereits die zitierte Entscheidung des EuGH in einer vergleichbaren Sache, die das Vorbringen des BVerfG stützt, so das entscheidende Argument des BVerfG. Diese Entscheidung hätten auch die letzten Zweifel ausgeräumt[332]. Nach der Da Costa-Entscheidung[333] – aber erst recht nach der 16 Jahre später ergangenen C.I.L.F.I.T.-Entscheidung[334] – des EuGH wäre das BVerfG wegen der Vorabentscheidung des Gerichtshofs der Gemeinschaften nicht zu einer Vorlage verpflichtet gewesen, wenn der Gerichtshof in einem ähnlichen Fall bereits entschieden hätte.
Eine solche Entscheidung in einem vergleichbaren, ja fast identischen Fall wird vom BVerfG behauptet[335]. Aus der zitierten Entscheidung des EuGH ergibt sich die Vergleichbarkeit und erst recht die Übertragbarkeit der Entscheidung auf den vorliegenden Fall nicht. Zur Frage der Verbindlichkeit der streitigen Normen des EWGV hat es lediglich auf das Ausschließlichkeitsverhältnis des Art. 12 f EWGV (Art. 25 EGV n.F.) und des Art. 95 EWGV (Art. 90 EGV n.F.) hingewiesen.

---

[329] BVerfGE 22, 134 (149, 150).
[330] BVerfGE 22, 134 (148 f).
[331] BVerfGE 22, 134 (151).
[332] BVerfGE 22, 134 (149).
[333] EuGH Rs. 28-30/62, Da Costa, Slg. 1963, 63.
[334] EuGH Rs. 283/81, C.I.L.F.I.T., Slg. 1982, 3415.
[335] BVerfGE 22, 134 (149).

„Abgaben zollgleicher Wirkung und inländische Abgaben sind unterschiedlichen Regelungen unterworfen. Eine Abgabe, welche die Wirkung einer inländischen Abgabe ausgleichen soll, nimmt durch diese Zweckbestimmung den Inlandscharakter der Abgabe an, deren Wirkung sie ausgleichen soll.“[336]

Nicht weniger, aber eben auch nicht mehr hat der EuGH entschieden. Dass entweder die einen oder die anderen Vorschriften des EWGV anzuwenden sind, ist in der Tat unzweifelhaft. Eine Auslegung von Art. 18 VO Nr. 19 hat der EuGH aber nicht vorgenommen. Die Frage, ob diese Vorschrift die Erhebung einer Umsatzausgleichssteuer verbietet, oder die Frage nach der Reichweite des alten Art. 95 EWGV (jetziger Art. 90 EGV) wurden vom EuGH nicht entschieden. Diese Auslegung hätte das BVerfG dem EuGH überlassen müssen.

Es ist einzugestehen, dass in diesem Fall über die Vorlagepflicht gestritten werden kann, da diese Auslegung von Gemeinschaftsrecht durch das BVerfG sehr gut begründbar ist. Aber zur letztverbindlichen Auslegung von gemeinschaftsrechtlichen Normen ist der EuGH berufen. Es ist zu bedenken, dass es entgegen der Behauptung des BVerfG noch keine konkrete Entscheidung des EuGH zu einer vergleichbaren Auslegungsfrage gegeben hat. Schon aus diesem Grunde wäre eine Vorlage nach Art. 234 Abs. 3 EGV verpflichtend gewesen.

Die Möglichkeit einer freiwilligen Vorlage hätte auf jeden Fall bestanden. Eine solche ist auch dann zu bejahen, wenn man wie die Bundesregierung in diesem Verfahren die mangelnde Entscheidungserheblichkeit der Vorlage nach Art. 100 Abs. 1 GG kritisiert, da es das vorlegende Finanzgericht unterlassen habe, diese Fragen dem EuGH vorzulegen[337]. Wegen der strengen Auslegung des § 80 BVerfGG sei deshalb die Normenkontrolle unzulässig.
Die Stellungnahme zeigt, dass auch die Bundesregierung von der Klärungsbedürftigkeit des Gemeinschaftsrechts ausgeht. Wegen mangelnder Vorlagereife hätte das BVerfG die Richtervorlage als unzulässig zurückweisen können, ist ihr Argument. Das hat das BVerfG aber nicht getan. Deshalb hing die Entscheidung auch aus Sicht der Bundesregierung von der Auslegung des Gemeinschaftsrechts ab. Einer Auslegung, die, wie die Stellungnahme verdeutlicht, der EuGH hätte vornehmen müssen, da die Offenkundigkeit der richtigen Interpretation sich auch der Bundesregierung nicht erschlossen hat.

Auch wenn der Begriff „Kooperation“ erst Jahre später geprägt wird, ist 1967 die erste Gelegenheit vertan worden, diese zu manifestieren. Weil das BVerfG nicht die Zulässigkeit der konkreten Normenkontrolle wegen mangelnder Vorlagereife zurückgewiesen hat, hätte es nunmehr selber dem EuGH die Frage nach der Auslegung von Art. 18 VO Nr. 19 vorlegen können, ja müssen.

---

[336] EuGH Rs. 57/65, Luetticke gegen Hauptzollamt Saarlouis, Slg. 1966, 258/267.
[337] BVerfGE 22, 134 (143 f).

b) Beschluss des Zweiten Senats vom 28. Februar 1973 – 2 BvL 19/70 – BVerfGE 34, 348

Im Februar 1973 bestand für das BVerfG abermals eine Vorlagepflicht an den EuGH. Auf eine Richtervorlage des Finanzgerichts Rheinland-Pfalz in Neustadt a.d. Weinstraße nach Art. 100 Abs. 1 GG hatte das BVerfG die Vereinbarkeit von Durchführungsgesetzen zu Verordnungen der Europäischen Wirtschaftsgemeinschaft mit dem GG zu überprüfen. Nach der Entscheidung im 22. Band legte erneut das Finanzgericht Rheinland-Pfalz eine Vorlage über die Auslegung von Gemeinschaftsrecht in Zusammenhang mit der VO Nr. 19 vor.

Zur Entwicklung einer gemeinsamen Agrarpolitik sollten insbesondere die Preise sowie Ein- und Ausfuhr von Getreide durch eine gemeinsame Organisation geregelt werden. Deshalb erließ 1962 der Rat die VO Nr. 19 zur Errichtung einer gemeinsamen Organisation für Getreide. Um dem Ziel der einheitlichen Agrarpolitik näher zu kommen, wurde eine Abschöpfungsregelung u.a. für den Handel zwischen den Mitgliedstaaten erlassen (so Art. 1 VO Nr. 19). Die VO enthielt im Weiteren die Kriterien für die Änderung der Abschöpfungssätze auf Getreide. Gem. Art. 15 Abs. 2 VO Nr. 19 erließ die Kommission die VO Nr. 67 zur Festlegung der Kriterien der Abschöpfungssätze für Getreide, Mehl usw.. In der Präambel dieser VO wird ausgeführt, dass es zweckmäßig sei, gewisse Mindestgrenzen vorzusehen, unterhalb deren etwaige Schwankungen nicht berücksichtigt werden dürften, damit keine übermäßige Komplizierung des Verfahrens zur Festsetzung der Abschöpfung eintrete. Bei Veränderung der Berechnungsfaktoren gegenüber den alten Abschöpfungssätzen war nach Art. 1 VO Nr. 67 ein Mindestbetrag von 0,75 RE bis 0,45 RE, so die Maßeinheit des Differenzbetrages, von den Mitgliedstaaten festzulegen.
Zur Ergänzung und Durchführung der VO Nr. 19 im Bereich der Bundesrepublik erging das Abschöpfungsgesetz und das Gesetz zur Durchführung der VO Nr. 19 und später die zweite VO zur Durchführung dieses Gesetzes (Schwellenpreisverordnung).

Das Finanzgericht sah in dem Durchführungsgesetz, wonach die Abschöpfungssätze durch Aushang im Dienstgebäude der deutschen Einfuhr- und Vorratsstelle bekannt zu machen und entsprechend der VO Nr. 19 zu errechnen waren, einen Verstoß gegen Art. 80 Abs. 1 GG. Nach diesem Artikel sei zum Erlass einer Rechtsverordnung ein Bundesminister zu beauftragen. Außerdem sei die Rechtstaatlichkeit und Rechtsicherheit verletzt, indem aus dem Abgabengesetz nicht konkret und für den Bürger vorhersehbar sei, was von ihm gefordert werde.

Das BVerfG hat einen Verstoß gegen Art. 80 Abs. 1 GG verneint, da es sich bei den Berechnungen der Einfuhr- und Vorratsstelle lediglich um den mathematischen Vollzug von ihr übertragenen Tätigkeiten handle, ohne das ihr eine Regelungsbefugnis zukomme. U.a. sei die Änderung der Abschöpfungssätze gem. § 6 Abs. 1 Satz 2 DurchfG VO Nr. 19 i.V.m. VO Nr. 67 nicht deshalb als Erlass einer VO zu werten, weil der deutsche Gesetz- oder Verordnungsgeber den Mindestdifferenzbetrag, der vor der Neuberechnung der Abschöpfungsbeträge erreicht sein muss, nicht festgesetzt habe[338]. Für das BVerfG besteht kein Zweifel, dass die Einfuhr- und Vorratsstellen für die Festsetzung des Mindestbetrages zuständig gewesen seien, wenngleich:

> *„Die Verordnung Nr. 67 enthält ihrem Wortlaut nach zwar keine Regelung für den Fall, daß ein Mitgliedstaat den Mindestbetrag nicht festsetzt. Aus Sinn und Zweck der Bestimmung in Verbindung mit der Abschöpfungsregelung insgesamt ist jedoch zu schließen, daß bei Fehlen einer solchen Festsetzung ein Mindestbetrag von 0,45 RE zugrunde gelegt werden sollte."*[339]

Genau mit dieser Festlegung des Mindestbetrages auf eine Größe von 0,45 RE legt das BVerfG das Gemeinschaftsrecht aus. Denn in der VO Nr. 67 ist der Fall nicht geregelt, dass ein Mitgliedstaat keinen Mindestbetrag bestimmt. Das sagt ja auch ausdrücklich das BVerfG. Darüber hinaus lässt Art. 1 VO Nr. 67 eine Spanne bei der Festlegung des Mindestbetrages von 0,75 RE bis 0,45 RE zu. Wo der Betrag in einer solchen Konstellation anzusetzen ist, kann ebenfalls nur durch Interpretation der in Betracht kommenden sekundären Gemeinschaftsrechtsnormen ermittelt werden.
Sieht man mit dem BVerfG in der Festlegung des Mindestdifferenzbetrages auf 0,45 RE nur eine typische Verwaltungsaufgabe, so wurde der Differenzbetrag, trotz Vorgaben durch die VO Nr. 67 nicht durch den zuständigen Bundesminister festgesetzt, sondern lediglich durch eine untergeordnete Behörde im „mathematischen Vollzug" [340]. D.h. für die konkrete Normenkontrolle ist streitentscheidend, was die VO Nr. 67 für den Fall der Untätigkeit eines Mitgliedstaates vorsieht. Die Auslegung der Normen ist somit erforderlich i.S.d. Art. 234 Abs. 2 EGV.

Eine Vorlage wäre nach Art. 234 Abs. 3 EGV auch verpflichtend gewesen. Das BVerfG erkennt durchaus die Problematik, dass die VO Nr. 67 für diese Situation keine ausdrückliche Regelung trifft. Aus diesem Grunde sei es, so der Fehlschluss,

> *„Sache der Verwaltungsbehörden und Gerichte, die auftauchenden Zweifelsfragen mit Hilfe der anerkannten Auslegungsmethoden zu beantworten".*[341]

Die deutschen Verfassungsrichter erkennen die Auslegungsbedürftigkeit, setzen sich aber selber in Widerspruch zur BVerfGE 22, 134 (150), wo sie erstmals ausdrücklich feststellen, dass der EuGH das zur verbindlichen Auslegung des Gemeinschaftsrechts berufene Organ der Gemeinschaft ist. Eine die

---

[338] BVerfGE 34, 348 (362 f).
[339] BVerfGE 34, 348 (364).
[340] BVerfGE 34, 348 (365).
[341] BVerfGE 34, 348 (368).

Vorlagepflicht ausschließende Ausnahme liegt nicht vor, da der EuGH zu diesen Fragen noch nicht entschieden hatte. Offensichtlich und zweifelsfrei ist die Festlegung des Mindestbetrages bei Untätigkeit des Mitgliedsstaates auf 0,45 RE nicht. Zwar begründet das BVerfG ausführlich und mit guten Gründen seine Auslegung[342]. Die Änderung des Mindestbetrages könne nach Art. 1 VO Nr. 67 frühestens bei Erreichen des Differenzbetrages von 0,45 RE erfolgen. Damit stelle dieser Betrag den unteren Schwellenwert dar, bei dem der Mitgliedsstaat erst tätig werden durfte. Deshalb sei dieser Wert auch bei der Untätigkeit des Staates anzusetzen.

Die Festsetzung des Differenzbetrages durch die Auslegung des BVerfG sei einmal dahingestellt. Denn es ist nicht von vornherein ersichtlich, warum nicht ein anderer Betrag in der Spanne bis 0,75 RE anzusetzen war. Dieses Problem sei nur kurz angerissen. Denn entscheidender ist das Problem, was passiert, wenn ein Mitgliedstaat einen Mindestbetrag nicht festsetzt. Diese Frage ergibt sich nicht ohne weiteres aus der VO Nr. 67. Kann eine Behörde dann einfach den unterstellt richtigen Betrag von 0,45 RE errechnen und verkünden oder bedarf es vorher anderer Mechanismen? Diese Frage hätte dem EuGH vorbehalten bleiben müssen. Nicht die Verwaltungsbehörden und Gerichte, sondern der EuGH ist das zur verbindlichen Auslegung der Gemeinschaftsnorm berufene Organ. Das BVerfG hat dieses Problem aufgeworfen und die VO Nr. 67 selber interpretiert. Diese Aufgabe oblag aber dem EuGH. Das deutsche Verfassungsgericht wäre zur Vorlage dieser Frage nach Art. 234 Abs. 3 EGV verpflichtet gewesen. Eine solche Vorlage hat es unterlassen.

c) Beschluss des Zweiten Senats vom 12. Mai 1987 – 2 BvR 1226/83, 101, 313/84 – BVerfGE 76, 1

In dieser Verfassungsbeschwerde thematisiert das BVerfG einen möglichen Verstoß gegen das Assoziationsabkommen zwischen der Türkei und der Europäischen Wirtschaftsgemeinschaft. Die Beschwerdeführer dieser Verfassungsbeschwerden waren türkische und jugoslawische Staatsangehörige. Sie wandten sich gegen die Auferlegung von Wartezeiten für einen Nachzug zu ihren im Bundesgebiet lebenden Familienangehörigen.

Das BVerfG hielt zwei Verfassungsbeschwerden (die Verfahren 2 BvR 1226/83 und 2 BvR 313/84) für begründet, da die Wartezeit gegen den verfassungsrechtlich verbürgten Schutz von Ehe und Familie aus Art. 6 GG verstoße[343]. Die Verfassungsbeschwerde der türkischen Kläger im Verfahren 2 BvR 101/84 wies das Gericht dagegen zurück, da auch andere Grundrechtsverletzungen nicht vorgelegen hätten[344]. Allerdings könne das Gericht bei einer zulässig erhobenen Verfassungsbeschwerde den angegriffenen Hoheits-

[342] BVerfGE 34, 348 (364 f).
[343] BVerfGE 76, 1 (41 ff).
[344] BVerfGE 76, 1 (71 ff).

akt unter jedem in Betracht kommenden verfassungsrechtlichen Aspekt prüfen[345]. So enthielten weder die allgemeinen Regeln des Völkerrechts noch das die Bundesrepublik Deutschland bindende Völkervertragsrecht, auf dessen Einhaltung das BVerfG seine Kontrolle zu erstrecken befugt sei, Vorschriften, die eine abweichende Entscheidung geböten[346]. In diesem Zusammenhang nennt das Gericht Art. 12 des am 1. Dezember 1964 in Kraft getretenen Abkommens zur Gründung einer Assoziation zwischen der Europäischen Wirtschaftsgemeinschaft und der Türkei. Unter Berücksichtigung des Art. 48 ff EWGV a.F. (Art. 39 ff n.F. EGV) sei Freizügigkeit unter den Arbeitnehmern herzustellen. In Art. 36 des zu diesem Abkommen im Jahre 1970 geschlossenen Zusatzprotokolls war vorgesehen, dass die Freizügigkeit bis zum Ende des zweiundzwanzigsten Jahres nach Inkrafttreten des Abkommens aufgrund von Regelungen des Assoziationsrates herbeigeführt werde. Dieser habe aber keine Beschlüsse gefasst, die das Aufenthaltsrecht im engeren Sinne beträfen. Eine Pflicht der im Ausgangsverfahren 2 BvR 101/84 und 2 BvR 313/84 tätig gewordenen Ausländerbehörden und Verwaltungsgerichte, den Aufenthaltsbegehren der Beschwerdeführer zu entsprechen, ergebe sich aus dem Abkommen samt Zusatzprotokoll nicht[347].

> *„Sie bestand auch deshalb nicht, weil es die Vertragsparteien in Art. 7 des Abkommens übernommen haben, alle Maßnahmen zur Erfüllung ihrer Verpflichtungen aus dem Abkommen zu ergreifen und jegliche Maßnahme zu unterlassen, welche die Verwirklichung der Ziele des Abkommens gefährden. Aus dieser Bestimmung ergibt sich kein Verschlechterungsverbot des Inhalts, daß der beim Inkrafttreten der Vereinbarungen in den Mitgliedstaaten der Gemeinschaft auf dem Gebiet des Aufenthaltsrechts bestehende Rechtszustand auch ohne das Vorliegen entsprechender Beschlüsse des Assoziationsrates nicht zum Nachteil von Arbeitnehmern und ihren Ehegatten und Familienangehörigen geändert werden dürfte. Ein solches Verbot folgt auch nicht aus einer anderen Bestimmung des Abkommens oder Zusatzprotokolls.“*[348]

Zwei Fragen hat das BVerfG im Zusammenhang seiner Entscheidung selber beantwortet. Zum einen hat es eine Verpflichtung der Ausgangsbehörden und –Gerichte, dem Aufenthaltsbegehren der Beschwerdeführer zu entsprechen, abgelehnt, auch wenn der Assoziationsrat trotz vertraglicher Vereinbarung dahingehend noch keine Beschlüsse gefasst hat. Zum anderen enthalte das Assoziationsabkommen samt Zusatzprotokollen kein Verschlechterungsverbot.

Zunächst ist festzustellen, dass das BVerfG damit erneut zum Interpreten von Gemeinschaftsrecht geworden ist. Denn die vom Rat geschlossenen Assoziationsabkommen gem. Art. 300; 301 a.F. (Art. 228; 238 n.F.) EGV sind „integ-

---

[345] BVerfGE 76, 1 (74 m.w.N.).
[346] BVerfGE 76, 1 (78).
[347] BVerfGE 76, 1 (80).
[348] BVerfGE 76, 1 (81).

rierender Bestandteil der Gemeinschaftsrechtsordnung"[349]. Wie jede gemeinschaftsrechtliche Norm unterliegen damit auch die Assoziationsabkommen ausdrücklich gem. Art. 234 Abs. 1 lit. b EGV als Handlung des Rates der Jurisdiktion des EuGH[350]. Dieser ist zur Wahrung der einheitlichen Anwendung des Abkommens innerhalb der Gemeinschaft berufen. Da die Gemeinschaft im Rahmen ihrer Außenkompetenz an Stelle ihrer Mitgliedstaaten getreten ist, nimmt auch der EuGH die Stelle des innerstaatlichen Gerichts ein. Die Integrationsbefugnis beanspruchen die Luxemburger Richter für sich[351]. Das BVerfG macht, indem es die Verfassungsbeschwerden umfassend prüft, die Assoziationsabkommen und Zusatzprotokolle zu einem entscheidungserheblichen Streitgegenstand. Hätte das Gericht eine der beiden Fragen anders beantwortet, hätte es auch der Verfassungsbeschwerde 2 BvR 101/84 stattgeben müssen. Damit war die Auslegung von Gemeinschaftsrecht streitentscheidend und somit erforderlich i.S.d. Art. 234 Abs. 2 EGV.

Ob das BVerfG die beiden Fragen dem EuGH hätte vorlegen müssen, kann man angesichts der vom BVerfG zitierten Entscheidung des EuGH Rs. 12/86, Demirel/Stadt Schwäbisch Gmünd, Slg. 87, 3719 diskutieren. Dort hatte der EuGH auf eine Vorlage des Verwaltungsgerichts Stuttgart entschieden, dass Bestimmungen des Abkommens nur dann als unmittelbar anwendbar anzusehen seien, wenn sie unter Berücksichtigung ihres Wortlauts und im Hinblick auf Sinn und Zweck des Abkommens eine klare und eindeutige Verpflichtung enthalten, deren Erfüllung oder deren Wirkung nicht vom Erlass eines weiteren Aktes abhängen. Art. 36 des Protokolls zum Assoziationsabkommen verleihe allein dem Assoziationsrat die Zuständigkeit für den Erlass genauer Regeln für eine schrittweise Herstellung der Freizügigkeit. In dem Urteil stellt der EuGH fest, dass ein derartiger Beschluss für den Bereich der Familienzusammenführung nicht gefasst worden sei. Der auch hier vom BVerfG angeführte Art. 12 des Assoziationsabkommens habe im Wesentlichen Programmcharakter. Hinreichend genaue, nicht an Bedingungen geknüpfte Vorschriften, die die Freizügigkeit der Arbeitnehmer unmittelbar regelten, enthalte der Artikel nicht[352].

Das BVerfG macht sich diese Ansicht des EuGH zu Eigen und wendet sie auf die Verfassungsbeschwerden an. Es ist zuzubilligen, dass die Fragestellung vergleichbar ist. Allerdings hat der EuGH seine Feststellungen in einer anderen Situation und insbesondere in einem anderen Zeitraum gefällt. Z.Zt. der Verfassungsbeschwerden vor dem BVerfG war die Integrationslaufzeit von 22 Jahren bereits abgelaufen. Der Assoziationsrat war vertraglich verpflichtet gewesen, einen Beschluss über die Freizügigkeit der aus der Türkei eingewanderten Arbeitnehmer und seiner Familienangehörigen zu treffen. Dieser

---

[349] EuGH Rs. 12/86, Demirel/Stadt Schwäbisch Gmünd, Slg. 1987, 3719/3750 Rz. 7; Rs.181/73, Haegeman/Belgien, Slg. 1974, 449/460 Rz 2/6.
[350] Streinz, Europarecht, Rn. 431.
[351] Streinz sieht hier allerdings auch ein ungelöstes Kompetenzproblem, Europarecht, Rn. 613.
[352] EuGH Rs. 12/86, Demirel/Stadt Schwäbisch Gmünd, Slg. 1987, 3719/3753 Rz. 21 ff.

Verpflichtung ist er nicht nachgekommen. Damit war die Situation im Vergleich zum Fall Demirel/Stadt Schwäbisch Gmünd eine andere als bei diesen Verfassungsbeschwerden. Das BVerfG hätte erwägen müssen und konnte nicht von vornherein ausschließen, dass der EuGH in dieser Situation eine andere Entscheidung getroffen hätte. Mit dieser Argumentation wäre zumindest eine freiwillige Vorlage möglich gewesen.

Unzweifelhaft hat das BVerfG hier erneut die Möglichkeit gehabt, den EuGH in seiner Rechtsprechung mit einzubeziehen, zu kooperieren. Erneut hat es das BVerfG unterlassen, freiwillig dem EuGH eine Frage nach Art. 234 EGV vorzulegen.

d) Beschluss des Zweiten Senats vom 31. Mai 1990 – 2 BvL 12/88, 2 BvL 13/88, 2 BvR 1436/87 – BVerfGE 82, 159

Ausgangspunkt des Rechtsstreits, der seinen Abschluss in der Urteilsverfassungsbeschwerde fand, war die partielle Nichtigkeit des Absatzfonds-Gesetzes. Der Sachverhalt dieses Verfahrens in dem zu untersuchenden Zusammenhang aber nicht von Bedeutung. Vielmehr ist die bereits oben zitierte Passage und die Konkretisierung des Willkürmaßstabes für eine unterlassene Anrufung des EuGH im Vorlageverfahren und damit die Konkretisierung von deutschem Verfassungsrecht[353] der entscheidende Ansatz, der hier näher darzustellen ist.

Es wurden in diesem Verfahren nämlich, wie bereits bei den Aussagen des Verfassungsgerichts zu Art. 234 EGV festgehalten, drei Fallgruppen genannt, in denen eine Vorlagepflichtverletzung vorliege: grundsätzliche Verkennung der Vorlagepflicht, bewusstes Abweichen von der bisherigen Rechtsprechung des EuGH ohne Vorlagebereitschaft, Unvollständigkeit der Rechtsprechung[354]. Gleichwohl ist zu beachten, dass der Umfang der Vorlagepflicht sich aus einer Norm des primären Gemeinschaftsrechts, nämlich des Art. 234 Abs. 3 EGV, ergibt. Die Überprüfung der Vorlageverpflichtung auf eine unhaltbare Handhabung setzt also stets die Anwendung und Auslegung von Primärrecht voraus. Das BVerfG ist sich offenbar sicher, dass eine Verletzung der Vorlagepflicht in den genannten Fällen gegeben ist – auch ohne zuvor den EuGH anzurufen. An eine solche Vorlage hätte das BVerfG denken müssen, angesichts der Tatsache, dass die Vorlagepflicht grundsätzlich ist und nur durch die genannten Da Costa[355]- und C.I.L.F.I.T.-Entscheidungen[356] eingeschränkt wurde für die Fälle, dass die Rechtsprechung als gesichert angesehen wer-

[353] Bereits angedeutet im Beschluss der 1. Kammer des Zweiten Senats v. 9.11.87 – 2 BvR 808/87 – in NJW 99, 1456 (1457).
[354] BVerfGE 82, 159 (195 f).
[355] EuGH Rs. 28-30/62, Da Costa, Slg. 1963, 63/81.
[356] EuGH Rs. 283/81, C.I.L.F.I.T., Slg. 1982, 3415/3429, Rz. 14 ff.

den kann und wenn die richtige Anwendung des Gemeinschaftsrechts offenkundig, d.h. zweifelsfrei, feststeht.

Nimmt man die ersten beiden Regelbeispiel (grundsätzliche Verkennung der Vorlagepflicht und bewusstes Abweichen von der Rechtsprechung des EuGH) so liegen diese auf der Linie der EuGH-Entscheidungen. Es ist offensichtlich, dass in diesen Fällen die Instanzgerichte ihre Verpflichtung nach Art. 234 EGV nicht nachkommen. Bei genauer Betrachtung der dritten Fallgruppe, der Unvollständigkeit der Rechtsprechung, lässt sich diese Einschätzung aber nicht bestätigen. Die „Unvollständigkeit der Rechtsprechung" als dritte vom BVerfG genannte offensichtliche Fallkonstellation einer Vorlagepflichtverkennung scheint sich, nimmt man allein den Wortlaut dieser Überschrift, an die beiden durch den EuGH zugelassenen Ausnahmen zu halten. Unter der Überschrift der dritten Gruppe nennt das BVerfG aber wiederum drei Beispiele, wann es von der Unvollständigkeit der Rechtsprechung ausgeht:

a. es liegt noch keine einschlägige Rechtsprechung des EuGH zur entscheidungserheblichen Frage vor, bzw.
b. die Rechtsprechung ist noch nicht erschöpfend oder
c. eine Fortentwicklung der EuGH-Rechtsprechung erscheint möglich[357].

Auch in diesen Beispielen findet sich scheinbar die Aussage insbesondere der Da Costa-Entscheidung wieder. Positiv sagt diese, dass die Vorlage nach Art. 234 Abs. 3 EGV bei gesicherter Rechtsprechung nicht mehr verpflichtend ist[358]. Negativ gewendet liegt danach eine Verpflichtung zur Vorlage vor, wenn die Rechtsprechung nicht als gesichert angesehen werden kann. Das ist etwa dann der Fall, wenn noch keine Rechtsprechung vorliegt oder diese noch nicht erschöpfend ist – so zu Recht die Regelbeispiele a und b des BVerfG. Auf den ersten Blick mag auch eine mögliche Fortentwicklung der EuGH-Rechtsprechung darunter fallen (Regelbeispiel c). Durch die potentielle Weiterentwicklung scheint die Rechtsprechung des EuGH eben nicht mehr gesichert. An eine Fortentwicklung ist zu denken, wenn die bisherigen Urteile zu einer Rechtsproblematik nicht mehr zeitgemäß sind und wenn mögliche Gegenauffassungen zu der entscheidungserheblichen Frage des Gemeinschaftsrechts gegenüber der vom EuGH vertretenen Meinung eindeutig vorzuziehen sind[359]. Die Fortführung der bisherigen Rechtsprechungslinie erscheint nach einer Prognose des vorlegenden Gerichts unwahrscheinlich. Aber genau hier tritt das Paradoxon offen zu Tage. Denn die Fortentwicklung der Rechtsprechung kann sich, mit Blick auf die ersten Regelbeispiele (nicht vorliegende bzw. nicht erschöpfende Rechtsprechung) nur auf eine gefestigte Entscheidungstradition beziehen. D.h., die Rechtsprechung des EuGH ist bezogen auf die fragliche gemeinschaftsrechtliche Norm zunächst gesichert. Für die Ausgangsverfahren vor den Fachgerichten heißt das konkret, dass sich diese an die ständige Rechtsprechung des EuGH in einer Auslegungs- oder Gültig-

[357] BVerfGE 82, 159 (195 f).
[358] EuGH Rs. 28-30/62, Da Costa, Slg. 1963, 63.
[359] BVerfGE 82, 159 (196).

keitsfrage des Gemeinschaftsrechts zu orientieren haben. Sie müssen die streitentscheidende Gemeinschaftsnorm mit Hilfe der Entscheidungen des EuGH auslegen und anwenden. Die gefestigte Rechtsprechung bildet aber eine der beiden Ausnahmen der grundsätzlichen Vorlageverpflichtung, so dass diese nicht obligatorisch, sondern höchstens fakultativ ist. D.h., hält das Eingangsgericht nun eine Fortentwicklung der Rechtsprechung für möglich, ist ihm unstreitig der Weg über ein fakultatives Vorlageersuchen an den EuGH nach Art. 234 Abs. 2 EGV eröffnet. Auf Grund der gefestigten Rechtsprechung besteht wegen der Da Costa-Entscheidung eben keine Vorlagepflicht nach Art. 234 Abs. 3 EGV.

Zwar ist die Fortentwicklung auch gefestigter Entscheidungstraditionen nie ausgeschlossen. Auch der ehemalige Präsident des EuGH, Gil Carlos Rodriguez Iglesias, hat zur Fortentwicklung des Gemeinschaftsrechts gesagt, dass es jedem nationalen Gericht, das von der Stichhaltigkeit einer Auslegung des Gemeinschaftsrechts nicht überzeugt ist, frei stehe, den EuGH erneut anzurufen und ihn zu ersuchen, seine Rechtsprechung zu überprüfen[360]. Die Fortentwicklung der EuGH-Rechtsprechung im Blick und Bezug nehmend auf das Vorlageverfahren spricht auch Rodriguez Iglesias ausdrücklich von einer freiwilligen Vorlage. Eine sich bei dieser Möglichkeit ergebende Vorlageverpflichtung besteht also nicht[361]. Die Frage, ob sich die Rechtsprechung des EuGH weiterentwickeln kann und wird, stellt eine Prognoseentscheidung des Fachgerichts dar. Welche Anforderungen an diese Prognose zu knüpfen sind, die die Wahrscheinlichkeit in einem Maße anwachsen lässt, die wiederum zu einer Vorlage nach Art. 234 Abs. 3 EGV verpflichtet, unterliegt ebenfalls der Entscheidungsprärogative des EuGH. Denn letztlich geht es auch hier um die Auslegung und Reichweite der Vorlagepflicht und damit um eine Norm des primären Gemeinschaftsrechts. D.h., bei der Konkretisierung der Vorlagepflicht geht es letztlich um die Auslegung von Art. 234 Abs. 3 EGV selber.

Merkwürdigerweise denkt das BVerfG in dem Verfahren aus dem Band 82 der amtlichen Entscheidungssammlung gar nicht an eine Vorlage, was es in der vergleichbaren Situation der Solange II-Entscheidung getan hat. Dort wurde in einer Verfassungsbeschwerde ebenfalls die Verletzung des Art. 101 Abs. 1 Satz 2 GG vorgetragen. Bei der Prüfung, ob das BVerwG als Instanzgericht eine Anrufung des EuGH willkürlich unterlassen habe, werfen die Verfassungsrichter zwei Fragen auf:

1. *„ob die grundsätzliche Bindungswirkung der Vorabentscheidungen des Europäischen Gerichtshofs ferner dann entfällt, wenn nach der Entscheidung neue Tatsachen bekannt werden, die möglicherweise zu einer anderen Sachentscheidung des Gerichtshofs führen könnten, oder ob hier*

[360] Rodriguez Iglesias, NJW 00, 1891.
[361] So auch EuGH Rs. 69/85, Wünsche/Deutschland, Slg. 1986, 947, Rz. 15; Schwarze-Schwarze, Art. 234, Rn. 46.

allein das Verfahren der Wiederaufnahme nach Art. 41 der Satzung des Gerichtshofs in Betracht käme"[362],

oder

2. *„ob dem Bundesverwaltungsgericht nach Maßgabe des Gemeinschaftsrechts die Möglichkeit offen gestanden hätte, im Hinblick auf eine etwaige Außerachtlassung, oder unzureichender Würdigung des Vorbringens der Beschwerdeführerin im Verfahren nach Art. 177 EWGV* [Art. 234 EGV n.F.; Anm. d. Autors] *durch den Gerichtshof unter dem Gesichtspunkt des Anspruchs auf rechtliches Gehör neuerlich ein Vorlageverfahren einzuleiten.*"[363]

Auch hier denkt das BVerfG über Regelbeispiele nach, die zu einer Vorlage an den EuGH verpflichten würden. Beide Fragen wären grundsätzlich dazu angetan gewesen, den EuGH seitens des BVerfG erstmals mit einer Vorlage anzurufen. Es geht in beiden Konstellationen um den Inhalt der Vorlagepflicht aus Art. 234 Abs. 3 EGV. Das BVerfG denkt – und das ist das Entscheidende – durchaus an die Möglichkeit einer Vorlage, lehnt sie für den konkreten Fall aber ab. Die erste Frage war nicht zu beurteilen, so das BVerfG zutreffend, da von der Beschwerdeführerin solche neue Tatsachen, die u.U. zu einer anderen Entscheidung des Luxemburger Gerichtshofs geführt hätten, nicht behauptet wurden. Auch die zweite Frage war ohne Bedeutung für die Entscheidung des Verfassungsgerichts, da es keine Anhaltspunkte feststellen konnte, dass das BVerwG annehmen musste, der EuGH habe den Vortrag der Beschwerdeführerin nicht zur Kenntnis genommen oder nicht erwogen. Für eine erneute Vorlage nach Art. 234 EGV, deren Unterlassen, sofern nach Gemeinschaftsrecht zulässig und gegebenenfalls auch geboten, eine Verletzung von Art. 101 Abs. 1 Satz 2 GG darstellen konnte, fehlte es an dieser Voraussetzung[364]. Das BVerfG spricht in der Solange II-Entscheidung von der potentiellen Möglichkeit einer Vorlage. Eine Möglichkeit, die es in der Entscheidung aus dem 82. Band nicht sieht. Das dort genannte Beispiel der möglichen Fortentwicklung der EuGH-Rechtsprechung ist der Da Costa-Entscheidung[365] nicht zu entnehmen. Die Frage, ob auch bei einer möglich erscheinenden Fortentwicklung der Rechtsprechung des EuGH eine Vorlagepflicht nach Art. 234 Abs. 3 EGV besteht, unterlag damit der grundsätzlichen Auslegungsbefugnis des EuGH[366].

Das BVerfG musste aber gemäß den Voraussetzungen, die Art. 234 EGV für eine Vorlage vorsieht, dem EuGH nur dann vorlegen, wenn eine Auslegung des Art. 234 Abs. 3 EGV erforderlich, d.h. für den Streit entscheidend war. Im konkreten Verfahren sei der alte Art. 177 Abs. 3 (Art. 234 Abs. 3 n.F.) EGV nicht verletzt worden, da das Verwaltungsgericht kein letztinstanzliches Ge-

---

362 BVerfGE 73, 339 (370).
363 BVerfGE 73, 339 (370).
364 BVerfGE 73, 339 (370).
365 EuGH Rs. 28-30/62, Da Costa, Slg. 1963, 63/81.
366 Vgl. Giegerich, S. 121; Millarg, S. 280.

richt war, so heißt es in der Entscheidung[367]. Betrachtet man dieses Ergebnis, dann ist die konkrete Ausformung der Vorlagepflicht für den Ausgang des Verfahrens unerheblich. Das BVerfG geht aber auf die Vorlagepflicht ganz ausführlich ein, da der EuGH dadurch funktional in die Gerichtsbarkeit der Mitgliedstaaten einbezogen wird[368]. Um den Umfang der willkürlichen Entziehung des gesetzlichen Richters (in diesem Fall des EuGH) abstecken zu können, ist deshalb der Umfang der Vorlagepflicht entscheidend. Auf Grund dieser Festlegung erfolgt die Entscheidung des BVerfG. Die Vorlagepflicht wird definiert und der streitige Verfahrensstand darunter subsumiert. Die Abgrenzung der Vorlageverpflichtung ist damit für die Entscheidung des Verfahrens erforderlich. Da die Auslegung des BVerfG, wie gezeigt, zumindest im Gegensatz zur hier vertretenen Auffassung steht[369], ist sie mitnichten zweifelsfrei, zumal eine gefestigte Rechtsprechung dazu nicht vorliegt.

Die Entscheidung über alle vom BVerfG geschaffenen Regelbeispiele hätte es dem EuGH überlassen können. Die Frage, ob auch die Fortentwicklung der Rechtsprechung eine verpflichtende Vorlage nach sich zieht, hätte das BVerfG, dieses Problem einmal aufgeworfen, vorlegen müssen. Den vom EuGH kontrollierten Umfang des Art. 234 Abs. 3 EGV hätte das BVerfG dann in die Überprüfung des Willkürmaßstabes des Art. 101 Abs. 1 Satz 2 GG einbeziehen können.

e) Beschluss der 1. Kammer des Zweiten Senats vom 25. Januar 1995 – 2 BvR 2689/94 und 52/95[370] – in EuZW 95, 126

Die Beschwerdeführerin der Verfassungsbeschwerde importiert Obst nach Deutschland. Nach Inkrafttreten der Bananenmarktorganisation gem. der VO Nr. 404/93 wurde ihr 1994 ein Kontingent für die Einfuhr von Bananen erteilt, das weniger als einem Hundertstel ihrer durchschnittlichen Einfuhrmenge der letzten sechs Jahre entsprach. Nach Einlegung des Widerspruchs beantragte die Beschwerdeführerin im Wege des einstweiligen Rechtschutzes die Zuteilung einer Einfuhrlizens i.H. der vergangenen Jahre, andernfalls drohe der Konkurs. Das Verwaltungsgericht lehnte den Antrag ab. Der Hess.VGH wies die Beschwerde gegen den ablehnenden Beschluss zurück[371].

Die Verfassungsbeschwerde, so die 1. Kammer des Zweiten Senats, sei gem. § 93c Abs. 1 Satz 1 BVerfGG offensichtlich begründet. Das Verfahrensgrundrecht des Art. 19 Abs. 4 GG, das einen Anspruch auf einen tatsächlichen, effektiven und nicht nur theoretisch wirksamen gerichtlichen Schutz gewähre,

---

367 BVerfGE 82, 159 (196).
368 BVerfGE 82, 159 (194 f).
369 Wie hier auch EuGH Rs. 69/85, Wünsche/Deutschland, Slg. 1986, 947, Rz. 15; Schwarze-Schwarze, Art. 234, Rn. 46; Rodriguez Iglesias, NJW 00, 1891.
370 Das Verfahren 2 BvR 52/95 wurde durch den Kammerbeschluss nicht angenommen.
371 Beschluss vom 23.12.1994, Az. 8 TG 3430/94.

sei verletzt. Zwar wolle der Hess.VGH im Ansatz vorläufigen Rechtschutz gegen die Durchsetzung einer VO der Europäischen Gemeinschaft gewähren, der im anhängigen Verfahren nach dem alten Art. 177 (Art. 234 n.F.) EGV beim EuGH nicht zu erreichen wäre. Der VGH stütze seine ablehnende Entscheidung im konkreten Fall aber – mit Hinweis auf eine Entscheidung des EuGH, die aufgrund einer Klage der Bundesrepublik Deutschland gegen die VO ergangen ist – darauf, dass angesichts der ungewissen Erfolgsaussichten des anhängigen Vorlageverfahrens das Verwaltungsgericht in unzulässiger Weise die Hauptsache vorwegnehmen werde. Der VGH werte nicht entsprechend, so führt das BVerfG weiter aus, dass die Rechte der Beschwerdeführerin bei Versagung des vorläufigen Rechtschutzes endgültig vereitelt würden. Der Beschwerdeführerin drohe somit ein nicht mehr zu beseitigender Schaden, der Konkurs[372].

Die Bananenmarktorganisation sei jedoch für eine Härtefallregelung offen, interpretiert das BVerfG die entsprechenden Vorschriften.

> *„Der Hess.VGH übersieht, daß in der Entscheidung des EuGH vom 5. 10. 1994 (Rs. C-280/93) lediglich die Bananenmarktorganisation als solche geprüft, nicht aber ihre Auswirkungen in einem konkreten Härtefall gewürdigt worden sind. (...) die VO (EWG) Nr. 404/93 ist also – ungeachtet der Frage ihrer Gültigkeit – inhaltlich so offen, daß besondere Härten in der Anwendung aufgefangen werden können.“*[373]

Der Hess.VGH hätte deshalb, weil er selber vom möglichen Konkurs der Beschwerdeführerin ausgehe, gem. Art. 14 Abs. 1 GG erwägen und prüfen müssen, ob für die Dauer des Hauptsacheverfahrens eine vorläufige Härtefallregelung hätte getroffen werden können. Eine solche Ausnahmegenehmigung wäre durch die Bundesregierung bei der Kommission gem. Art. 16 Abs. 3 oder Art. 30 der VO Nr. 404/93 zu beantragen gewesen. In seiner Entscheidung über eine einstweilige Anordnung hätte sich der VGH, wenn er die Anwendbarkeit der VO unterstellt, mit der Frage auseinandersetzen müssen, ob das Untätigbleiben der Bundesrepublik trotz des in der Bananenmarktorganisation vorgesehenen Instrumentariums für Härtefälle dem auch gemeinschaftsrechtlich gewährten Grundrechtsschutz zuwiderlaufe[374].

Das BVerfG will in diesem Fall für die Dauer des Hauptsacheverfahrens einstweiligen Rechtsschutz gewähren. Es beruft sich auf Art. 19 Abs. 4 GG. Es setzt sich dabei, wie Hans Rupp[375], Eckhard Pache[376] und Friedrich

---

[372] BVerfG Beschluss der 1. Kammer des Zweiten Senats v. 25.1.95 – 2 BvR 2689/94 und 52/95 – in EuZW 95, 126 (126 f).
[373] BVerfG Beschluss der 1. Kammer des Zweiten Senats v. 25.1.95 – 2 BvR 2689/94 und 52/95 – in EuZW 95, 126 (127).
[374] BVerfG Beschluss 1. Kammer des Zweiten Senats v. 25.1.95 – 2 BvR 2689/94 und 52/95 – in EuZW 95, 126 (127).
[375] Rupp, JZ 95, 354.
[376] Pache, EuR 30 (1995), 96 ff.

Schoch[377] nachweisen, in Widerspruch zur Rechtsprechung des EuGH[378]. Das BVerfG setzt sich mit den Möglichkeiten des Rechtschutzes gegen den Vollzug für ungültig gehaltenen Gemeinschaftsrecht nicht auseinander, weil nach seiner Rechtsauffassung auch bei Annahme der Gültigkeit der Bananenmartkordnung die Möglichkeit besteht, der Beschwerdeführerin den begehrten vorläufigen Rechtschutz zu gewähren[379]. Im Rahmen dieser Untersuchung ist allerdings entscheidend, ob das BVerfG Gemeinschaftsrecht ausgelegt hat, und nicht, ob es EG-Normen hätte anwenden können und müssen. Dieser spekulative Ansatz wird, wie vorab klargestellt, hier nicht weiter verfolgt. Ob eine Dissonanz zwischen der Rechtsprechung der beiden Gerichte vorliegt, ist in diesem Zusammenhang deshalb irrelevant. Für die Gewähr des einstweiligen Rechtsschutzes zieht das BVerfG – anders als der Hess.VGH – allein Art. 19 Abs. 4 GG heran. Dieser ist damit zu berücksichtigen und nicht Art. 186 a.F. (Art. 243 n.F.) EGV[380].

Das BVerfG will für die Dauer des Hauptsacheverfahrens vorläufigen Rechtsschutz mit einer vorläufigen Härteregelung gewähren. Im übrigen hat es die Entscheidung des VGH aufgehoben, der unter Berücksichtigung des Beschlusses nun zu entscheiden habe. Weil aber das BVerfG zur sich unter dem Gebot des effektiven Rechtsschutzes möglicherweise ergebenden Vorwegnahme der Hauptsache nicht ausdrücklich Stellung bezogen habe, verneint Volker Epping eine Verpflichtung zur Vorlage an den EuGH, zumal sich die Entscheidung auf die Dauer des Hauptsacheverfahrens beziehe und damit lediglich eine vorläufige Härteregelung angesprochen wurde[381].
Richtig ist, dass das BVerfG seine Prüfung auf Art. 19 Abs. 4 Satz 1 GG i.V.m. Art. 14 Abs. 1 GG hätte beschränken können. Wenn es auf die alleinige Tatsache abgestellt hätte, dass der Beschwerdeführerin der Konkurs drohe, weil die Bananenmarktverordnung keine Härteregelung vorsehe, würde es dem Gemeinschaftsrecht einen mangelnden Grundrechtsschutz attestieren. Genau das tut das BVerfG jedoch nicht. Das BVerfG setzt sich mit den Möglichkeiten des Rechtsschutzes gegen den Vollzug für ungültig gehaltenen Gemeinschaftsrecht nicht auseinander, weil nach seiner Rechtsauffassung auch bei Annahme der Gültigkeit der Bananenmarktordnung die Möglichkeit besteht, der Beschwerdeführerin den begehrten vorläufigen Rechtsschutz zu bieten. D.h., es sieht die VO für Härteregelungen offen. Entscheidend ist, dass die deutschen Verfassungsrichter in diesem Verfahren sehr wohl Gemeinschaftsrecht anwenden, auslegen und damit zum Gegenstand ihrer Entscheidung machen. Das BVerfG interpretiert nämlich ausdrücklich die VO Nr. 404/93. Es sieht in deren Art. 16 Abs. 3 bzw. Art. 30 einen Spielraum für Härtefallregelungen enthalten. Das Gericht ist von der Gewährung eines effektiven Rechtsschutzes und der Wahrung der Eigentumsrechte der Beschwerdeführerin ge-

---

377 Schoch, JZ 95, 112.
378 Siehe auch Everling, CML Rev. 96, 435.
379 Pache, EuR 30 (1995), 100; zum Problem des vorläufigen Rechtsschutzes gegen Gemeinschaftsrecht siehe auch Sandner, DVBl. 98, 265 ff.
380 Siehe auch Pache, EuR 30 (1995), 98 ff.
381 Epping, AW-Prax 95, 178.

leitet. Diese würden auch vom Gemeinschaftsrecht geschützt, sagt das BVerfG. Deshalb sei die Bananenmarktverordnung inhaltlich so offen, dass besondere Härten in der Anwendung aufgefangen werden könnten.

Die Auslegung der vom BVerfG angeführten Art. 16 Abs. 3 und Art. 30 VO Nr. 404/93 verwundert[382], erschließt sie sich dem unbefangenen Rezipienten nicht[383]. Beide Artikel haben das Funktionieren der neu geschaffenen Organisation im Blick. Nach Art. 16 Abs. 3 VO Nr. 404/93 können etwa Bedarfsvorausschätzungen im Verlaufe eines Wirtschaftsjahres revidiert werden, die außergewöhnliche Umstände berücksichtigen, welche sich auf die Produktions- und Einfuhrbedingungen auswirken. Es geht um das Funktionieren der neuen Marktorganisation. Härtefallregelungen für Marktbeteiligte im Einzelfall sind dieser Vorschrift auf den ersten Blick nicht zu entnehmen. Denn bei einem von der Bananemarktordnung betroffenen Einzelfall handelt es sich nicht um einen Umstand, der sich gemeinschaftsweit auf den Bedarf an Bananen auswirkt und deshalb eine Anpassung der Bedarfsvorausschätzungen zur Folge hätte[384]. Mit Art. 30 der VO verhält es sich ebenso. Die Schwierigkeiten der Marktorganisation in der Übergangsphase sollen abgeschafft werden. Ein einzelner Härtefall stellt aber keine binnenmarktbezogene Störung i.S.d. Art. 30 dar. Darüber hinaus ist die Abweichung vom Verteilerschlüssel durch Zuweisung bestimmter Teile des Zollkontingents direkt an einen einzelnen Importeur auch keine Übergangsregel, sondern ein Verstoß gegen ein grundlegendes Element der Bananenmarktordnung[385]. Nicht auszuschließen ist, dass die Bestimmungen auch Einzelfälle berücksichtigen können. So hat die Kommission britischen und französischen Händlern, die vom karibischen Wirbelsturm „Debbie" betroffen waren, eine Sonderkontingent für Bananen außerhalb des von der Bananemarktordnung vorgesehenen Verteilungsschlüssels bereitgestellt[386]. Gerade das genannte Beispiel macht aber deutlicht, dass es sich bei den Vorschriften um Regelungen für Härten handelt, die von der VO nicht gewollt sind. Der Fall der Beschwerdeführerin beruht gerade nicht auf einer Naturkatastrophe sondern auf einem Vertragsbruch einer kolumbianischen Firma. Diese wenngleich für die Beschwerdeführerin missliche Situation stellt aber keinen gänzlich außergewöhnlichen Fall dar. Die Erfüllung wie die Nichterfüllung von Verträgen gehören zum Wirtschaftsleben. Damit stellt die Situation der Beschwerdeführerin zunächst eine von der neuen Bananenmarktorganisation gewollte Konstellation dar. Mit dieser Feststellung ist noch nicht gesagt, ob die Beschwerdeführerin mit ihrem Anliegen gleichwohl vom Tatbestand des Art. 30 VO Nr. 404/93 erfasst wird. Diese Frage hätte allerdings durch Auslegung des EuGH ermittelt werden müssen[387]. Denn die Auslegung

---

[382] So auch Rupp, JZ 95, 353 f; vgl. auch Everling, CMLRev 96, 418.
[383] Siehe auch Pache, EuR 30 (1995), 101 f.
[384] So später auch EuGH Rs. C-68/95, T.Port/Bundesanstalt für Landwirtschaft und Ernährung, Slg. I 1996, i-6065/6097ff Rz. 26 ff / 32.
[385] Wie hier Pache, EuR 30 (1995), 101 f.
[386] VO (EG) Nr. 2791/94 der Kommission v. 16.11.1994, Amtsblatt 1994 Nr. L 296 S. 33.
[387] So später geschehen in EuGH Rs. C-68/95, T.Port/Bundesanstalt für Landwirtschaft und Ernährung, Slg. I 1996, i-6065/6097ff.

der Normen durch das BVerfG ist alles andere als offenkundig[388]. Eine Härtefallregelung drängt sich dem kundigen Juristen für die geschilderte Konstellation der Beschwerdeführerin nicht auf, sie ist mitnichten zweifelsfrei. Aus diesem Grunde hätte das BVerfG dem EuGH die Frage nach der Ausgestaltung der Bananenmarktverordnung in Bezug auf Härtefallregelungen vorlegen müssen[389], wie später durch den Hess. VGH geschehen[390].
Die Vorlagepflicht des Art. 234 Abs.3 EGV erhärtet sich sogar, wenn man die bis dahin ergangene Rechtsprechung des EuGH zur VO Nr. 404/93 berücksichtigt. In der Entscheidung EuGH Rs. C-280/93, Bundesrepublik Deutschland/Rat, Slg. 1994, I-4973 heißt es in Bezug auf eine sich aus der VO ergebenden möglichen Eigentumsverletzung:

> *„Das Eigentumsrecht der Vermarkter von Drittlandsbananen wird durch die Einführung des Gemeinschaftskontingents und die Vorschriften über dessen Aufteilung nicht in Frage gestellt. Kein Wirtschaftsteilnehmer kann nämlich ein Eigentumsrecht an einem Marktanteil geltend machen, den er zu einem Zeitpunkt vor der Einführung einer gemeinsamen Marktorganisation besessen hat, da ein solcher Marktanteil nur eine augenblickliche wirtschaftliche Position darstellt, die den mit einer Änderung der Umstände verbundenen Risiken ausgesetzt ist. Ein Wirtschaftsteilnehmer kann auch kein wohlerworbenes Recht oder auch nur ein berechtigtes Vertrauen auf die Beibehaltung einer bestehenden Situation, die durch Entscheidungen der Gemeinschaftsorgane im Rahmen ihres Ermessens verändert werden kann, geltend machen (...), besonders dann nicht, wenn die bestehende Situation mit den Regeln des Gemeinsamen Marktes unvereinbar ist."*[391]

Bei diesen Ausführungen fällt es schwer, von einer erschöpfenden Grundrechtsprüfung zu sprechen[392]. Denn im Gegensatz zur deutschen Grundrechtsdogmatik können die Gemeinschaftsgrundrechte

> *„Beschränkungen unterworfen werden, sofern diese Beschränkungen tatsächlich dem Gemeinwohl dienenden Zielen der Gemeinschaft entsprechen und nicht einen im Hinblick auf den verfolgten Zweck unver-*

---

388 So auch Everling, CML Rev. 96, 418.
389 Everling, CML Rev. 96, 434 f; Pache, EuR 30 (1995), 102 f.
390 VGH Kassel in EuR 95, 103 (103 f). Dessen erste Vorlagefrage lautete: „*1. Verpflichtet Art. 16 Abs. 3 bzw. Art 30 VO (EWG) 404/93 des Rates (...) die Kommission zur Regelung von Härtefällen, die dadurch auftreten, daß Marktbeteiligte der Gruppe A in existenzielle Schwierigkeiten geraten, weil sie aufgrund der nach Art. 19 Abs. 2 VO (EWG) Nr. 404/93 zu berücksichtigenden Referenzjahre ein ungewöhnlich niedriges Kontingent zugeteilt erhalten und nicht auf den Markt für AKP- und Gemeinschaftsbananen ausweichen können?*"; siehe auch die Antwort in EuGH Rs. C-68/95, T.Port/Bundesanstalt für Landwirtschaft und Ernährung, Slg. I 1996, i-6065/6097ff.
391 EuGH Rs. C-280/93, Deutschland/Rat, Slg. 1994, I-4973/5065 f, Rz. 79 f.
392 So aber Nicolaysen/Nowak, NJW 01, 1236.

hältnismäßigen, nicht tragbaren Eingriff darstellen, der die so geleisteten Rechte in ihrem Wesensgehalt antastet.“ [393]

D.h., es findet keine Berücksichtigung des individuellen Grundrechtsinteresses mehr statt. Der EuGH beschränkt sich konkret auf den Hinweis, dass die Bananenmarktordnung dem Gemeinwohl entspreche und die genannten Grundrechte nicht in ihrem Wesensgehalt angetastet seien. Der Vorwurf, der EuGH gewährleiste damit keinen effektiven Grundrechtsschutz, ist mehrfach erhoben worden[394]. Auch das BVerfG vertritt offensichtlich diesen Standpunkt, denn es interpretiert in die VO Nr. 404/93 Härteklauseln, die sich auch aus der Rechtsprechung des EuGH bis zu dem Zeitpunkt dieser Entscheidung des deutschen Gerichts nicht ergeben[395]. Diese sieht es in Art. 14 Abs. 1 GG, im Wege einer großzügigen grundrechtskonformen Auslegung der EG-VO, begründet.

Festzuhalten ist, dass es zwar eine Entscheidung der Kommission im Fall des Wirbelsturms „Debbie“ aber bis zu diesem Zeitpunkt keine Judikatur des EuGH zu Härtefallregelungen gibt. Das BVerfG schwingt sich damit zum Pionier der Interpretation der Bananenmarktverordnung auf. Der Verweis, es handele sich dabei lediglich um eine für die Dauer des Hauptsacheverfahrens geltende Regelung, die sich allein an den Vorgaben des effektiven Rechtsschutzes orientiere, ist nicht überzeugend. Denn entscheidend ist die Tatsache, dass das BVerfG Gemeinschaftsrecht ausgelegt hat und damit zu einem zentralen Thema seiner Entscheidung macht. Die Dauer einer Regelung ist kein differenzierendes Merkmal bezogen auf die Interpretation von Gemeinschaftsrecht. Diese Aufgabe oblag allein dem EuGH, da sich das Vorliegen von Härtefallregelungen in der VO nicht zweifelsfrei erschließt. Das BVerfG war verpflichtet, dieses Problem dem EuGH nach Art. 234 Abs. 3 EGV vorzulegen. Selbst wenn man sich wie Volker Epping gegen die Vorlagepflicht ausspricht[396], so wäre jedenfalls an eine fakultative Vorlage zu denken gewesen.

Möglich wäre zudem eine Verknüpfung dieser Frage mit einer Frage nach dem zwangsläufig korrespondierenden Grundrechtsverständnis des EuGH. Denn in der Sache ging es einmal mehr um das Verhältnis von europäischen Gemeinschaftsrecht und deutschen Verfassungsgrundrechten einerseits und der Rechtsprechung des EuGH und derjenigen des BVerfG andererseits. Aus

---

393 EuGH Rs. C-280/93, Deutschland/Rat, Slg. 1994, I-4973/5065, Rz. 78.

394 Stein, EuZW 98, 261 f; Huber, EuZW 97, 518; Nettesheim, EuZW 95, 106 ff; Everling, CML Rev. 96, 413 ff; a.A. Zuleeg, NJW 97, 1203 f.

395 Die vom BVerfG als Beleg aufgeführte Aussage des EuGH zur Möglichkeit von Ausnahmeregelungen durch die Kommission sind ausschließlich in dem Beschluss über den Antrag der Bundesrepublik Deutschland auf einstweiligen Rechtschutz gegen die Bananenmarktordnung enthalten und werden in der der Hauptsacheentscheidung nicht wiederholt! Dieses Problem wird erst später in EuGH Rs. C-68/95, T.Port/Bundesanstalt für Landwirtschaft und Ernährung, Slg. I 1996, I-6065/6097 ff Rz. 26 ff auf grund der Vorlage zu genau diesem Auslegungsproblem durch den VGH Kassel, EuR 30 (1995), 103 (103 f) (s.o.) aufgegriffen.

396 Epping, AW-Prax 95, 178.

diesem Grunde bot sich in diesem Verfahren die Möglichkeit, den EuGH mit Fragen zu dessen Grundrechtsverständnis und Grundrechtsprüfung nach Art. 234 Abs. 3 EGV anzurufen[397].

4. Vorlagen zum Grundrechtsstandard

Neben den einzelnen Entscheidungen, in denen das BVerfG eine Vorlage an den EuGH abgelehnt hat, gibt es eine Gruppe von Entscheidungen, die hier zusammenfassend betrachtet wird. Denn ein weiteres Problemfeld sind die zu ihrer Zeit jeweils viel diskutierten Entscheidungen des BVerfG zum Grundrechtsschutz durch die Gemeinschaft und den Gerichtshof. In der Solange I[398]- wie in der Solange II[399]- in der Maastricht-[400] und schließlich der Bananenmarkt-Entscheidung[401] stellt das BVerfG weitreichende Überlegungen über das Verhältnis von Gemeinschaftsrecht zum nationalen Recht und das Verhältnis der beiden Gerichte zueinander an. Der Grundrechtsstandard zum jeweiligen Zeitpunkt der Entscheidung wurde zum Anlass genommen, den Kompetenzbereich des BVerfG mal auszuweiten[402], mal einzuschränken[403]. Die Entwicklung des Grundrechtsschutzes durch den EuGH wird vom BVerfG in allen Entscheidung ausführlich dargestellt und mit dem Umfang des Grundrechtsniveaus des GG verglichen. Letztlich entscheidet das BVerfG auch ausschließlich über den Schutz, den die deutsche Verfassung gewährt.

Im wissenschaftlichen Schrifttum ist in diesem Zusammenhang oft der berechtigte Vorwurf geäußert worden, dass das BVerfG die Möglichkeit einer Vorlage zum Grundrechtsschutz durch den Gerichtshof und durch die Rechtsordnung der Gemeinschaft noch nicht einmal angedeutet hat[404]. Jedes Gericht, das mit einer Grundrechtsrüge gegen Gemeinschaftsakte befasst ist, also auch das BVerfG selbst, könnte durch eine Vorlage beim EuGH klären lassen, ob ein – dem unabdingbaren Grundrechtsstandard des deutschen Grundgesetzes vergleichbarer – Grundrechtsschutz durch die Rechtsprechung des EuGH gewährleistet ist. Auch Albrecht Weber bedauert, dass eine solche Möglichkeit bzw. die Bereitschaft des BVerfG zu einer etwaigen Vorlage zu diesen Fragen an den EuGH etwa im Maastricht-Urteil nicht angedeutet wird[405]. Andere Autoren beklagen die Ignoranz hinsichtlich der Vorlagebereitschaft des BVerfG er-

---

[397] Everling, CML Rev. 96, 434 f; Stein, EuZW, 98, 262; vgl. auch Schmid, NVwZ 01, 255.
[398] BVerfGE 37, 271.
[399] BVerfGE 73, 339.
[400] BVerfGE 89, 155.
[401] BVerfGE 102, 147.
[402] BVerfGE 37, 271 (285).
[403] BVerfGE 73, 339 (378).
[404] Weber, FS Everling, S. 1634; Everling, CML Rev. 96, 434 f; Stein, EuZW 98, 262; Schmid, NVwZ 01, 255; siehe auch Huber, EuZW 97, 521; a.A. Zuleeg, NJW 97, 1205 f; Schwarze, FS BVerfG, S. 239.
[405] Weber, FS Everling, S. 1634.

neut bei dessen Entscheidungen zur Bananenmarktordnung[406]. So wären die insbesondere von deutschen Gerichten und auch vom BVerfG immer wieder gerügten fehlenden Härteklauseln, die das deutsche Verfassungsgericht schließlich im Wege einer eigenen grundrechtskonformen Auslegung in die VO Nr. 404/93 hineininterpretiert hat, ein Anlass gewesen, den EuGH zu dessen Verständnis über den Schutz der Grundrechte und die Art und Weise der Prüfung und den Umfang der Verhältnismäßigkeitsabwägungen im Rahmen einer Vorlage nach Art. 234 EGV zu befragen[407]. „Die Bananenmarktordnung ist nicht nur der erste ernsthafte Test des „Kooperationsverhältnisses" zwischen BVerfG und EuGH, sondern auch ein wichtiger Beleg für dessen rechtspolitische Notwendigkeit."[408] Für den Beschluss des BVerfG vom 25. Januar 1995[409] hat erstmals Ulrich Everling bedauert, dass das BVerfG die Vorlagepflicht für dieses Problem verkennt[410]. Dem haben sich später andere Autoren[411] angeschlossen und Christoph Schmid hat diesen Vorwurf schließlich für die BVerfGE 102, 147 wiederholt[412].

Der genannte und oben näher beschriebene Beschluss des BVerfG vom 25. Januar 1995 soll verdeutlichen, wie eine solche Vorlage aussehen kann. Denn es war die Frage zu beantworten, ob der Grundrechtsschutz für Eigentum und Berufsfreiheit auf Gemeinschaftsebene auch im konkreten Fall dem Wesensgehalt des deutschen Niveaus entspricht. Das BVerfG hätte also ganz präzise Fragen zur Haltung des EuGH zu den Grundrechten und deren Bedeutung im Rechtsgefüge der Gemeinschaft, zur Methodik der Grundrechtsprüfung, wie z.B. zur Bestimmung des Schutzbereichs, zum Umfang der Einschätzungsprärogative des Gesetzgebers sowie zu den Modalitäten der Verhältnismäßigkeitsprüfung, im Wege eines Vorabentscheidungsersuchens befragen können[413]. Der EuGH kann bei einer Antwort nur den Befund für das Gemeinschaftsrecht feststellen. Auf der Grundlage der Entscheidung des EuGH hat das BVerfG dann im konkreten Fall zu überprüfen, ob der Grundrechtsschutz mit dem unabdingbaren Schutzniveau des GG gleichzuachten ist. Das BVerfG bleibt damit „Wärter im Brückenhaus" und prüft, ob die streitige Norm unter Berücksichtigung der Auslegung des EuGH zum Grundrechtsschutz in der EG über die „Brücke" des Zustimmungsgesetzes in Deutschland Gültigkeit erlangt. Der EuGH jedenfalls würde eine entsprechende Vorlage nach Art. 234 EGV sicher aufnehmen[414].

---

[406] BVerfGE 102, 147; siehe dazu auch Lecheler, JuS 01, 120 ff.
[407] A.A. Zuleeg, NJW 97, 1205 f.
[408] Huber, EuZW 97, 521.
[409] In EuZW 95, 126.
[410] Everling, CML Rev. 96, 434 f.
[411] Stein, EuZW 98, 262; Huber, EuZW 97, 518 ff.
[412] Schmid, NVwZ 01, 255; ganz anders dazu aber Schwarze, FS BVerfG, S. 239: „Mit dem Beschluß zur Bananenmarktordnung hat das BVerfG die Kooperation zwischen nationaler und europäischer Verfassungsrechtsprechung angemessen ausgestaltet und keinerlei Zweifel daran gelassen, daß ihm an einer echten und fruchtbaren Zusammenarbeit mit dem EuGH gelegen ist."
[413] So für den sog. Bananenmarktbeschluss (BVerfGE 102, 147) Schmid, NVwZ 01, 255.
[414] Dazu raten jedenfalls Stein, EuZW 98, 262; Huber, EuZW 97, 521.

III. Zusammenfassung

Betrachtet man also alle Verfahren, mit denen sich das BVerfG bisher beschäftigt hat, so kristallisieren sich die fünf näher genannten Fälle heraus, in denen es das BVerfG pflichtwidrig unterlassen hat, dem EuGH Fragen nach Art. 234 Abs. 3 EGV vorzulegen. Hinzu kommt die Gruppe zum Umfang des Grundrechtsschutzes durch den Gerichtshof der Gemeinschaft. In diesen Fällen hätte das BVerfG mindestens an eine freiwillige Vorlage denken müssen und hätte so das „Kooperationsverhältnis“ zum EuGH mit Substanz füllen können. Zumal das BVerfG nur in drei Entscheidungen die Möglichkeit einer Vorlage ausdrücklich angesprochen hat. Zum einen wurde in der Solange II-Entscheidung eine Vorlage zum Umfang der Vorlagepflicht nach dem jetzigen Art. 234 Abs. 3 EGV wegen mangelnder Entscheidungserheblichkeit abgelehnt[415]. Zum anderen hat das Gericht in einem Beschluss aus dem Jahre 1979 eine Vorlage verneint, weil der Senat an der Richtigkeit und Klarheit der Auslegung des bereits im Ausgangsverfahren angerufenen EuGHs nicht zweifelte[416]. Bei der Vorschrift zur Etikettierung von Tabakerzeugnissen mit Warnhinweisen hat das BVerfG 1997 ebenfalls an eine Vorlage zumindest gedacht, diese aber wegen der ausschließlichen Anwendbarkeit deutschen Rechts abgelehnt[417].

Unzweifelhaft hatte das BVerfG mehrmals die Möglichkeit zu einer fakultativen Vorlage nach Art. 234 Abs. 2 EGV. Diese Chance hat es kein einziges Mal genutzt. Ein freiwilliges Ersuchen hätte von einem tatsächlichen Willen zur Kooperation getragen sein müssen. Auf die Bedeutung des Wollens wurde in der Einleitung bereits hingewiesen. Denn auch die Bejahung der Erforderlichkeit bei der Auslegung einer streitigen gemeinschaftsrechtlichen Norm unterliegt der subjektiven Einschätzung des nationalen Gerichts. So hätte das BVerfG in seinen Entscheidungen aus dem 22. und dem 34. Band die eigene Interpretation entsprechend der acte clair-Doktrin in Frage stellen und nicht als unzweifelhaft hinnehmen können. Die Entscheidung darüber, ob eine Auslegung erforderlich i.S.d. Art. 234 Abs. 2 EGV ist, unterliegt der Einschätzungsprärogative des vorlegenden Gerichts. Der EGV eröffnet damit ein subjektives Zulässigkeitskriterium für eine Vorlage. Wird die Erforderlichkeit einer Auslegung angenommen, folgt als Konsequenz die Vorlagepflicht. Diese ist uneingeschränkt. Sie gilt grundsätzlich und setzt mit den bekannten Ausnahmen einen objektiven Maßstab.

Betrachtet man diese subjektiven Komponenten, so wird deutlich, dass der Wille zum richterlichen Dialog entscheidend ist. Fasst man aber alle Entscheidungen des BVerfG zusammen, kann von Kooperation – mit starrem Blick auf das Vorlageverfahren – zwischen den beiden Gerichten nicht gesprochen werden. Zwar ignoriert das BVerfG weder die Existenz des EuGH – im Gegenteil es stärkt durch dessen Anerkennung als gesetzlichen Richter nach Art.

---

[415] BVerfGE 73, 339 (370).
[416] BVerfGE 52, 187 (201).
[417] BVerfGE 95, 173 (180).

101 Abs. 1 Satz 2 GG dessen Position – noch dessen Rechtsprechung – wie insbesondere aus dem Bananenmarktbeschluss deutlich wird, in dem von den vorlegenden Gerichten einer konkreten Normenkontrolle eine umfassende Gegenüberstellung der EuGH-Rechtsprechung mit der des BVerfG gefordert wird[418]. Auch ist ihm in den hier besonders thematisierten Verfahren eine z.T. ausführliche Befassung mit den Entscheidungen des EuGH zu bescheinigen. Das BVerfG hat sich oftmals mit guten Gründen für eine bestimmte gemeinschaftsrechtliche Auslegung entschieden. Auffallend ist und bleibt aber, dass es kein einziges Mal den EuGH in ihrer Interpretation mit einbezogen hat.

IV. Mögliche Auswirkungen einer Vorlage durch das BVerfG

Im Lichte des EGV ist es, wie bereits gezeigt, konsequent, dass der EuGH bei der Auslegung und der Rechtmäßigkeitsprüfung von Gemeinschaftsrecht den Vorrang gegenüber der Judikative der Mitgliedstaaten im Bereich der Rechtsprechung beansprucht. Das über die Art. 220, 230 und 234 EGV festgelegte Entscheidungsmonopol des EuGH ist für die Einheitlichkeit des Gemeinschaftsrecht von existenzieller Bedeutung[419]. Das haben die Mitgliedstaaten anerkannt, indem sie sich in Art. 292 EGV verpflichteten, „Streitigkeiten über die Auslegung oder Anwendung dieses Vertrages nicht anders als hierin vorgesehen zu regeln". Konsequenterweise haben sie sich in Nr. 2 des 21. Protokolls zum EGV „über die Anwendung der Grundsätze der Subsidiarität und der Verhältnismäßigkeit", das gem. Art. 311 EGV einen rechtsverbindlichen Bestandteil des Vertrages darstellt, darauf geeinigt, „die vom EuGH aufgestellten Grundsätze über das Verhältnis zwischen einzelstaatlichem Recht und Gemeinschaftsrecht" nicht zu berühren. Aus diesem Grund verhalten sich mitgliedstaatliche Gerichte gemeinschaftswidrig, wenn sie sich in ihrer Rechtsprechung zur Auslegung und Rechtmäßigkeitskontrolle gemeinschaftlicher Rechtsakte durch den EuGH in Widerspruch setzen, etwa indem sie den Vorrang des Gemeinschaftsrechts generell oder auch nur im Einzelfall an innerstaatlichen Verfassungsvorbehalten scheitern lassen[420]. Erinnert sei daran, dass eine Verletzung der Vorschriften des EGV, d.h. inklusive des Art. 234 EGV nicht sanktionslos bleiben muss. Das BVerfG nimmt in Kauf, dass eine vertragsrechtliche Verantwortlichkeit Deutschlands die Folge sein kann[421]. Erinnert sei auch daran, dass es das BVerfG war, das alle Gerichte dazu aufgerufen, eine derartige Gefahr nach Möglichkeit erst gar nicht herbeizuführen.

---

[418] BVerfGE 102, 147 (161 ff).
[419] Nicolaysen/Nowak, NJW 01, 1234; Hirsch, NJW 96, 2463.
[420] Nicolaysen/Nowak, NJW 01, 1234 m.w.N..
[421] Vgl. nur Schwarze-Schwarze, Art. 234, Rn. 50 ff.

„Die beste Gewähr hierfür besteht in der strikten Beachtung der Vorlagepflicht nach Maßgabe der vom EuGH hierzu entwickelten Maßstäbe.“[422]

Über die Auswirkungen einer Vorlage durch das BVerfG hat es bereits mehrere Spekulationen gegeben. Für Dieter Grimm[423] hätte eine Vorlage einen doppelten Effekt. Zum einen hätte sie eine Warnfunktion für den EuGH, die ihm anzeige, dass ein ernstes Vertragsproblem vom BVerfG und ein Konflikt zwischen den beiden Gerichten gesehen werde. Zum anderen habe sie eine Informationsfunktion für das BVerfG, da in einem Vorlageverfahren grundsätzlich auch alle Mitgliedstaaten gehört werden könnten. Günter Hirsch will diese Warnfunktion im Sinne des Kooperationsangebotes des BVerfG als freundschaftliche Warnung verstanden wissen[424]. Christoph Schmid spricht von einem Kontrollmechanismus mit „Mahnwirkung“[425]. Torsten Stein betrachtet eine Vorlage als einen Warnschuss, der in Sachen Grundrechtsschutz u.U. nötig sei. Der Anstoß zur Korrektur der EuGH-Rechtsprechung müsse offensichtlich von außen kommen, der die Gemeinschaftsrechtsordnung wahre und eine Selbstkorrektur ermögliche; „keinen Volltreffer, aber ein Schuß vor den Bug.“[426]

Liest man diese Bewertungen und Einschätzungen, gewinnt man den Eindruck, eine Vorlage diene einem bestimmten Zweck. Als freundschaftliche Warnung oder als Kontrollmechanismus könne das BVerfG den EuGH ein Auslegungsproblem vorlegen. Die Tatsache, dass das BVerfG indes seiner Vorlagepflicht, wie nachgewiesen, nicht nachgekommen ist, lässt Zweifel an der Ernsthaftigkeit seines Kooperationsangebotes aufkommen. Die Gründe dafür liegen wohl in dem, was Jutta Limbach mit dem Festhalten am letzten Wort[427] gemeint hat. Die vielen Aussagen zum zum Verhältnis des BVerfG zum EuGH zeigen doch eher eine kritische Distanz als eine freundschaftliche Nähe. Das BVerfG ist der Letztinterpret in allen verfassungsrechtlichen Streitigkeiten. Und um diese Kompetenz scheint es dem BVerfG zu gehen, wenn es das Vorlageverfahren und damit den EuGH bislang nicht genutzt hat.

---

[422] BVerfG Beschluss 1. Kammer des Zweiten Senats v. 9.11.1987 – 2 BvR 808/82 – in NJW 88, 1456 (1457).
[423] Grimm, RdA 96, 69 f.
[424] Hirsch NJW 96, 2462.
[425] Schmid, NVwZ 01, 255, 257.
[426] Stein, EuZW 98, 262, 264.
[427] Limbach, NJW 01, 2916.

E. Die Vorlagepraxis der Verfassungsgerichtsbarkeiten der anderen EG-Mitgliedstaaten

Die dokumentierte Nichtanwendung des Vorlageverfahrens durch das BVerfG lässt die Frage aufkommen, ob die Verfassungsgerichtsbarkeiten der anderen Mitgliedstaaten der EG das Vorlageverfahren nach Art. 234 Abs. 3 EGV zum „richterlichen Dialog“[428] mit dem EuGH nutzen, ob es über das Vorlageverfahren zu einer Kooperation i.S.d. EuGH gekommen ist[429]. Diese Frage ist nicht ohne Weiteres zu beantworten. Denn nicht in allen Mitgliedstaaten existiert ein Verfassungsgericht – erst recht nicht eins bundesverfassungsgerichtlicher Prägung.

I. Arten von Verfassungsgerichtsbarkeiten

Verfassungsgerichtsbarkeit lässt sich als ein zur rechtsförmigen Kontrolle der Staatsgewalt unabhängiges Gericht zur Wahrung und Einhaltung der Verfassungsprinzipien definieren[430]. Mit dieser Definition ist zwar ein Anfang gemacht. Zu der historischen, politischen, sozialen und verfassungsrechtlichen Rolle der Gerichte im jeweiligen Staatsgefüge sagt sie hingegen nichts aus. In der Geschichte vieler Staaten hat sich gezeigt, dass Gesetzesmäßigkeit und Verfassungsmäßigkeit aller Akte der öffentlichen Gewalt nicht zwingend konvergent sind. So können parlamentarische Mehrheiten ungerechte Gesetze verabschieden, Gerichte und Behörden diese in einer Weise interpretieren, die sich gegen konstitutionelle Grundsätze auswirkt. Diese Erkenntnis, die besonders stark der Erfahrung eines Landes mit totalitären Regimen entspringt, setzte sich in vielen Staaten durch. Die Realisierung verfassungsrechtlich vereinbarter Prinzipien bedarf einer immerwährenden und zuverlässigen Kontrolle. So kam man auf die Kreation von Prüfungsinstanzen zu diesem Zweck[431]. Hinsichtlich der Ausgestaltung des Kontrollumfangs bestehen allerdings erhebliche Unterschiede[432]. So kann man in der Organisation der Verfassungsgerichtsbarkeit zwei Grundmuster unterscheiden[433]:

Nach dem amerikanischen Modell des US Supreme Court von 1803 überprüft die allgemeine Gerichtsbarkeit inzident die Verfassungsmäßigkeit der Gesetze und Verwaltungsmaßnahmen im Rahmen des allgemeinen Verfahrensrechts[434]. Dieses Modell der „diffusen“ Verfassungskontrolle[435] übernahmen in Europa die skandinavischen Staaten, wo auf der einen Seite zwar die Bin-

---

428 Rodriguez Iglesias, NJW 00, 1891.
429 Siehe dazu Schwarze, Entstehung einer europäischen Verfassung, S. 538 ff.
430 Zierlein, EuGRZ 91, 301.
431 Zur Geschichte der Verfassungsgerichtsbarkeit, Tomuschat, FS BVerfG, S. 246 ff.
432 Zierlein, EuGRZ 91, 302.
433 Nach Cappelletti/Cohen, S. 84 ff; v.Brünneck, S. 28; Tomuschat, FS BVerfG, S. 251 f.
434 Zur Entstehung und Bedeutung des amerikanischen Modells, v.Beyme, S. 21 ff.
435 Capelletti/Ritterspach, JöR 20 (1971), 82; v. Brünneck, S. 28.

dungswirkung der Verfassung auch gegenüber dem Gesetzgeber anerkannt ist, auf der anderen Seite aber wegen der Seltenheit verfassungsrechtlicher Auseinandersetzungen keine Notwendigkeit gesehen worden ist, ein besonderes Verfassungsgericht ins Leben zu rufen[436].

Als einen „Mischtypus“ hat Tomuschat den irischen Supreme Court[437] angesehen, da in Irland die verfassungsgerichtliche Kontrolle den ordentlichen Gerichten nicht nur als Ergebnis eines längeren Entwicklungsprozesses in der Rechtsprechung ohne eine spezifische Entscheidung des Verfassungsgebers zugewachsen ist, sondern wo im Gegenteil die bewusste Entscheidung getroffen wurde, dass die allgemeine Gerichtsbarkeit gleichzeitig auch als Verfassungsgericht fungieren sollte[438].

Im Gegensatz dazu steht das Modell des österreichischen VerfGH von 1920. Hier wurde erstmals eine eigene Institution mit besonders qualifizierten Richtern geschaffen, die sog. „konzentrierte“ Verfassungskontrolle[439]. Diesem Prüfungsorgan wurde hinsichtlich der Kompetenz, verfassungswidrige Gesetze und Staatsakte für nichtig zu erklären, gegenüber allen anderen Staatsorganen und Gerichten eine „Monopolstellung“ eingeräumt. So geschehen zuerst in Österreich[440], später in Deutschland[441], Italien[442], Frankreich[443], Griechenland[444], Spanien[445], Portugal[446], Belgien[447] und seit 1997 auch in Luxemburg[448]. Allerdings haben in Portugal und Griechenland die Fachgerichte dennoch das Recht, Gesetze für verfassungswidrig zu halten. In Portugal kann nach einer gerichtlichen Entscheidung von den Prozessparteien das Verfassungsgericht im Wege einer Beschwerde angerufen werden, dem es dann obliegt, die verfassungsrechtliche Zentralfrage einer erneuten Überprüfung zu

---

436 Tomuschat, FS BVerfG, S. 251; Literatur zu den Obersten Gerichten dieser Staaten siehe Nachweis bei v.Brünneck, S. 28 f; Zierlein, EuGRZ 91, 301 ff.

437 Zum Supreme Court Zierlein, EuGRZ 325 f m.w.N.

438 Art. 34 Abs. 3 und 4 irische Verfassung; siehe dazu auch Tomuschat, FS BVerfG, S. 252.

439 Capelletti/Ritterspach, JöR 20 (1971), 82; v. Brünneck, S. 29; Starck/Weber-Weber, S. 75.

440 Art. 137 ff österreichische Verfassung; siehe auch Zierlein, EuGRZ 91, 311 ff m.w.N.; Starck/Weber- Korinek, S. 149 ff.

441 Art. 93 f GG; siehe in diesem Zusammenhang auch Zierlein, EuGRZ 91, 305 ff m.w.N.; Starck/Weber-Benda, S. 121 ff.

442 Art. 134 ff italienische Verfassung; siehe auch Zierlein, EuGRZ 91, 313 f m.w.N.; Starck/Weber-Ritterspach, S. 219.

443 Art. 56 ff französische Verfassung; siehe auch Zierlein, EuGRZ 91, 319 ff m.w.N.; Starck/Weber-Fromont, S. 309.

444 Art. 100 griechische Verfassung; siehe auch Zierlein, EuGRZ 91, 324 f m.w.N.; Starck/Weber-Dagtoglou, S. 363 ff.

445 Art. 159 ff spanische Verfassung; siehe auch Zierlein, EuGRZ 91, 315 ff m.w.N.; Starck/Weber-Llorente, S. 243 ff.

446 Art. 221 ff portugiesische Verfassung; siehe auch Zierlein, EuGRZ 91, 317 ff m.w.N.; Starck/Weber- Moreira Cardoso da Costa, S. 279 ff.

447 Art. 142 belgische Verfassung; siehe auch Zierlein, EuGRZ 91 321 ff m.w.N.; Starck/Weber-Delpérée, S. 343 ff; zum Ganzen auch v.Brünneck, S. 29.

448 Art. 95ter luxemburgische Verfassung.

unterziehen[449]. In Griechenland kommt es darauf an, ob in der Frage der Verfassungsmäßigkeit des zur Debatte stehenden Gesetzes einander widersprechende Entscheidungen der höchsten Instanzen der unterschiedlichen Gerichtszweige ergangen sind[450]. Entscheidend ist bei beiden Verfassungsgerichten, dass sie jeweils das letzte Wort haben.

Schließlich gibt es nur noch wenige Staaten der EG, zu nennen sind die Niederlande und Finnland, die keine verfassungsgerichtliche Kontrolle von Parlamentsgesetzen kennen. Ein Verbot der richterlichen Kontrolle findet sich ausdrücklich in der niederländischen Verfassung[451]. Diese Staaten stehen in der französischen Tradition, die einen „gouvernement des juges" ablehnt. Dazu zählte bis Ende 1996 auch Luxemburg. Mit dem neuen Art. 95[ter,] der am 1. Januar 1997 in Kraft trat, wurde in die luxemburgische Verfassung die Kreation eines eigenständigen Verfassungsgerichts aufgenommen[452], das zum Zwecke einer Vorabentscheidung nach den vom Gesetz zu bestimmenden Verfahrensregeln von jedem Gericht angerufen wird, um über die Vereinbarkeit der Gesetze mit der Verfassung zu entscheiden, mit Ausnahme der Zustimmungsgesetze zu völkerrechtlichen Verträgen. Ursprünglich war auch Belgien zu den Staaten zu zählen, die eine verfassungsgerichtliche Kontrolle prinzipiell ablehnten. Seit dieser Staat aber durch verschiedene Schritte in einen Bundesstaat umgewandelt ist, wurde im Jahre 1984 der Cour d´Arbitrage, ein Schiedsgerichtshof, eingerichtet, dessen Zuständigkeit sich im Wesentlichen auf föderale Streitigkeiten bezieht[453].

Aber gerade am Beispiel des belgischen Schiedsgerichtshofs wird deutlich, dass die Ausprägung der Monopolstellung, d.h. Ausmaß und Wirkung der Prüfungskompetenz, der Kreis der Antragsberechtigten und die Konsequenz einer festgestellten Verfassungswidrigkeit Vergleichsmaßstäbe für die Stellung eines Verfassungsgerichts im Staatsgefüge bilden. An diesen Faktoren macht sich die Bedeutung der Verfassungsgerichte im politischen Alltag, die „Verfassungskultur" eines Staates fest[454]. Insoweit weisen das BVerfG, der VerfGH von Österreich und der Corte Costituzionale Italiens deutliche Parallelen auf[455], die sich aber z.T. auch im spanischen und portugiesischen Tribunal Constitutional wiederfinden.

---

[449] Art. 280 f portugiesische Verfassung; siehe dazu auch Zierlein, EuGRZ 91, 317 ff; Starck/Weber- Moreira Cardoso da Costa, S. 279 ff; Tomuschat, FS BVerfG, S. 252; v.Brünneck, S. 29.

[450] Art. 100 d und e griechische Verfassung; siehe auch Zierlein, EuGRZ 91, 324 f; Starck/Weber-Dagtoglou, S. 363 ff.; Tomuschat, FS BVerfG, S. 252; v.Brünneck, S. 29.

[451] Art. 120 der niederländischen Verfassung.

[452] Aus diesem Grunde ist die Aussage Tomuschats in der FS BVerfG aus dem Jahre 2001 unzutreffend, dass Luxemburg die verfassungsgerichtliche Kontrolle ablehnt, S. 248.

[453] Art. 142 belgische Verfassung; siehe auch Zierlein, EuGRZ 91 321 ff m.w.N.; Starck/Weber-Delpérée, S. 343 ff; Tomuschat, FS BVerfG, S. 247 f.

[454] Zierlein, EuGRZ 91, 302 f; v.Brünneck, S. 30.

[455] Zierlein, EuGRZ 91, 313; zum Vergleich BVerfG mit Corte Costituzionale, Stoy-Schnell, S. 15 ff.

Die Untersuchung kann diese Parallelen und die Unterschiede der Verfassungsgerichtsbarkeiten nur andeuten, aber nicht vollständig aufzeigen oder gar alle Verfassungsgerichte der EG-Mitgliedstaaten vergleichen. Einen solchen Anspruch erhebt noch nicht einmal v. Brünneck in seinem mehr als 200 Seiten umfassenden systematischen Verfassungsvergleich der „Verfassungsgerichtsbarkeit in den westlichen Demokratien“[456]. Neben diesem Werk, das eine umfassende Literaturliste[457] enthält, liegen dieser Arbeit insbesondere die ebenfalls sehr ausführliche Zusammenstellung der „Verfassungsgerichtsbarkeit in Westeuropa“ von Starck/Weber und der etwas übersichtlichere Aufsatz von Zierlein „Die Bedeutung der Verfassungsrechtsprechung für die Bewahrung und Durchsetzung der Staatsverfassung“ – ebenfalls mit zahlreichen weiterführenden Literaturhinweisen, besonders auch zu den Verfassungsgerichten der einzelnen Staaten – zu Grunde.

II. Die Vorlagepraxis der spezialisierten Verfassungsgerichte

Ausgehend von der Unterscheidung zwischen den spezialisierten Verfassungsgerichten und der diffusen Verfassungskontrolle der inzident prüfenden obersten Gerichtshöfe der anderen Staaten werden der Umgang der Gerichte mit dem Vorlageverfahren verglichen.

1. Die Vorlage der belgischen Cour d´Arbitrage

1997 rief erstmals die Cour d´Arbitrage in Brüssel den EuGH im Verfahren nach Art. 234 Abs. 3 EGV an[458].

a) Die belgische Cour d´Arbitrage

Es ist zunächst erneut darauf hinzuweisen, dass Belgien, wie auch seine Nachbarstaaten Luxemburg und die Niederlande, dem ursprünglichen Modell Frankreichs folgend, ein Verfassungsgericht und die damit verbundene Prüfungs- und Verwerfungskompetenz nicht kannte. Die Wandlung Belgiens von einem unitaristisch, vom Französischen geprägten Einheitsstaat in ein quasi föderatives Gemeinwesen der drei Kulturgemeinschaften mit jeweils eigenen gesetzgebenden Körperschaften und Exekutivorganen, warf die Frage nach Lösungsmöglichkeiten bei Kompetenzkonflikten und Widersprüchen bzw. konkurrierenden Rechtsnormen auf. Mit der Einsetzung der Cour d´Arbitrage existiert nunmehr eine echte verfassungsgerichtliche Rechtsprechung, wenn

[456] So ausdrücklich auf S. 20.
[457] S. 24 f.
[458] Cour d´Arbitrage, Urteil Nr. 6/97 vom 19. Februar 1997.

auch in begrenztem Umfang, deren spezifischer Auftrag darin besteht, die verfassungsmäßigen Zuständigkeitsabgrenzungen zwischen Legislative und den zentralen sowie regionalen Staatsgewalten zu überwachen[459]. Der Schiedsgerichtshof hat sich nach eigener Rechtsprechung als ein verfassungsgerichtliches Gericht mit beschränkter Befugnis bezeichnet[460]. Der Gerichtshof kann zur vollständigen oder teilweisen Nichtigerklärung von Gesetzen und Dekreten einer Kulturgemeinschaft oder Region wegen Verstoßes gegen die den Gemeinschaften oder Regionen eingeräumte Normsetzungskompetenzen im Rahmen der Nichtigkeitsklage aus den Reihen der Exekutive, der Legislative und auch von jedermann, der ein entsprechendes Interesse erkennen lässt, angerufen werden[461]. Ihm obliegt die Vorabentscheidung präjudizieller Streitfragen auf Antrag von Gerichten im konkreten Normenkontrollverfahren. Die Kontrollbefugnis des Schiedsgerichtshofes erstreckt sich auch auf die enumerativ in der Verfassung aufgeführten Grundrechte[462] des Gleichheitsgrundsatzes, der Nicht-Diskriminierung und der Unterrichts- bzw. Schulfreiheit.

b) Die Vorlage der Cour d´Arbitrage

Dem Vorabentscheidungsersuchen der Cour d´Arbitrage an den EuGH lag folgender Ausgangsstreit zugrunde:
Im Wege einer Nichtigkeitsklage wurde der Schiedsgerichtshof von einer Vereinigung zur Vertretung der Interessen der in Belgien tätigen Ärzte angerufen. Diese begehrte die Nichtigerklärung eines flämischen Gesetzes bzgl. der Ausbildungsordnung der Flämischen Universitäten für die Allgemeinmedizin. Dazu hatte die Cour d´Arbitrage drei Fragen dem EuGH vorgelegt.
Mit seiner ersten Frage wollte die Cour d´Arbitrage wissen, ob eine Vorschrift der Richtlinie des Rates zur Erleichterung der Freizügigkeit für Ärzte und zur gegenseitigen Anerkennung ihrer Diplome, Prüfungszeugnisse und sonstigen Befähigungsnachweise (Richtlinie 93/16/EWG) den Zugang zur spezifischen Ausbildung in der Allgemeinmedizin vom vorherigen Erwerb eines Grunddiploms abhängig macht. Mit der zweiten und dritten Frage wollte das Gericht vom EuGH im Wesentlichen wissen, ob die Art der Tätigkeit, die der Anwärter im Rahmen der spezifischen Ausbildung in der Allgemeinmedizin gemäß der fraglichen Vorschrift der Richtlinie ausüben muss, verlangt, dass er vor Beginn dieser Ausbildung ebenfalls ein Grunddiplom erworben hat[463].

Festzuhalten ist zunächst, dass erstmals ein Verfassungsgericht eines Mitgliedstaates den EuGH gem. Art. 234 Abs. 3 EGV angerufen hat. Erstmals in der Geschichte der Europäischen Gemeinschaft und der zunehmenden Ver-

---

[459] Art. 142 belgische Verfassung.
[460] Cour d´Arbitrage, Sache Nr. 36, Urteil Nr. 32 vom 29. Januar 1987; zitiert nach Zierlein, EuGRZ 91, 322.
[461] Art. 142 Nr. 1 i.V.m. Art. 141 belgische Verfassung.
[462] Art. 142 Nr. 2 belgische Verfassung mit Verweis auf die Artikel 10, 11 und 24.
[463] Cour d´Arbitrage, Urteil Nr. 6/97 vom 19. Februar 1997.

flechtung der Rechtsordnungen hat ein eigens für Kontrolle von Verfassungsprinzipien zuständiges Rechtsprechungsorgan, die Auslegung einer Richtlinie dem EuGH überlassen.

Vergleicht man die Stellung, die Verfahren und den Prüfungsumfang der Cour d´Arbitrage mit denen des BVerfG fallen erhebliche Unterschiede zwischen den beiden Gerichten auf. Die Prüfungskompetenzen und die Anzahl potentieller Antragsteller für die beiden Verfahren beim belgischen Schiedsgerichtshof sind wesentlich geringer als die beim deutschen Verfassungsgericht. Entscheidend ist die Feststellung, dass das BVerfG gleichwohl keine Frage dem EuGH nach Art. 234 EGV vorgelegt hat. Dieses Faktum gilt es zunächst einmal festzuhalten.

2. Die Vorlagen des Österreichischen VerfGH

Weitaus größere Parallelen als zwischen belgischem Schiedsgerichtshof und deutschem Verfassungsgericht bestehen zwischen BVerfG und dem österreichischen VerfGH, der bisher drei Vorabentscheidungsersuchen beim EuGH eingereicht hat.

a) Der Österreichische VerfGH

Die wesentliche Aufgabe des Gerichtshofes liegt in der Sicherung der Beachtung der Vorschriften der Bundesverfassung durch die staatlichen Organe. Dementsprechend erstreckt sich seine Zuständigkeit auf den gesamten Bereich der staatsrechtlichen und politischen Grundordnung Österreichs. Der VerfGH hat das alleinige Recht, Normen aus dem Rechtsbestand wegen Verfassungs- und Gesetzeswidrigkeit zu beseitigen. Zahl und Ausgestaltung der Verfahrensarten standen auch bei der Schaffung der deutschen Verfassungskontrolle Pate. So entscheidet der VerfGH bei allen möglichen Zuständigkeitskonflikten der öffentlichen Gewalten[464]. Ferner kennt auch die Verfassung Österreichs sowohl die abstrakte wie die konkrete Normenkontrolle[465]. Ähnlich wie in Deutschland hat in Österreich die Verfassungsbeschwerde[466] eine herausragende Bedeutung. Zwar kann damit ein Beschwerdeführer nicht gegen Gerichtsurteile, wohl aber gegen Akte der Exekutive und der Legislative vorgehen, sofern diese ihn in seinen verfassungsgesetzlich gewährleisteten Rechten verletzen. Schließlich entscheidet auch der VerfGH im Rahmen des Wahlprüfungsverfahrens[467] und über Anklagen gegen bestimmte Staatsorgane[468].

[464] Art. 138 und 126 a österreichische Verfassung.
[465] Art. 139 ff österreichische Verfassung.
[466] Art. 144 österreichische Verfassung.
[467] Art. 141 österreichische Verfassung.
[468] Art. 142 österreichische Verfassung.

b) Die drei Vorlagen des VerfGH

Der VerfGH Österreichs hat, obwohl die Möglichkeit erst seit dem Beitritt des Landes im Jahre 1995 gegeben ist, die Gelegenheit zu einer Vorlage im Vergleich aller spezialisierten Verfassungsgerichte am öftesten genutzt. So hat er drei Fragen nach Art. 234 Abs. 3 EGV vorgelegt.

Bereits 1999 legte der VerfGH dem EuGH zwei Fragen vor[469], die die Qualifikation einer Energieabgabevergütung als staatliche Beihilfe betrafen. Sollten diese Vergütung nur Unternehmern gewährt werden, deren Schwerpunkt nachweislich in der Herstellung körperlicher Wirtschaftsgüter besteht, und handelt es sich dabei, so die Zweifel über die richtige Auslegung, um eine staatliche Beihilfe i.S.d. Art. 92 (Art. 87 n.F.) EGV[470]?

Im Dezember 2000 hat der VerfGH dem EuGH die Frage zur Entscheidung vorgelegt, ob das Datenschutzrecht der EG einer Offenlegung der Gehaltsdaten von Bediensteten von Gebietskörperschaften und öffentlichen Einrichtungen entgegensteht. Der VerfGH bezog sich dabei sowohl auf das Grundrecht des Datenschutzes, wie es sich im Gemeinschaftsrecht darstellt, als auch konkret auf die Datenschutzrichtlinie der EG[471].

Schließlich haben die österreichischen Verfassungsrichter im April 2001 den EuGH mit der Frage angerufen, ob § 21 des Arbeiterkammergesetzes, demzufolge türkische Arbeitnehmer von der Wählbarkeit in die Vollversammlung einer Arbeiterkammer ausgeschlossen sind, mit dem Gemeinschaftsrecht, nämlich mit Art. 10 Abs. 1 des Assoziationsratsbeschlusses Nr. 1/1980, vereinbar ist[472].

Diese drei Fälle zeigen, dass die Richter in Wien die Möglichkeit zum richterlichen Dialog mit den Kollegen in Luxemburg suchen. Aber auch bei der Lektüre anderer Fälle[473] zeigt sich, dass sie das Vorlageverfahren ernsthaft bedenken und geradezu darauf aus sind, weitere Vorabentscheidungen einzuholen. Sie sehen keine Kompetenzprobleme selbst in Fragen des Grundrechtsschutzes, wie die Frage nach der Reichweite des Datenschutzes zeigt. Der VerfGH ist offensichtlich bereit, die Auslegung des EuGH ohne weitere Einschränkungen zu akzeptieren.

c) Parallelen zur deutschen Verfassungsrechtsprechung

Die vom österreichischen VerfGH dem EuGH vorgelegten Probleme sind auch dem deutschen BVerfG nicht fremd. So lässt sich das BVerfG in der mehrfach

---

[469] Die zweite Frage ist eine Anschlussfrage im Falle einer Bejahung der Ersten.
[470] VerfGH 19990310, B2251/97, B2594/97.
[471] VerfGH 20001212, KR 1/00 u.a..
[472] VerfGH 20010302, WI-14/99-17.
[473] VerfGH 19971211, B2672/97, Slg. 15057; 19970626, B877/96, Slg. 14886.

zitierten Solange Rechtsprechung ausgiebig zum Verhältnis der Rechtskreise und der Gerichte aus. Auf die Idee, den EuGH nach der Reichweite von Grundrechten zu fragen, sind die deutschen Verfassungsrichter bisher nicht gekommen. Aber auch der EG-Vertrag, nämlich dessen Regelungen zur Beihilfe, werden zum Gegenstand einer Vorlagefrage durch den VerfGH. Wie ist staatliche Beihilfe im Kontext dieser Vorschrift zu verstehen? Das BVerfG hatte die Vorschriften zum Beihilferecht im EGV ebenfalls in einigen Verfahren anzuwenden[474]. Dem EuGH die Auslegung dieser Normen, ggfls. auch erneut, zu überlassen, haben die deutschen Verfassungsrichter nie erwogen.

3. Der Hess.StGH

In diesem rechtsvergleichenden Kontext kann eine Vorlage des Hess.StGH aus dem Jahre 1997 nicht unberücksichtigt bleiben. Dieser hat als erstes und bisher einziges Verfassungsgericht eines deutschen Bundeslandes den EuGH mit einer Vorlagefrage angerufen[475]. Große Ausführungen zum Hess.StGH müssen jedoch unterbleiben, da die Landesverfassungsgerichte der Bundesländer nicht unmittelbar das Thema dieser Untersuchung betreffen. Es sei lediglich darauf hingewiesen, dass die Landesverfassungsgerichte der deutschen Bundesländer von ihrer jeweiligen Funktion und Kompetenz mit dem BVerfG durchaus vergleichbar sind[476]. Dass die Vorlageverpflichtung auch für diese gilt, ist unzweifelhaft[477].

Bei der Vorlage des Hess.StGH ging es um Fragen der Diskriminierung wegen der durch das Hessische Gleichberechtigungsgesetz vorgegebenen Frauenförderung und damit um einen möglichen Anwendungsvorrang einer EG-Richtlinie[478].

Einen solchen Fall hatte das BVerfG noch nicht zu entscheiden. Dem Urteil zur Nachtarbeit von Frauen, in dem es auch um die Gleichbehandlung ging, lag ein Vorlageurteil des EuGH in einem vergleichbaren Fall vor[479].

---

[474] BVerfGE 22, 134 (135); 52, 187 (190 ff); Beschluss der 1. Kammer des Zweiten Senats v. 17.02.2000 – 2 BvR 1210/98 – in NJW 00, 2015.

[475] EuGH-Rechtsprechungsstatistik 2002 – ANLAGE 2, SIEHE S. 128.

[476] Zur Abgrenzung zwischen BVerfG und Landesverfassungsgerichten siehe Schlaich/Korioth, Rn. 336 ff.

[477] Störmer, NJ 98, 341; exemplarisch für den Bay.VerfGH Hirsch, FS Bay.VerfGH, S. 45 ff.

[478] Hess.StGH Beschluss v.16.4.1997 – P.St. 1202 – in EuGRZ 97, 213 (214 ff); siehe auch Anm. von Störmer, NJ 98, 337 ff.

[479] BVerfGE 85, 191 (203).

4. Die anderen Verfassungsgerichte – ohne Vorlage

Ausgehend von der Rechtsprechungsstatistik des EuGH[480] erscheinen in der Reihe der vorlegenden Gerichte lediglich die Vorlagen vom belgischen Schiedsgerichtshof und dem österreichischen VerfGH. Auffallend ist die Zurückhaltung der anderen Verfassungsgerichte.

a) Der italienische Corte costituzionale

Der italienische Corte costituzionale hat eine Aussage wie das BVerfG zur eigenen Bindung an die Vorlagepflicht[481] noch nicht getroffen. Er hat aber stets auf die Bedeutung des Vorlageverfahrens für den Rechtsschutz des EuGH gegen Akte der Gemeinschaft hingewiesen[482]. Der italienische Verfassungsgerichtshof wird häufig bzgl. der Ausgestaltung der Verfahren mit dem deutschen und österreichischen Verfassungsgerichten verglichen. Zwar kennt die italienische Verfassung keine Verfassungsbeschwerde oder etwa die abstrakte Normenkontrolle. Zu den wichtigsten Zuständigkeiten zählen aber Entscheidungen auf Grund einer Vorlage anderer Gerichte bei Zweifeln über die Verfassungsmäßigkeit von Normgebungsakten der Legislative und Exekutive. Ferner entscheidet der Corte costituzionale über Zuständigkeitskonflikte bestimmter Staatsorgane sowie zwischen den Zentralstaaten und Regionen[483]. Trotz der Parallelen zum österreichischen VerfGH hat der italienische Gerichtshof dem EuGH noch keine Frage vorgelegt. Die Rechtsprechung ist von der oben beschriebenen dualistischen Sicht der Rechtsordnungen geprägt. Dieses „Gegeneinander“ scheint eine Kooperation mit dem EuGH auszuschließen. Der Corte costituzionale hält zwar eine Koordination der Rechtsordnungen für notwendig[484], sieht diesbezüglich aber die Instanzgerichte in der Pflicht, das Vorlageverfahren des Art. 234 EGV zu beachten. Wie schon im Abschnitt über die Rechtsprechung zum Verhältnis der Rechtsordnungen gezeigt, finden sich auch bei der Anwendung des Vorlageverfahrens Parallelen in der Argumentation des BVerfG. Das Vorlageverfahren habe große Bedeutung für die Rechtssicherheit und Rechtseinheit und sei deshalb von den Instanzgerichten unbedingt zu beachten. Eine praktische Konsequenz ergibt sich daraus aber weder für das BVerfG noch für den Corte costituzionale. Beide Gerichte haben bisher noch keine Vorabentscheidungsfrage nach Art. 234 EGV eingereicht.

---

[480] EuGH-Rechtsprechungsstatistik 2002 – ANLAGE 2, SIEHE S. 128.
[481] BVerfGE 37, 271 (282); 45, 142 (162); 52, 187 (201); 73, 339 (371).
[482] So zuerst Entsch. Nr. 185 v. 18.12.1973, Frontini, EuR 14 (1974), 255 (262); später in Entsch. Nr. 170 v. 8.6.1984, Granital, CMLRev. 1984, 757 (762 f).
[483] Art. 134 italienische Verfassung.
[484] Entsch. Nr. 170 v. 8.6.1984, Granital, CMLRev. 1984, 757 (759 f).

b) Der französische Conseil constitutionnel

Die herausragende Tätigkeit des Conseil constitutionnel liegt in der Verfassungskontrolle der Gesetze. Bis zur Einrichtung des Gerichts herrschte in Frankreich der uneingeschränkte Primat des Parlaments. Um der Machtkonzentration der Legislative, die mitunter bis an die Grenzen ausgenutzt wurde, ein Kontrollorgan entgegenzusetzen wurde 1958 der Verfassungsrat eingesetzt. Allerdings schuf man damit kein Verfassungsgericht wie in anderen Staaten und verzichtete auf die Schaffung eines konkreten Normenkontrollverfahrens, der Verfassungsbeschwerde oder eines Organstreitverfahrens. In der eigenen Tradition verhaftet ist die abstrakte Normenkontrolle als das herausragende Verfahren eingerichtet worden. Einmalig ist dabei, dass der Verfassungsrat stets nur innerhalb einer relativ kurzen Zeit vor der Ausfertigung des Gesetzes durch den Präsidenten angerufen werden kann. Es handelt sich somit um eine rein präventive Verfassungskontrolle[485]. Wohl aus diesem Grunde scheint der Conseil constitutionnel kaum zu einer Zusammenarbeit mit dem EuGH im Wege der Vorabentscheidung bereit zu sein. Der Verfassungsrat sieht sich nicht an die Vorlagepflicht des Art. 234 EGV gebunden, da er selbst eine rein abstrakte Kontrolle vornimmt. Zudem wird auf eine nicht hinnehmbare Verfahrensdauer in diesem präventiven Verfahren hingewiesen[486]. Das sind wohl die Gründe, weshalb der französische Verfassungsrat bisher ebenfalls keine Vorlage beim EuGH eingereicht hat.

c) Der spanische Tribunal Constitucional

In Spanien findet sich ein starkes Verfassungsgericht mit weitreichenden Zuständigkeiten. Es kann im Wege der abstrakten und konkreten Normenkontrolle, der Verfassungsbeschwerde und im Organstreitverfahren tätig werden[487]. Die Ausgestaltung und Stellung erinnert an das deutsche BVerfG. Der Tribunal Constitucional war aber stets bemüht im Verhältnis zum Gemeinschaftsrecht Widersprüche zur spanischen Verfassung nicht zuzulassen. Wie oben bereits gezeigt, bahnen sich aber auch in Spanien Probleme an, die der Gerichtshof wird lösen müssen, wie z.B. die unbedingte Umsetzung von Gemeinschaftsrecht in nationales Recht. Bisher hat er dementsprechend die Alleinzuständigkeit des EuGH von Gemeinschaftsrecht anerkannt, ohne ihm allerdings die Qualität des gesetzlichen Richters im Sinne der Verfassung ausdrücklich zuzusprechen[488]. Ausdrücklich offengelassen hat der spanische Ver-

[485] Art. 61 französische Verfassung; die Prüfung ist grds. abstrakt, durch die Überprüfung der Verfassungsmäßigkeit von Verwaltungskaten und Urteilen durch Fachgerichte, die der Auslegung der Verfassung durch den Conseil constitutionnel folgen, hat sich gewissermaßen auch eine konkrete Rechtsprechung in Frankreich entwickelt – siehe Fromont, DÖV 03, 542 ff.

[486] Schwarze, Entstehung einer europäischen Verfassung, S. 540, m.w.N..

[487] Art. 161 ff spanische Verfassung.

[488] López Castillo/Polakiewicz, EuGRZ 93, 284 f; Schwarze, Entstehung einer europäischen Verfassung, S. 540 f.

fassungsgerichtshof die eigene Bindung an Art. 234 EGV[489]. Da das spanische Verfassungsgericht das Gemeinschaftsrecht als Auslegungshilfe für das Verfassungsrecht genutzt hat, halten einige Autoren auch eine Anerkennung der Vorlagepflicht des Art. 234 Abs. 3 EGV durch das Tribunal Constitucional für denkbar[490].
Eine Unbefangenheit dem Vorlageverfahren gegenüber wie beim österreichischen VerfGH ist beim Tribunal Constitucional nicht zu erkennen. Dieser hat dem EuGH bisher keine Auslegungs- oder Gültigkeitsfrage vorgelegt.

d) Das luxemburgische Verfassungsgericht

Die Verfassung Luxemburgs kennt schon seit langem den Staatsrat, der mit der Verfassungsrevision vom 12. Juli 1996 maßgeblich reformiert wurde. Gem. Art. 83bis der Verfassung ist er aufgerufen, über die Gesetzesentwürfe und Gesetzesvorschläge Stellungnahmen abzugeben. Er hat eine beratende Funktion. Als Gutachter entscheidet er a priori. Seit 1997 hat Luxemburg sich aber vom Primat des Parlamentes und der Sakrosanz der Gesetze gelöst und mit dem Verfassungsgericht eine a posterior Kontrolle eingerichtet, die im Wege einer konkreten Normenkontrolle durch Vorlage von Gerichten über die Verfassungsmäßigkeit von Gesetzen entscheidet[491]. Das Verfassungsgericht ist somit das jüngste in der EG. Dennoch hatte es seit nunmehr fünf Jahren die Möglichkeit den EuGH im Verfahren nach Art. 234 EGV anzurufen, wovon es keinen Gebrauch gemacht hat. Rechtsprechung zum Verhältnis der Rechtsordnungen oder des Gerichts zum EuGH sind nicht bekannt.

e) Die Verfassungsgerichte Portugals und Griechenlands

Es wurde bereits auf den „Mischtypus“ der Verfassungsgerichte aus Portugal und Griechenland hingewiesen, da zwar in beiden Staaten ein Verfassungsgericht existiert, die Fachgerichte dennoch das Recht haben, Gesetze, die sie für verfassungswidrig halten, selbst zu verwerfen. In Portugal kann nach einer solchen Entscheidung von den Prozessparteien das Verfassungsgericht im Wege einer konkreten Normenkontrolle angerufen werden, dem es dann obliegt, die verfassungsrechtliche Frage erneut zu überprüfen. Darüber hinaus hat sich das portugiesische Tribunal Constitucional mit den Verfahren der abstrakten und der vorbeugenden Normenkontrolle mit der Verfassungsmäßigkeit

---

[489] So mit weiteren Nachweisen Schwarze, Entstehung einer europäischen Verfassung, S. 541.
[490] Nachweis bei Schwarze, Entstehung einer europäischen Verfassung, S. 541.
[491] Art. 95ter luxemburgische Verfassung; Kapitel 2 Art. 2 und Kapitel 4 Art. 6 des Gesetzes über die Organisation des Luxemburger Verfassungsgerichts.

von Gesetzen und einem abstrakten Prüfungsverfahren zu Feststellung etwaigen verfassungswidrigen Unterlassens des Gesetzgebers zu befassen[492]. Die Hauptaufgabe des griechischen Obersten Sondergerichtshofs (Anatаton eidikon dikasterion) besteht in der Entscheidung über Meinungsverschiedenheiten zwischen den Obersten Gerichtshöfen des Landes bei der Beantwortung der Frage der Gesetzmäßigkeit eines Gesetzes[493].
Beiden Gerichten ist in Bezug auf diese Arbeit gemeinsam, dass sie noch keine Entscheidungen zur EG gefasst haben. Deshalb kann für diese Verfassungsgerichte lediglich festgestellt werden, dass sie dem EuGH noch keine Frage nach Art. 234 EGV vorgelegt haben und sich in bester Gesellschaft mit den meisten anderen Verfassungsgerichten befinden.

5. Ein erste Zusammenfassung

In der Tat bilden die spezialisierten Verfassungsgerichte ohne eine Vorlage an den EuGH eine große Gemeinschaft. Lässt man den Hess.StGH unberücksichtigt, haben lediglich der belgische Schiedsgerichtshof und der österreichische VerfGH den Meinungsaustausch mit dem Gerichtshof der Gemeinschaft über das Vorlageverfahren nach Art. 234 EGV gesucht.

Tatsächlich sind die Normierungen des Gemeinschaftsrechts, insbesondere mit den Verträgen von Maastricht und Amsterdam, immer näher an den Kern der staatlichen Souveränität herangerückt. Wie sich aus der bereits analysierten Rechtsprechung der Verfassungsgerichte zeigt, stellt sie damit eine große Herausforderung für diese dar, in dem Bemühen die nationalstaatliche Ordnung zu wahren[494]. Besonders das BVerfG und der italienische Corte costituzionale haben sich dabei hervorgetan. Die Rechtsprechung des BVerfG war und ist geleitet von dem Bestreben, den Grundrechtsschutz für alle Deutschen weitestgehend sicherzustellen. So hat sich über mehrere Entscheidungen eine Linie entwickelt, die ihren Ursprung in der Solange I-Entscheidung[495] hat. Aber bereits im Jahre 1967 erging die erste Entscheidung zum Verhältnis des Gemeinschaftsrechts zum Grundgesetz[496]. Wie gezeigt wurde, hat das BVerfG seitdem immerwährend zu diesem Verhältnis Stellung bezogen. Auch in Frankreich und Italien existieren seit Ende der 60er bzw. Anfang der 70er Jahre Urteile zu dem Verhältnis der Rechtsordnungen. Betrachtet man alle Entscheidungen, so sind sie zunächst von einer Distanz und z.T. über Umwege von einer Annäherung an den EuGH geprägt[497]. Die Verfassungsgerichte Deutschlands, Italiens und Frankreichs stehen damit in einer vergleichbaren, aber jeweils ganz speziellen Rechtsprechungstradition zum EuGH.

---

[492] Art. 280 f portugiesische Verfassung.
[493] Art. 100 griechische Verfassung.
[494] Tomuschat, FS BVerfG, S. 283 ff.
[495] BVerfGE 37, 271.
[496] BVerfGE 22, 134.
[497] Vgl. Oppenheimer, S. 53 ff; 245 ff.

Anders steht es um den österreichischen VerfGH. Dieser zeigt, dass der EuGH ohne Aufgabe eigener Letztentscheidungskompetenzen in die Rechtsprechung miteinbezogen werden kann, indem die Richter in Luxemburg das Gemeinschaftsrecht auslegen und die Richter in Wien diese Auslegung zur Entscheidung über das Verfassungsrecht nutzen, wie es Sinn des Art. 234 EGV ist.
Der VerfGH ist zwar das älteste Verfassungsgericht gemessen an seiner Existenz, gleichzeitig ist er aber auch eines der jüngsten Mitglieder im Verbund der Verfassungsgerichte der Gemeinschaft, gemessen am Beitritt Österreichs aus dem Jahre 1995[498]. In Österreich bestand bis dahin keine Rechtsprechung zum Verhältnis der Rechtsordnungen. Wie gezeigt, hat er dazu bisher überhaupt noch nicht Stellung bezogen. Der EuGH musste seine Position im Diskurs mit den etablierten Verfassungsgerichten der Gründungsstaaten rechtfertigen und festigen. An diesem Dialog hat sich der österreichische VerfGH nicht beteiligt. Wenn man so will, konnte sich der VerfGH damit in ein sprichwörtlich „gemachtes Nest" setzen. Die Positionen der Verfassungsgerichte und nationalen Rechtsordnungen zum EuGH und zum Gemeinschaftsrecht wurden und werden von anderen ausgefochten. Für diese These spricht, dass das Gericht eine Klage zum Volksentscheid über den Beitritt Österreichs zur EU[499] nicht zur Klärung von Grundsatzfragen genutzt hat, wie es das BVerfG mit seiner Maastricht-Entscheidung[500], der Højesteret in Dänemark ebenfalls zum Beitritt des Landes zur EU[501] oder auch andere bereits in Kapitel B aufgeführte Gerichte der Mitgliedsstaaten getan haben.

Diese Unbefangenheit hat dem Verfassungsgericht Österreichs einen unbekümmerten Umgang mit dem Gemeinschaftsrecht und dem EuGH ermöglicht. Der österreichische Gerichtshof kann nicht, muss aber eben auch nicht auf eine alte Tradition, die von Konflikten und Zweifeln über den Rechtsschutz der EG geprägt ist, zurückblicken. Er ist diesbezüglich nicht vorbelastet. Darin scheint eine Erklärung zu liegen, warum aus Österreich bereits drei Vorlagen trotz der relativ kurzen Mitgliedschaft beim EuGH eingegangen sind und in weiteren Verfahren ernsthaft erwogen wurden.

Diese Erklärung könnte auch für die Vorlage des belgischen Schiedsgerichtshofs sprechen. Da er erst 1984 eingerichtet und nur mit der Konfliktlösung für föderale Streitigkeiten beauftragt wurde, hatte er keine grundsätzlichen Urteile zum Verhältnis des belgischen Rechts zum Gemeinschaftsrecht zu fällen. Erstaunlich ist es schon, dass mit dem Schiedsgerichtshof ein Verfassungsgericht mit den wenigsten Kompetenzen als erstes eine Vorlage beim EuGH eingereicht hat. Die Überschneidungen sind aufgrund der größeren Anzahl der Verfahren, der Antragsteller und der allgemeinen Bedeutung der anderen Verfassungsgerichte in den anderen Staaten wesentlich größer. Daran wird

498 Zu Art. 107 des EWR-Abkommens, der ebenfalls eine Vorlage in Auslegungsfragen an den EuGH vorsieht, legte der VerfGH ebenfalls keine Frage vor.
499 VerfGH 19940830, Slg. Nr. 13839, WI-6/94.
500 BVerfGE 89, 155 (175 ff).
501 Højesteret, Urteil v. 6.4.1998 – Az. I 361/1997 – in EuGRZ 99, 49 ff.

klar, dass die Zahl der Verfahrensarten nicht ausschlaggebend sein muss für mögliche Vorlagen. Angesichts der absoluten Nichtbeachtung des Vorabentscheidungsersuchens wäre ein solches Argument auch nicht tragbar.

IV. Die Vorlagepraxis der anderen obersten Landesgerichte

Der Rechtsvergleich der Vorlagepraxis der Verfassungsgerichte wäre unvollständig, würde man die Staaten mit einer „diffusen" Verfassungskontrolle unberücksichtigt lassen, die die Letztentscheidungsbefugnis bei den höchsten Gerichtsinstanzen ansiedelt. Die Schwierigkeiten, die ein solcher Vergleich mit sich bringt, wurden bereits angerissen. Gleichwohl soll geschaut werden, ob diese Gerichte in ihrer Funktion als Verfassungsgericht tätig waren. Schon hier kann gesagt werden, dass eine solche Analyse mit dem richtigen Vergleichsmaßstab ihre Schwierigkeiten hat. Denn die jeweiligen Verfassungen konstruieren eben keine speziellen Verfahren zum Schutz der Staatsorganisation oder der Grundrechte, wie wir sie insbesondere vom Grundgesetz und dem BVerfG kennen. Gleichwohl sollen genau diese Vorgaben des bundesverfassungsrechtlichen Grundgesetzschutzes als Vorgabe für die weitere Untersuchung dienen. Dieser Ansatz ermöglicht dann einen Diskussionsansatz.

1. Die Vorlagepraxis des dänischen Højesteret

Die Zuständigkeit des Højesteret erstreckt sich auf alle Rechtsgebiete, d.h. er ist zugleich dritte und letzte Instanz in Straf-, Zivil- und anderen Streitigkeiten. Ein eigens dafür kreiertes Verfassungsgericht existiert in Dänemark nicht. Für Verfassungsstreitigkeiten sieht die Verfassung auch keinen speziellen Verfahrensweg vor. Kontroversen über die richtige Auslegung der Verfassung sind daher lediglich Vorfragen in einem Prozess. Wegen der Seltenheit verfassungsrechtlicher Probleme ist in Dänemark deshalb keine Notwendigkeit gesehen worden, weder ein besonderes Verfassungsgericht noch besondere Verfahren ins Leben zu rufen. Dennoch wird der Højesteret zu den Gerichten mit einer „diffusen" Verfassungskontrolle gezählt.

In seiner Entscheidung zur Verfassungsmäßigkeit des Zustimmungsgesetzes zum Maastricht-Vertrag aus dem Jahr 1993, in dem das Gesetz über den Beitritt Dänemarks zur EG aus dem Jahr 1972 angepasst wird, hat der Gerichtshof in einer Art Normenkontrolle über das dänische Zustimmungsgesetz entschieden[502]. Die Kompetenz für dieses Institut des prøvelse af love hatten sich die dänischen Gerichte durch mehrere Urteile des Obersten Gerichtshofes in den Jahren 1918 und 1921 erstritten. Dieses Recht steht allen dänischen Gerichten zu. Es ist verfassungsgewohnheitsrechtlich gesichert. Allerdings hat

[502] Højesteret, Urteil v. 6.4.1998 – Az. I 361/1997 – in EuGRZ 99, 49 ff; zur historischen Bedeutung s.o. mit entsprechenden Literaturhinweisen.

bisher noch kein Gericht in der Praxis ein Gesetz für verfassungswidrig erklärt[503]. Die Einmaligkeit dieser Entscheidung in der Verfassungsrechtsprechung des Landes findet sich in vielen Formulierungen in der Literatur wieder: Der Oberste Gerichtshof sei damit aus einem „147 Jahre dauernden verfassungsrechtlichen Dornröschenschlaf geweckt" worden[504]. Aus diesen Worten wird schon deutlich, dass die nun folgende Analyse der bisherigen Vorlagen keinen Bezug zum Verfassungsrecht herstellen lässt.

a) Anzahl der Vorlagen und Einteilung nach Fallgruppen

Von 1973 bis zum Jahr 2002 haben die dänischen Gerichte den EuGH in 97 Verfahren angerufen. Fünf Jahre nach dem Beitritt Dänemarks zur EG erreichte im Juni 1978 die erste Vorlagefrage den EuGH vom obersten dänischen Gericht. In dem hier untersuchten Zeitraum, hat der Højesteret 17 Vorabentscheidungsersuchen nach Art. 234 EGV beim EuGH eingereicht[505]. Die Vorlagen verteilen sich gleichmäßig über die ganzen Jahre. Auffällig ist diese Tatsache insofern, als schon darauf hingewiesen wurde, dass die Verflechtung der Rechtsordnungen mit Dauer der Integrationsbemühungen zunahm. Macht man einen (willkürlichen) Schnitt bei Beginn der 90er Jahre, so stammen 8 Vorlagen aus dem Zeitraum zwischen 1978 und 1989. Zwischen September 1998 und Anfang 2002 erreichte gar keine Frage den EuGH vom Obersten Gerichtshof Dänemarks und das, wie gesagt, trotz zunehmender Verflechtung der Rechtssysteme.

Eine große Streuung besteht auch bei den jeweils vorgelegten Verfahrensgegenständen. Mit alleine fünf Fragen aus dem Bereich der Sozialpolitik[506] trifft man einen Problemkreis, der auch andere noch zu behandelnde Gerichte mehrmals beschäftigt hat. In zwei Fällen geht es dabei um Fragen der Gleichbehandlung von Männern und Frauen in arbeitsrechtlichen Fragestellungen. Konkret wird die Schlechterstellung von schwangeren Frauen im Bereich des Kündigungsschutzes problematisiert[507]. In den anderen drei Verfahren aus dem Bereich der Sozialpolitik steht der Übergang von Unternehmen und die damit verbundene Rechtsangleichung von Rechtsvorschriften zur Wahrung

---

[503] Hofmann, EuGRZ 99, 2.
[504] Zitiert nach Thomas, ZaöRV 58 (1998), 879.
[505] Die letzte Vorlage stammt aus dem Jahr 2002, EuGH Rs. C-39/02, Mærsk Olie/Firma M. de Haanj – Verfahren ist anhängig aber noch nicht archiviert.
[506] EuGH Rs. C-179/284/83, Dansk Metalarbejderforbund/H. Nielsen, Slg. 1985, 553; Rs. C-324/86, Foreningen af Arbejdsledere/Dady's Dance Hall, Slg. 1988, 739; Rs. 101/87, P. Bork International/ Foreningen af Arbejdsledere, Slg. 1988, 3057; Rs. 179/88, Handels- og Kontorfunktionærernes Forbund/Dansk Arbejdsgiverforening, Slg. 1990, I-3979; Rs. C-109/00; Tele Danmark/ Handels- og Kontorfunktionærernes Forbund, Slg. 2001, I-6993.
[507] EuGH Rs. 179/88, Handels- og Kontorfunktionærernes Forbund/Dansk Arbejdsgiverforening, Slg. 1990, I-3979; Rs. C-109/00; Tele Danmark/ Handels- og Kontorfunktionærernes Forbund, Slg. 2001, I-6993.

der Ansprüche von Arbeitnehmern im Vordergrund[508]. Alle Streitigkeiten werden von Gewerkschaften und/oder Arbeitgebervertretern als Rechtsparteien ausgetragen. In Deutschland hätten alle Streitigkeiten vor den Arbeitsgerichten ausgetragen werden müssen.
Aus der Kategorie der Harmonisierung des Steuerrechts stammen drei weiter Vorlagen vom Højesteret, denen allerdings keine ähnlichen Sachverhalte zugrunde liegen[509]. Zwei Vorlagen befassen sich mit EG-Verordnungen, die im Zusammenhang mit der Errichtung einer gemeinsamen Marktorganisation im Bereich der Landwirtschaft stehen[510]. Jeweils zwei weiter Vorabentscheidungsersuchen sind ergangen zu Eigenmitteln der Europäischen Gemeinschaften[511] und zur Rechtsangleichung[512].
Aus den Bereichen Freier Warenverkehr[513], Freizügigkeit[514] und Freier Dienstleistungsverkehr[515] hat der EuGH je einmal auf Vorlage vom dänischen Obersten Gerichtshof entschieden.

b) Mögliche Fälle einer Verfassungsstreitigkeit

Wie erwähnt, kennt die dänische Verfassung keine Verfassungsstreitigkeiten. Gewohnheitsrechtlich anerkannt, in der Praxis aber irrelevant ist allein das Normenkontrollverfahren und damit ein Verwerfungsrecht verfassungswidriger Gesetze, das allen Gerichten und damit auch dem Højesteret zusteht. In allen Verfahren, die eine Vorlage an den EuGH gem. Art. 234 EGV nach sich gezogen haben, bestanden keine Bedenken hinsichtlich der Verfassungsmäßigkeit von dänischen Gesetzen. Selbst wenn man die Verfahrensarten des deutschen Grundgesetzes zum Maßstab nehmen würde, wären Verfassungsprobleme, die das BVerfG auf Antrag hätte entscheiden müssen, nicht ersichtlich. Zwar sind Verfassungsbeschwerden in Deutschland ein beliebtes Mittel, um eine unliebsame Entscheidung noch zu berichtigen und werden deshalb – meist erfolglos – in Karlsruhe eingereicht. Eine wie so oft in Deutschland gerügte Grundrechtsverletzung insbesondere zum Eigentumsschutz, Beeinträchtigung der Berufsfreiheit, der allgemeinen Handlungsfreiheit oder eine Verletzung des Gleichheitssatzes findet sich in keinen der 17 Ausgangsverfahren,

---

508 EuGH Rs. C-179/284/83, Dansk Metalarbejderforbund/H. Nielsen, Slg. 1985, 553; Rs. C-324/86, Foreningen af Arbejdsledere/Dady's Dance Hall, Slg. 1988, 739; Rs. 101/87, P. Bork International/ Foreningen af Arbejdsledere, Slg. 1988, 3057.

509 EuGH Rs. 36/86, Ministeriet for Skatter/Investeringsforeningen, Slg. 1988, 409; Rs. 173/88, Skaterministeriet/Henriksen, Slg. 1989, 2763; Rs. C-297/89, Rigsadvokaten/Ryborg, Slg. 1991, I-1943.

510 EuGH Rs. 151/78, Sukkerfabriken/Landwirtschaftsministerium, Slg. 1979, 1; Rs. 199/87, Jensen/Landbrugsministeriet, Slg. 1988, 5045.

511 EuGH Rs. C- 366/95, Landbrugsministeriet/Steff-Houlberg, Slg. 1998, I-2661; Rs. C-413/96, Skatteministeriet/Sportgoods, Slg. 1998, I-5285.

512 EuGH Rs. C-436/93 (verbundene Rs. Mit C-427/93 und C-429/93); Bristol-Myers u.a./Paranova, Slg. 1996, I-3457; Rs. C-203/99, Veedfald/Århus, Slg. 2001, I-3569.

513 EuGH Rs. 58/80, Dansk Supermarked/Imerco, Slg. 1981, 181.

514 EuGH Rs. C-212/97, Centros/Selskabsstyrelsen, Slg. 1999, I-1459.

515 EuGH Rs. C-55/98, Skatteministeriet/Vestergaard, Slg. 1999, I-7641.

die Grundlage für eine Vorlage des dänischen Obersten Gerichtshofs waren. Aufgrund der in der Sammlung des EuGH geschilderten Sachverhalts hätte man in Deutschland solche Grundrechtsverletzungen mit Sicherheit erhoben. Dennoch wäre auch in Deutschland keines dieser Verfahren bis zum BVerfG gelangt, da sie am Zulässigkeitskriterium der Rechtswegerschöpfung (in allen Verfahren hätten die obersten deutschen Gerichte Rechtsschutz gewährt, was noch zu zeigen sein wird) oder es hätte an der Klagebefugnis gemangelt, da oftmals Interessenvertretungen und exekutive Berufungskläger zum Højesteret waren.

Damit hat der dänische Oberste Gerichtshof in seiner Funktion als Verfassungsgericht kein einziges Mal den EuGH mit einem Vorabentscheidungsersuchen beauftragt. Die 17 Vorlagen stammen allesamt aus Rechtsgebieten, die der Højesteret in seiner Funktion als oberstes Instanzgericht wahrzunehmen hatte.

2. Vorlagepraxis der höchsten finnischen Gerichte

In Finnland existiert bis zum heutigen Tage kein besonderes Verfassungsgericht. Die finnische Verfassung kennt den Justizkanzler[516], der die Amtsführung der Staatsregierung und des Präsidenten hinsichtlich ihrer Gesetzmäßigkeit überwacht. Er übernimmt damit eine Kontrollfunktion, die an einen staatsorganisatorischen Schiedsrichter erinnert, der die Einhaltung der Verfassungsregeln durch die durch das Grundgesetz genannten Teilnehmer am Verfassungsleben überwacht. Der Justizkanzler ist aber kein Gericht.

D.h., auch in Finnland existiert keine Verfassungskontrolle durch ein Gericht. Grundsätzlich sind die finnischen Gerichte nicht zu einer Überprüfung von Gesetzen auf ihre Verfassungsmäßigkeit befugt. Nach § 106 der finnischen Verfassung muss aber ein Gericht den Bestimmungen des Grundgesetzes den Vorrang geben, wenn in einer Angelegenheit, die vor dem Gericht verhandelt wird, eine anzuwendende Gesetzesbestimmung mit dem Grundgesetz offenkundig im Widerspruch steht. Ein Verbot der Überprüfung von Gesetzen auf ihre Verfassungsmäßigkeit, wie sie die niederländische Verfassung nennt, kennt die finnische Verfassung nicht[517].
Die höchste Instanz in Zivil- und Strafsachen ist der Oberste Gerichtshof (Korkein Oikeus), für Verwaltungssachen der Oberste Verwaltungsgerichtshof (Korkein Hallinto-oikeus)[518].

[516] In den § 108 ff finnische Verfassung.
[517] Art. 120 niederländische Verfassung; missverständlich deshalb Tomuschat, FS BVerfG, S. 248.
[518] Gem. § 99 der finnischen Verfassung.

a) Anzahl der Vorlagen und Einteilung nach Fallgruppen

30 Vorlagen haben den EuGH aus Finnland seit der Mitgliedschaft des Landes bis 2002 erreicht. Der Korkein Oikeus hat bisher dreimal den EuGH angerufen. Im April 1999 hatte er über arbeitsrechtliche Ansprüche von Arbeitnehmern gegen den Arbeitgeber zu entscheiden, die wegen des Übergangs des Unternehmens problematisiert worden waren[519].

Der Oberste Verwaltungsgerichtshof hat bislang 10 Fragen nach Art. 234 EGV vorgelegt. Zweimal ging es dabei um öffentliche Dienstleistungsaufträge[520]. Die übrigen Verfahren hatten andere Auslegungsprobleme zum Gegenstand. Die erste Vorlage aus dem Jahre 1996 betraf den Bereich der Verkehrsvorschriften[521]. 1997 ging es dann um den Geltungsbereich der Richtlinie über Pauschalreisen[522]. 2000 folgten zwei Vorlagen, wobei die eine im Zusammenhang mit der Umweltgenehmigung für eine Abfalldeponie, die Rechtsangleichung und den Begriff des Abfall stand[523] und die andere das Steuerrecht und konkret die Besteuerung von Gebrauchtwagen problematisierte[524]. 2001 folgte eine weitere Vorlage zur Frage, wie „Abfall" entsprechend einer Richtlinie des Rates zu definieren sei[525].

b) Mögliche Fälle einer Verfassungsstreitigkeit

Die insgesamt 13 Vorabentscheidungsersuchen aus Finnland haben keinen verfassungsrechtlichen Bezug, der in Deutschland den Weg zum BVerfG eröffnen würde. Insbesondere die Verfahren vor dem Obersten Verwaltungsgerichtshof sind originär verwaltungsgerichtliche Streitigkeiten. Grundrechtsverstöße werden nicht angedeutet, sodass an eine Verfassungsbeschwerde noch nicht einmal zu denken ist. Beispielhaft sei das Verfahren zweier Busunternehmer genannt, die Zuschüsse für verlustreiche Strecken vom Staat erhalten sollten, um so die öffentliche Anbindung der Bevölkerung zu gewährleisten. Die Unternehmer hatten Linien zu benennen, die aus Kostengründen nicht mehr betrieben werden könnten. Darüber kam es zum Streit mit der zuständigen Verwaltung, bei dem es auch um die teilweise Aufhebung einer Verpflichtung des öffentlichen Dienstes, die in diesem konkreten Fall auf eine VO der EWG zurückgeführt wird, geht[526]. Wichtig für die Busunternehmer sind im Grunde alleine die Zuschüsse des Staates. Sollten diese ausbleiben, würden

---

519 Vgl. z.B. EuGH Rs. C-172/99, Liikenne/Liskojärvi, Slg. 2001, I-745.

520 EuGH Rs. C-513/99, Condordia Bus, Slg. 2002, I-7213, Rz. 2 ff und C-18/01, Korhonen u.a., noch nicht in der amtlichen Sammlung veröffentlicht.

521 EuGH Rs. C-412/96, Liikenne, Slg. 1998, I-5141.

522 EuGH Rs. C-237/97, AFS Intercultural Programs Finland, Slg. 1999, I-825.

523 EuGH Rs. C-9/00, Ralin Granit, Slg. 2002, I-3533, Rz. 2 ff.

524 EuGH Rs. C-101/00, Tulliasiamies, Slg. 2002, I-7487, Rz. 1 ff.

525 EuGH Rs. C-114/01, AvestaPolarit Chrome, noch nicht in der amtlichen Sammlung veröffentlicht.

526 EuGH Rs. C-412/96, Liikenne, Slg. 1998, I-5141/5147, Rz. 17 ff.

die Linien nicht mehr befahren werden. Die wirtschaftliche Betätigungsfreiheit oder gar die Ausübung des Berufes wird nicht gerügt und diese Freiheiten waren de facto auch zu keinem Zeitpunkt gefährdet, weil ohne den finanziellen Eingriff des finnischen Staates die Strecken geschlossen werden würden. Vergleichbar sind alle anderen Verfahren, die von den höchsten finnischen Gerichten über das Vorlageverfahren zum EuGH gebracht wurden. Grundrechtsrelevante oder gar staatsorganisatorische Streitfragen standen nicht zur Entscheidung an.

3. Die Vorlagepraxis des irischen Supreme Court

Der irische Supreme Court zählt zu den Gerichten mit einer „diffusen" Kontrollkompetenz. D.h. die verfassungsgerichtliche Kontrolle obliegt dem Gerichtshof, der gleichzeitig höchste Instanz in allen Rechtsstreitigkeiten ist. Im Unterschied zu den anderen Staaten ohne spezialisierter Verfassungsgerichtsbarkeit trifft die irische Verfassung aber einen bewussten Verfassungskontrollauftrag für den Supreme Court[527]. Die Verfassung sieht vor, dass die Gültigkeit von Gesetzen gerichtlich nur vom High Court und letztverbindlich vom Supreme Court entschieden werden kann[528]. Außerdem ist allein der Staatspräsident, nach entsprechenden Beratungen mit dem Staatsrat, zur Vorlage eines Parlamentsgesetzes befugt[529]. Erst nach der Stellungnahme des Gerichtshofes kann er das Gesetz unterzeichnen. Dies ist in Irland die einzige Möglichkeit einer verfassungsgerichtlichen Intervention innerhalb des laufenden Gesetzgebungsverfahrens. Der gerichtlichen Kontrolle im engeren Sinne unterliegen im übrigen stets nur bereits in Kraft getretene Gesetze[530].

a) Anzahl der Vorlagen und Einteilung nach Fallgruppen

Irland ist 1973 der EG beigetreten. 1976 erreichte das erste Vorabentscheidungsersuchen den EuGH. Bis zum Jahr 2002 kamen noch weitere 41 Verfahren dazu. Der Supreme Court legte in diesem Zeitraum dem EuGH 12 Vorlagen vor. Die erste Vorlage stammt aus dem Jahre 1983 und erfolgte damit im zehnten Jahr der Mitgliedschaft. Die Lektüre der Vorlagen ergibt eine klare Konzentration der Auslegungsprobleme auf den Bereich der Landwirtschaft. Sechs Verfahren wurden aus diesem Bereich vorgelegt[531]. Dabei ging es

[527] So auch in Estland, Tomuschat, FS BVerfG, S. 252.
[528] Art. 34 Abs. 3 Nr. 2 und 3 irische Verfassung.
[529] Gem. Art. 26 irische Verfassung.
[530] Zierlein, EuGRZ 91, 325.
[531] EuGH Rs. 125/84, Continental/Minister for Agriclulture, Slg. 1985, 3441; Rs. 254/85, Irisch Grain Board/ Minister for Agriclulture, Slg. 1986, 3309; Rs. C-85/90, Dowling/Irland, Slg. 1992, I-5305; Rs. C-86/90, Anthony/Irland, Slg. 1992, I-6251; Rs.C-63/93, Duff/Irland, Slg. 1996, I-569; Rs. C-436/98, HMIL/ Minister for Agriclulture, Slg. 2000, I-10555.

dreimal um eine zusätzliche Abgabe für Milch[532] und zweimal um die Aufrechung von Währungsausgleichsbeträgen[533]. Die erste Vorlage des Supreme Courts aus dem Jahre 1983 wird in der Rechtsprechungsstatistik des EuGH unter der Rubrik „Freizügigkeit" geführt. In der Sache ging es um ein irisches Gesetz über das landwirtschaftliche Grundeigentum[534]. Damit haben insgesamt sieben von 12 Vorlageverfahren einen landwirtschaftlichen Rechtsbezug. Auffällig ist, dass mit Ausnahme der Vorlage aus dem Jahre 1998 alle anderen Fragen im Zeitraum zwischen 1983 und 1993 beim EuGH eingereicht wurden. Ab 1993 wandelten sich in Irland die wirtschaftlichen Verhältnisse rapide. Wurden im Jahre 1975 noch 227900 Farmen registriert, waren es 1999 lediglich noch 143900[535]. Aufgrund verschiedenster Maßnahmen gelang es, die wirtschaftliche Potenz u.a. durch Investoren aus dem Ausland so zu steigern, dass das Sozialprodukt zwischen 8% und 10 % stieg. Aus dem bis dato von der Landwirtschaft geprägten Irland wurde ein wirtschaftlich prosperierendes Land, das in Anlehnung an die erfolgreichen Wirtschaftsjahre in Asien „Celtic Tiger" genannt wurde und wird[536]. Ob ein direkter Zusammenhang zwischen Gegenstand der Vorlage und wirtschaftlicher Ausrichtung eines Landes wirklich besteht, kann nur vermutet werden. Auf die gemachte Beobachtung sei deshalb hingewiesen, da sie geradezu ins Auge sticht.
Die noch verbleibenden Vorlagen stammen aus den Bereichen Gemeinsame Handelspolitik, wo es um eine Embargomaßnahme gegen Jugoslawien ging[537], Wettbewerbsrecht[538] und Rechtsangleichung[539]. Eine Vorlage hatte die Sozialpolitik und auch hier, wie in Dänemark die Gleichstellung von Männern und Frauen zum Gegenstand. Allerdings ging es hier um Ansprüche auf verschiedene Sozialleistungen, auf die verheiratete Männer im Gegensatz zu Frauen einen Anspruch hatten[540].

b) Mögliche Fälle einer Verfassungsstreitigkeit

Die irische Verfassung kennt, wie erwähnt, nur eine beschränkte verfassungsrechtliche Prüfungskompetenz des Supreme Court. Keine der 12 Vorlagen erging auf Grundlage einer Anfrage des irischen Präsidenten[541]. Darüber hinaus waren staatsorganisatorische Streitigkeiten nicht der Grund für die Ver-

---

[532] EuGH Rs. C-85/90, Dowling/Irland, Slg. 1992, I-5305; Rs. C-86/90, Anthony/Irland, Slg. 1992, I-6251; Rs.C-63/93, Duff/Irland, Slg. 1996, I-569.
[533] EuGH Rs. 125/84, Continental/Minister for Agriclulture, Slg. 1985, 3441; Rs. 254/85, Irisch Grain Board/ Minister for Agriclulture, Slg. 1986, 3309.
[534] EuGH Rs. 182/83, Fearon/Land Commission, Slg. 1984, 3677.
[535] Department of Agriculture and Food, Farm numbers by Size category 1975-1999, www.gov.ie/daff/Publicat/2001comp/L-AgStructures.XLS (Stand: 24.7.02)
[536] In Anlehnung an die „Asiatischen Tigerstaaten", dazu IAB Kurzbericht, Ausgabe Nr. 16 / 18.11.1999.
[537] EuGH Rs. C-84/95, Bosphorus/Minister for Transport, Slg. 1996, I-3953.
[538] EuGH Rs. C-344/98, Masterfoods/HB Ice Cream, Slg. 2000, I-11369.
[539] EuGH Rs. C-19/00, SIAC/County of Mayo, Slg. 2001, I-7725.
[540] EuGH Rs. C-377/89, Cotter u.a./Minister for Social Welfare, Slg. 1991, I-1155.
[541] Art. 26 irische Verfassung.

fahren. Der irische Oberste Gerichtshof ist in allen Verfahren als letzte Streitinstanz in Erscheinung getreten. Einem Vergleich mit den Verfahren vor dem BVerfG hält mit Bedenken gegen eine mögliche Transformation in das deutsche Rechtssystem nur ein Verfahren stand.
Das zuletzt genannte Vorabentscheidungsersuchen zur Frage der Gleichbehandlung von Männern und Frauen im Bereich der sozialen Sicherheit ist deshalb hier zu nennen und kurz auszuführen. Es wurde vorgetragen, dass der Gleichheitsgrundsatz verletzt sei, wenn verheirateten Männern Sozialleistungen gewährt würden, die verheirateten Frauen, die, außer des unterschiedlichen Geschlechts, die gleichen Tatbestandsvoraussetzungen erfüllten, nicht erhielten. Die streitige irische Vorschrift ist mit der tradiert konservativen Ausrichtung Irlands und seiner Verfassung zu erklären. Wegen des eindeutigen Verbotes der Ungleichbehandlung in Art. 3 Abs. 2 GG, und wegen der ausgeprägten Verfassungsrechtsprechung in Deutschland zur Diskriminierung von Frauen muss bezweifelt werden, dass sich das BVerfG mit einer solchen Frage hätte beschäftigen müssen. Angenommen ein solches Gesetz wäre in Deutschland ohne weiteres verabschiedet worden, wäre eine verfassungsgerichtliche Klärung im Wege einer konkreten Normenkontrolle durch das Eingangsgericht die Folge gewesen, da es alleine dem BVerfG obliegt, nachkonstitutionelle Gesetze zu verwerfen[542].
Eine Übertragung des Falles in deutsche Rechtsverhältnisse soll nicht weiter ausgeführt werden, weil sie zwangsläufig nicht gelingen kann. Es zeigt sich aber, dass der irische Supreme Court, wie das BVerfG, den Schutz vor Diskriminierung gewährt. Der Grund, warum dieser auf eine Richtlinie des Gemeinschaftsrechts und nicht auf Art. 40 Abs. 1 der irischen Verfassung zurückgreift, liegt wohl in dessen Nr. 2, der dem Staat eine weite Schranke für eine Ungleichbehandlung öffnet. Festzuhalten ist, dass der Oberste Gerichtshof in diesem Verfahren eine Funktion als Hüter der Grundrechte einnimmt, die das BVerfG in Deutschland innehat. Trotz des bereits oben zitierten, vom Supreme Court formulierten Prüfungsvorbehaltes hinsichtlich des Grundrechtsschutzes bezüglich der Auslegung einer Gemeinschaftsnorm durch den EuGH[543] hat er offensichtlich keine Vorbehalte den EuGH anzurufen und ihn nach der Auslegung einer Richtlinie zu befragen, die den Gleichheitssatz für die irische Verfassung mitbestimmt.

4. Die Vorlagepraxis der höchsten niederländischen Gerichte

Die höchste richterliche Gewalt obliegt in den Niederlanden in zivil- und strafrechtlichen Streitigkeiten dem Hooge Raad und für das Verwaltungsverfahren dem Raad van State. Es existiert weder eine bei einem spezialisierten Gericht konzentrierte noch bei einem anderen Gericht angesiedelte diffuse Verfassungskontrollkompetenz. Im Gegenteil verwehrt Art. 120 der niederländischen

---

[542] Art. 100 GG.
[543] Entsch. v. 19.12.1989, Society for the Protection of Unborn Children/Grogan, IR 753, zitiert nach Emmert, S. 149.

Verfassung jedem Richter ausdrücklich die Beurteilung der Verfassungsmäßigkeit von Gesetzen und Verträgen. Die Niederlande zählen damit zu den wenigen Staaten, die eine verfassungsgerichtliche Kontrolle ausdrücklich ablehnen. Während in Belgien und Luxemburg der Rechtszustand der Ablehnung einer solchen Kontrolle in der Tradition des 19. Jahrhunderts wurzelt und in beiden Staaten dennoch mittlerweile ein spezialisiertes Verfassungsgericht existiert, haben erstaunlicherweise die Niederlande bei der grundlegenden Umgestaltung ihrer Verfassung im Jahre 1983 an dem Verbot dieser Kontrolle festgehalten und in diesem Sinne den zitierten Art. 120 ausdrücklich in den neuen Verfassungstext mitaufgenommen[544].

a) Anzahl der Vorlagen und Einteilung nach Fallgruppen

Insgesamt erreichten bis zum Jahre 2002 aus den Niederlanden 554 Vorlagen den EuGH[545]. Davon reichte allein der Hooge Raad der Nederlanden 114 Vorabentscheidungsersuchen ein. Als höchste Gerichtsinstanz in allen Rechtsstreitigkeiten mit Ausnahme der Verwaltungsgerichtsbarkeit verteilen sich die Fragen über Gültigkeit und Auslegung auf eine Vielzahl von Rechtsgebieten (34 verschiedene Themen wurden gezählt), die auf Grund einer übersichtlichen Gestaltung dieser Arbeit nicht im Einzelnen aufgelistet werden. Augenfällig ist aber eine starke Konzentration der Vorabentscheidungsersuchen in steuerrechtlichen Fragestellungen. Insbesondere die 6. Mehrwertsteuerrichtlinie war immer wieder Gegenstand einer Vorlage an den EuGH. Es konnten zahlreiche Verfahren ermittelt werden, in denen der Hooge Raad als oberstes Finanzgericht den Luxemburger Gerichtshof in einem Verfahren gegen den Staatssecretaris van Financen im Wege einer Vorabentscheidung angerufen hat[546]. Mit großem Abstand folgen die Themenbereiche „Markenrecht" mit

---

[544] Siehe auch Tomuschat, FS BVerfG, S. 248.

[545] Zur Vorlagepraxis aller niederländischen Gerichte siehe Korte, Primus inter Pares: The European Court and National Courts – The Follow-up by National Courts of Preliminary Rulings ex Art. 177 of the Treaty of Rome: A Report on the Situation in the Netherlands.

[546] EuGH Rs. 268/83, Rompelman/Staatssecretaris van Financen, Slg. 1985, 655; 139/84, van Dijk´s/Staatssecretaris van Financen, Slg. 1985, 1405; 165/86, Maer/Staatssecretaris van Financen, Slg. 1988, 1471; 269/86, Mol/Inspecteur der invoerrechten, Slg. 1988, 3627; 342/87, Genius Holding/ Staatssecretaris van Financen, Slg. 1989, 4227; 348/87, SUFA/Staatssecretaris van Financen, Slg. 1989, 4227; 93 und 94/88, Wisselink u.a./Staatssecretaris van Financen, Slg. 1989, 2671; 320/88, Staatssecretaris van Financen/Safe Rekencentrum BV, Slg. 1990, I-285; C-15/89, Deltakabel/Staatssecretaris van Financen, Slg. 1991, I-241; C-185/89, Staatssecretaris van Financen/Velker, Slg. 1990, I-2143; C-186/89, van Tiem/Staatssecretaris van Financen, Slg. 1990, I-4363; C-164/90, Muwi Bouwgroep/Staatssecretaris van Financen, Slg. 1991, I-6049; C-20/91, de Jong/Staatssecretaris van Financen, Slg. 1992, I-2847; C-281/91, Muys´en/Staatssecretaris van Financen, Slg. 1993, I-5405; C-88/92, van Rosendaal/Staatssecretaris van Financen, Slg. 1993, I-3315; C-80/95, Harnas & Helm/Staatssecretaris van Financen, Slg. 1997, I-745; C-181/97, van der Kooy/Staatssecretaris van Financen, Slg. 1999, I-483; C-158/98, Staatssecretaris van Financen/Coffeeshop, Slg. 1999, I-3971; C-23/98, Staatssecretaris van Financen/Heerman, Slg. 2000, I-419; C-325/99, Water/Staatssecretaris van Financen, Slg. 2001, I-2015; C-

sechs[547], „Soziale Sicherheit" mit fünf[548] und der „Freie Kapitalverkehr" mit vier[549] eruierten Vorlagen. Die meisten Auslegungsfragen kamen jeweils nur einmal aus einem bestimmten Rechtsgebiet.
Das höchste Verwaltungsgericht der Niederlande, der Raad van State, hat den EuGH einundvierzigmal angerufen[550]. Auch dieses Gericht streifte viele Rechtsgebiete (15 verschiedene wurden gezählt), die nicht alle aufgeführt werden sollen. Herausragend sind die 10 Fragen zum Bereich des Umweltschutzes und seiner Beziehung zu Rechten des Verbrauchers innerhalb von zwei Jahren[551]. Zur freien Dienstleistung kamen fünf Vorlagen[552] und die Freizügigkeit von Arbeitnehmern[553] beschäftigte den EuGH nach Anrufung durch den Raad van State je viermal.

326/99, Stichting/Staatssecretaris van Financen, Slg. 2001, I-6831; C-371/99, Liberexim BV/ Staatssecretaris van Financen, Slg. 2001, I-7275; C-102/00, Weltgrove/Staatssecretaris van Financen, Slg. 2001, I-4447; C-174/00,Kenemer Golf & Country Club/Staatssecretaris van Financen, Slg. 2002, I-3293; C-385/00, de Groot/ Staatssecretaris van Financen, Slg. 2002, I-11819; C-168/01, Bosal Holding/ Staatssecretaris van Financen; C-266/01, TIRAD; C-487/01 und C-7/02, Gemeente und Holin Groep/ Staatssecretaris van Financen; C-174/02, Streekgewes/ Staatssecretaris van Financen ; C-367/02, „Goes Wonnen"/ Staatssecretaris van Financen; C-378/02, Waterschop/ Staatssecretaris van Financen alle zuletzt genannten Verfahren wurden noch nicht in der amtlichen Sammlung veröffentlicht. Außerdem kann schon auf weitere Verfahren verwiesen werden, die ebenfalls noch nicht in der amtlichen Sammlung aufgenommen wurden und die Verfahren erst seit 2003 anhängig sind: C-68/03, Staatssecretaris van Financen/Lijes; C-107/03, Staatssecretaris van Financen/Feron.

547 EuGH Rs. C-337/95, Dior, Slg. 1997, I-6013; C-349/95, Frist Loendersloot, Slg. 1997, I-6227; C-63/97, BMW, Slg. 1999, I-905; C-40/01, Ansal/Ajax; C-104/01, Liberrel Group; C-408/01, Adidas-Somon/Fitnessworld – alle zuletzt genannten Verfahren sind noch nicht in der amtlichen Sammlung veröffentlicht.

548 EuGH Rs. 19/84, Pharmon/Hoechst, Slg. 1985, 2281;43/86, Sociale Verzekeringsbank/De Rijke, Slg. 1987, 3611;C-140/88, Noij/ Staatssecretaris van Financen, Slg. 1991, I-387; C-282/91, Sociale Verzekeringsbank/de Wit, Slg. 1993, I-1221; C-121/92, Staatssecretaris van Financen/Zinnecker, Slg. 1993, I-5023; C-340/94, Jaeck/Staatssecretaris van Financen, Slg. 1997, I-461; C-316/95, Generics/Smith Kline, Slg. 1997, I-3929.

549 EuGH Rs. 279/80, Webb, Slg. 81, 3305; C-111/89, Niederländischer Staat/Bakker Hillegom, Slg. 1990, I-1735; C-169/89, van den Burg, Slg. 1991, I-1703; C-35/98, Staatssecretaris van Financen/B.G.M., Slg. 2000, I-4071.

550 Zuletzt mit Az. EuGH C-58/03.

551 EuGH Rs. C-72/95, Aannemersbedrigf PK / Gedeputeerde Staate van Zuid-Holland, Slg. 1996, I-5403; C-81/96, Haarlemmerliedde en Spaarnwonde / Gedeputeerde Staaten van Noord-Holland, Slg. 1998, I-3923; C-192/96 Beside BV / Minister van Volkshuisvesting, Slg. 1998, I-4029; C-203/96, Chemische Afvalstoffen / Minister van Volkshuisvesting, Slg. 1998, I-4075; C-231/97, A.M.L van Rooig / Dageliks, Slg. 1999, I-6355; C-418 und 419/97, ARCO / Minister van Volkshuisvesting, Slg. 2000, I-4475; C-232/97, Nederhoff / Digkgraaf, Slg. 1999, I-6385; C-307/00 und C-311/00, Oliehandel Koweit u.a., Slg. 2002, I-1821; C-116/01, SITA, noch nich in der amtlichen Sammlung veröffentlicht.

552 EuGH Rs. 196/87, Steymann / Staats, Slg. 1988, 6159; C-288/89, Sevince, Slg. 1990, I-3461; C-148/91, Veronica Omroep Organistie, Slg. 1993 I-487; C-23/93, TVAO SA / Commisariaat voor de Media, Slg. 1994, I-4795; C-430/99 und C-431/99, Sea-Land Service und Nedlloyd Lijnen, Slg. 2002, I-5235.

553 EuGH Rs. 53/81, Levin / Staat, Slg. 82, 1035; 139/85, Kempf / Staat, Slg. 1986, 1741; 344/87, Bettray /Staatssecretaris van Justitie, Slg. 1989, 1621, C-9/88, Kopesch Veiga / Staatssecretaris van Justitie, Slg. 1989, 2989.

Auffällig ist, dass eine Konzentration etwa zur Thematik der Gleichbehandlung wie etwa in Dänemark oder zu Fragen der Landwirtschaft wie in Irland in den Niederlanden nicht zu erkennen sind. Die Themenschwerpunkte waren Vorschriften der Gemeinschaft zum Steuerrecht und zum Umweltschutz. Das Problem der Gleichbehandlung hat den Raad van State nur einmal[554] und den Hooge Raad lediglich zweimal beschäftigt[555]. Die Landwirtschaft spielt sogar überhaupt keine Rolle. Ein Vorabentscheidungsersuchen zu dieser Problematik wurde nicht gefunden.

b) Mögliche Fälle einer Verfassungsstreitigkeit

Auch bei diesen untersuchten Verfahren, die ihren Ausgang vor den höchsten niederländischen Gerichten haben, lassen sich grundrechtsrelevante Probleme finden, die in Deutschland möglicherweise vor dem BVerfG ihre verfassungsrechtlich abschließende Beurteilung gefunden hätten. Exemplarisch seien zwei Verfahren vor dem Raad van State genannt. In einem Verfahren ging es um die wirtschaftliche Betätigung der Mitglieder einer Religionsgemeinschaft und damit um die Berufsfreiheit und die Religionsfreiheit des Klägers[556]. Ein anderes Verfahren hatte die Ungleichbehandlung von Männern und Frauen im Bereich der sozialen Sicherheit zum Gegenstand[557], wie sie beispielhaft auch schon in anderen Staaten zitiert wurde. Auf die Problematik einer Transformation in deutsches Verfassungsrecht wurde bereits des Öfteren hingewiesen. Wegen des bereits genannten Art. 120 der niederländischen Verfassung verbietet er sich angesichts des Verbots der verfassungsmäßigen Überprüfung von Gesetzen durch niederländische Richter noch mehr.

5. Die Vorlagepraxis des schwedischen Högsta Domstolen

An der Spitze des schwedischen Instanzenzuges steht für die ordentliche Gerichtsbarkeit der Högsta Domstolen, also der Oberste Gerichtshof, und für verwaltungsgerichtliche Streitigkeiten das Oberste Verwaltungsgericht[558]. Alle Gerichte können nach der schwedischen Verfassung einer Norm ihre Gültigkeit absprechen, wenn sie der Auffassung sind, dass diese im Widerspruch zu Bestimmungen des Grundgesetzes oder sonstigen übergeordneten Vorschriften steht[559]. Wurde die Vorschrift vom Reichstag oder der Regierung beschlossen, ist von ihrer Durchführung nur dann abzusehen, wenn der Fehler

---

[554] EuGH Rs. C-8/94, C.B. Laperre / Bestuurscommisie, Slg. 1996, I-273.
[555] EuGH Rs. 262/84, Beets-Proper / van Lanschot Bankiers, Slg. 1986, 773; Rs. 177/88, Dekker / Stichting, Slg. 1990, I-3941.
[556] EuGH Rs. 196/87, Steymann/Staatssecretaris van Justitie, Slg. 1988, 6159.
[557] EuGH Rs. C-8/94, Lapere, Slg. 1996, I-273.
[558] Kap. 11 Art. 1 schwedische Verfassung.
[559] Kap. 11 Art. 14 schwedische Verfassung.

offenbar ist. Alle Gerichte haben diese Befugnis, die beiden obersten Gerichte sind zur letztverbindlichen Entscheidung berechtigt. Nach Aussage des Högsta Domstolen besteht keine Normenkontrollkompetenz für ordnungsgemäß ergangenes Gemeinschaftsrecht[560], das auf Kap. 10 Art. 5 der Verfassung Gültigkeit in Schweden erlangt[561].

Die dezentralisierte Normenkontrolle existiert, wie gezeigt, auch in anderen Staaten. Sie ist der Grund, warum Schweden zu den Staaten mit einer „diffusen" Verfassungskontrolle gerechnet wird. Eine eigenständig Funktion hat der Verfassungsausschuss, der beim Högsta Domstolen ansässig ist, eine Gutachterinstanz, die Regierungsvorlagen auf ihre Verfassungsmäßigkeit überprüft[562]. Da die Letztentscheidungsbefugnis über das Durchführungsverbot bei den beiden obersten Gerichten liegt, sind diese allein für die Untersuchung von Belang. Das Oberste Verwaltungsgericht hat bislang aber noch keine Vorlage nach Art. 234 EGV beim EuGH eingereicht, womit sich der Kreis der nun zu untersuchenden Vorlagen auf den Högsta Domstolen reduziert.

a) Anzahl der Vorlagen und Einteilung nach Fallgruppen

Man kann überhaupt von einer reduzierten Vorlagepraxis der schwedischen Gerichte sprechen. Bisher kamen erst 36 Vorabentscheidungsersuchen aus Schweden, lediglich aus Finnland kamen mit 23 Ersuchen weniger Vorlagen. Gleich zu Beginn der Mitgliedschaft Schwedens in der Gemeinschaft hat der Högsta Domstolen im Februar 1995 die erste von drei Fragen nach Art. 234 EGV beim EuGH eingereicht[563]. Im Ausgangsverfahren klagte eine britische gegen eine schwedische Gesellschaft und einen schwedischen Staatsangehörigen, die ihrerseits Sicherheit wegen Prozesskosten gemäß schwedischen Rechts durch die Klägerin beantragten. Der Oberste Gerichtshof war sich über die Gültigkeit dieser Klage nicht sicher, da er an der Auslegung des alten Artikel 6 (jetziger Art. 12) EGV zweifelte. In der zweiten Vorlage aus dem Jahre 2001 ging es um das Thema Sozialpolitik[564]. Fraglich war der Schutz von Arbeitnehmern bei Zahlungsunfähigkeit des Arbeitgebers, der durch eine Richtlinie der Gemeinschaft gewährleistet werden sollte. Mit der Vorlage vom 10. September 2002 fragt der Högsta Domstolen schließlich nach der richtigen Auslegung der Dantebankrichtlinie[565] weil u.a. in dem anhängigen Verfahren streitig ist, ob eine „wesentliche Investition" zugunsten des Herstellers einer Datenbank auch als unabhängiges Wirtschaftgut beurteilt werden kann[566].

---

560 Kap. 11 Art. 14 der schwedischen Verfassung.

561 So jedenfalls Schwarze, Entstehung einer europäischen Verfassung, S. 542 f.

562 Kap. 12 Art. 1 und 2 schwedische Verfassung.

563 EuGH Rs. C-43/95, Data/MSL, Slg. 1996, I-4661.

564 EuGH Rs. C-441/99, Riksskatteverket/Gharehveran, Slg. 2001, I-7687.

565 Richtlinie 96/9/EG des Rates vom 11. März 1996.

566 EuGH Rs. C-338/02, Fixtures Marketing/Svenska Spel, noch nicht in der amtlichen Sammlung veröffentlicht.

b) Mögliche Fälle einer Verfassungsstreitigkeit

Die Vorlagen erreichten den Högsta Domstolen in seiner Funktion als Obersten Gerichtshof der ordentlichen Gerichtsbarkeit. Es handelte sich damit nicht um Fälle der durch Kap. 11 Art. 14 der schwedischen Verfassung eröffneten Möglichkeit einer Normenkontrolle. Aus schwedischer Sicht lag folglich keine Verfassungsstreitigkeit vor. Diese Sichtweise verändert sich auch nicht mit einem Blick durch die bundesverfassungsrechtlich gefärbte deutsche Brille. In den Ausgangsverfahren standen weder staatsorganisationsrechtliche Probleme noch Rügen wegen der Verletzung der Grundrechtsgewährung zur Diskussion, sodass noch nicht einmal an eine Verfassungsbeschwerde zu denken wäre.
Der schwedische Oberste Gerichtshof hat folglich in seiner Funktion als Verfassungskontrollinstanz den EuGH nach Art. 234 EGV angerufen. Auch eine Vergleichbarkeit mit den Verfahrensarten des Grundgesetzes und den Aufgaben des BVerfG lässt solche Rückschlüsse nicht zu.

6. Die Vorlagepraxis des britischen House of Lords

Großbritannien besitzt als einziger EG-Mitgliedstaat keine Verfassungsurkunde. Gleichwohl existiert eine Vielzahl von Texten und Dokumenten, die eine verfassungsähnliche Struktur ergeben, die nicht zu einem bestimmten Zeitpunkt formell beschlossen wurde, sondern im Laufe der Jahrhunderte historisch gewachsen ist. Zu ihnen zählen die Magna Charta von 1215, auf die die Gesetzesbindung der Ausübung politischer Macht zurückgeführt wird, die Petition of Rights von 1628, die die Steuererhebung von der Zustimmung des Parlaments abhängig machte und Schutz gegen willkürliche Verhaftung garantierte, und das Habeas Corpus Gesetz von 1679, das heute ebenfalls als Vorschrift zum Schutz vor Inhaftierung ohne Gerichtsverfahren interpretiert wird[567].

Die Schaffung eines eigenständigen Verfassungsgerichts ergibt sich aus diesen Texten allerdings nicht. In Ermangelung einer geschriebenen Verfassungsurkunde war davon zunächst auch nicht auszugehen. Das House of Lords ist nicht nur Teil der Legislative, sondern hat zugleich die Funktion des obersten Berufungsgerichts inne. Durch seinen Berufungsausschuss ist er oberstes Rechtsmittelgericht in Zivilsachen für das gesamte Vereinigte Königreich, in Strafsachen für England, Nordirland und Wales. Die Mitglieder des Ausschusses können Gesetze zwar verzögern, nicht aber verhindern. Bis vor kurzem wurde jeder Gedanke an eine Kontrolle des Gesetzgebers wegen der absoluten Souveränität des Parlaments strikt abgelehnt. Die Gemeinschaftsverträge haben erst durch den European Communities Act 1972 Gesetzeskraft erhalten und Gemeinschaftsrechtsakte wurde der Vorrang gegenüber

567 Weitere Texte und Dokumente siehe Verfassungen der EU-Mitgliedstaaten, München 2000, 5. Auflage, S. 561 ff.

förmlichen Parlamentsgesetzen eingeräumt. In der Entscheidung Factortame[568] verwandelte sich dann diese theoretische Möglichkeit in judizierte Realität. Durch den Human Rights Act 1998 haben die britischen Gerichte die Möglichkeit erhalten, die Gesetze des Landes am Maßstab der EMRK zu überprüfen. Im Falle einer Unvereinbarkeit können sie zwar kein Gesetz annullieren, allerdings nach einer entsprechenden Feststellung Schadensersatz zubilligen. „Damit werden nun auch im Vereinigten Königreich erste Umrisse einer Verfassungsgerichtsbarkeit erkennbar, die zwar nicht in den Händen eines spezialisierten Gerichts liegt, aber doch von den ordentlichen Gerichten ausgeübt werden kann."[569] Die Diskussion um die Umwandlung der Berufungskammer des House of Lords und die damit zusammenhängende Verquickung von Legislative und Judicative hat gerade auch in jüngster Zeit zu einer Diskussion in Großbritannien geführt, bei der insbesondere der senior Law Lord und ehemaligen Lord chief justice, Lord Bingham, immer wieder auf die Schaffung eines obersten vom House of Lords institutionell und räumlich getrennten Gerichts drängt, der sich am Beispiel des US-Supreme Court orientiert[570]. Die Reformvorschläge machen aber deutlich, dass das House of Lords weit entfernt ist von einem Gericht mit einer Kontrollkompetenz auch für verfassungsrechtliche Streitigkeiten. Unbestritten ist es aber ein zur Vorlage verpflichtetes Gericht nach Art. 234 Abs. 3 EGV[571]

a) Anzahl der Vorlagen und Einteilung nach Fallgruppen

Aus dem als europaskeptisch bekannten Vereinigten Königreich erreichten von 1973 bis 2002 insgesamt 352 Vorlagen den EuGH. Davon stammten 29 Vorabentscheidungsersuchen vom House of Lords. Die Fragen an den EuGH betrafen eine Vielzahl von Rechtsgebieten, wobei sich eine Konzentration auf immer wiederkehrende Probleme feststellen lässt. Wie in Dänemark ist an erster Stelle die Sozialpolitik zu nennen. Acht Verfahren wurden aus diesem Grunde ausgesetzt, um eine Entscheidung des EuGH einzuholen. In allen Fällen wurden Ungleichbehandlungen von Frauen und Männern bezüglich von Ansprüchen auf Zugang zur Arbeit[572] oder auf Entgelt[573] bzw. auf Rentenleistungen[574] vorgetragen. Dieser mit Abstand größten Gruppe folgen das Steuer-

---

[568] EuGH Rs. C-213/89, Factortame, Slg. 90, I-2433.

[569] Tomuschat, FS BVerfG, S. 249.

[570] Siehe Presseberichte The Guardian vom 2. Mai 2002 („Move to replace lords as judges"), The Times vom 16. Juli 2001 (Interview mit Lord Bingham), The Guardian vom 24. Mai 2002 (Interview mit Lord Bingham).

[571] Mit Verweis auf den Streit bezogen auf andere Gerichte siehe Gormley, EuR 22 (1987), 365 f; Knof, S. 93 ff.

[572] EuGH Rs. C-188/89, Foster/British Gas, Slg, 1990, I-3313; Rs. C-271/91, Marshall/Southampton, Slg. 1993, I-4367; Rs. C-32/93, Webb/EMO, Slg, 1994, I-3567; Rs. C-394/96, Brown/Rentokil, Slg. 1998, I-4185.

[573] EuGH Rs. 12/81, Garland/Britisch Rail, Slg. 1982, 359; Rs. C-167/97, Regina/Secretary of State, Slg. 1999, I-623; Rs. C-78/98, Preston/Wolverhampton, Slg. 2000, I-3201.

[574] EuGH Rs. C-328/91, Secretary of State/Thomas, Slg. 1993, I-1247.

recht mit vier Vorlagen. Hauptsächlich ging es dabei um die Rechtsangleichung hinsichtlich des gemeinsamen Mehrwertsteuersystems[575]. Zum freien Warenrecht und zum Brüsseler Übereinkommen wurden je drei Vorabentscheidungen eingeholt[576]. In den letztgenannten Fällen war stets der Anwendungsbereich des Übereinkommens über die gerichtliche Zuständigkeit und insbesondere über die Vollstreckung von gerichtlichen Entscheidungen auslegungsbedürftig[577]. Die drei Verfahren zum freien Warenverkehr betrafen unterschiedliche Rechtsstreitigkeiten, einmal die Beschränkung ins Königreich importierter (pornographischer) Artikel[578], einmal das kommerzielle Eigentum an Patenten[579] und ein letztes Mal das Verbot des geschäftlichen Verkehrs am Sonntag[580]. Sechs weitere Vorabentscheidungsersuchen hatten fünf unterschiedliche Rechtsgebiete zum Gegenstand, als da waren: Verkehr[581], das Vorabentscheidungsverfahren[582] und das Gemeinschaftsrecht[583], Rechtsangleichung[584], Umwelt[585].

Damit sind von den 29 bis auf drei Vorlagen[586] alle einer bestimmten Fallgruppe zugewiesen. Beachtlich ist zum einen die große Streuung, die aber angesichts der großen Anzahl der Vorabentscheidungsersuchen nicht weiter erstaunt. Beachtlich ist zum anderen gerade deshalb die große Konzentration von acht Verfahren auf den Bereich der Gleichstellung von Mann und Frau.

---

[575] EuGH Rs. 102/86, Apple and Pear Develompment Council/Commissioners of Custom and Excise, Slg. 1988, 1443; Rs. C-349/96, Card Protection Plan/ Commissioners of Custom and Excise, Slg. 1999, I-973; C-34/99, Commissioners of Custom and Excise/Primback, Slg. 2001, I- 3833; Rs. C-275/01, Sinclair/ Commissioners of Custom and Excise, noch nicht in der amtlichen Sammlung veröffentlicht.

[576] Zum Brüsseler Übereinkommen sind es mittlerweile sogar vier Vorlagen, da 2002 eine Frage dazu beim EuGH eingereicht wurde: EuGH Rs. C-159/02, Turner/Grovit.

[577] EuGH Rs. C-129/92, Owens Bank/Bracco, Slg. 1994, I-117; Rs. C-68/93, Shevill/Presse Alliance, Slg. 1995, I-415; C-163/95, von Horn/Cinnamond, Slg. 1997, I-5451.

[578] Das war die erste Vorlage des House of Lords aus dem Jahre 1979: EuGH Rs. 34/79, Henn und Darby, Slg. 1979, 3795.

[579] EuGH Rs. 434/85, Allen & Hanburys/Generics, Slg. 1988, 1245.

[580] EuGH, Rs. C-169/91, Stoke-on-Trent und Norwich City/B & Q, Slg. 1992, I-6635.

[581] EuGH Rs. 133/83, Regina/Scott, Slg. 1984, 2863.

[582] EuGH Rs. C-264/96, ICI/Colmer, Slg. 1998, I-4695.

[583] EuGH Rs. C-213/89, Queen/Secretary of State, Slg. 1990, I-2433.

[584] EuGH Rs. C-219/98, Minister of Agriculture, Slg. 2000, I-5241.

[585] EuGH Rs. C-44/95, Regina/Secretary of State, Slg. 1996, I-3805; dazu auch EuGH Rs. C-140/02, Regina/Minister of Agriculture, noch nicht in der amtlichen Sammlung veröffentlicht.

[586] Die drei nicht eingeordneten Verfahren wurden aus dem Register des EuGH mit entsprechenden Beschluss gestrichen und bleiben aus diesem Grunde unberücksichtigt: EuGH, Rs. 243/85, Allen/Generics, mit Streichungsbeschluss v. 21.3.86; Rs. C-314/92, Ladenimor/Intercomfinanz, mit Streichungsbeschluss v.11.4.94; Rs. C-195/01, Scandecor, mit Streichungsbeschluss v.27.10.01.

b) Mögliche Fälle einer Verfassungsstreitigkeit

Das Vereinigte Königreich, ohne geschriebene Verfassungsurkunde, kennt eigentlich keine Verfassungsstreitigkeiten. Das House of Lords hat jedenfalls keine verfassungsgerichtlichen Kompetenzen. Damit hatten auch die Vorlagen an den EuGH keinen derartigen Ursprung. Wie aber bereits bei den Gerichten mit einer „diffusen" Verfassungskontrolle ist ein hypothetischer Vergleich mit dem Grundrechtsschutz und den Verfahren vor dem BVerfG lohnend. In den meisten Vorabentscheidungsersuchen kann eine Parallele zum deutschen Verfassungsrechtsschutz wegen des Streitgegenstandes oder der Streitparteien ausgeschlossen werden. Wie schon zu den Verfahren mit der Thematik der Ungleichbehandlung von Männern und Frauen für den dänischen Obersten Gerichtshof hingewiesen, drängt sich auch in den Verfahren vor dem House of Lords stets ein ja auch vorgetragenes Diskriminierungsverbot auf. Eine solche Verletzung des Gleichheitssatzes ist in Deutschland durch Art. 3 Abs. 2 GG geschützt und kann, bei Nichtbeachtung durch die Gerichte, letztverbindlich mit der Verfassungsbeschwerde vor dem BVerfG angegangen werden.

Diese Problematik der Ungleichbehandlung von Männern und Frauen im Zusammenhang mit arbeitsrechtlichen Vorschriften findet sich in vielen Mitgliedstaaten wieder. Für Dänemark wurde eine solche Konstellation ein erstes Mal aufgearbeitet. In Deutschland würden sich die Kläger im Ausgangsverfahren mit Sicherheit auch auf Art. 3 Abs. 2 GG berufen. Damit geht aber nicht automatisch ein vorläufiger prozessualer Rechtsstreit vor dem BVerfG einher, denn der Grundrechtsschutz ist in Deutschland grundsätzlich von allen Gerichten zu beachten und zu gewährleisten. Für vergleichbare Fragen sind in Deutschland in der Regel zunächst die Arbeitsgerichte zuständig.

7. Eine zweite Zusammenfassung

Betrachtet man die Vorlagepraxis der höchsten staatlichen Gerichte im jeweiligen nationalen Rechtszug so ergibt sich ein anderes Bild als bei den Verfassungsgerichten. Eine Distanz zum EuGH ist nicht zu erkennen. Zahlreiche Vorlagen fast aller obersten Gerichte der Staaten dokumentieren nicht nur eine Dialogbereitschaft, sondern einen tatsächlich existierenden richterlichen Dialog über eine Einbindung des EuGH in die tägliche Arbeit der Entscheidungsfindung. Die Letztentscheidungskompetenz der Verfassungsgerichte scheint diesen Gerichten nicht im Wege zu stehen. Das Vorlageverfahren wird so zu einem gewöhnlichen Prozessabschnitt innerhalb eines Rechtsstreits.

Die Eingliederung in die prozessuale Gerichtshierarchie scheint der Grund dafür zu sein und gleichzeitig den Unterschied zu den Verfassungsgerichten auszumachen. Die höchsten staatlichen Gerichte haben über Rechtsprobleme zu entscheiden, die eher selten aus dem Verfassungsrecht kommen. Im Vordergrund ihrer Arbeit stehen zivil-, straf- und verwaltungsrechtliche Streitigkeiten. In diesen Bereichen werden sie als höchste Entscheidungsinstanz angerufen. Die Aufhebung und damit die Fehlbarkeit von Urteilen ist tägliche Praxis. Die Einbindung des EuGH ist folglich nicht nur Arbeitserleichterung, indem ein bestimmtes Rechtsproblem von einer anderen anerkannten Instanz entschieden wird, sondern auch Annerkennung des EuGH und damit Anerkennung der Gemeinschaftsrechtsordnung als relevanter Teil der nationalen Rechtsordnungen. Die Nähe zu den tatsächlichen Rechtsstreitigkeiten läßt kein Sonderverhältnis der Rechtsordnungen wie auch der Gerichte zu. Die bei den Verfassungsgerichten vermutete Befürchtung, das Recht auf das letzte Wort an die Kollegen in Luxemburg zu verlieren, kennen diese Gerichte offenbar nicht. Sie unterscheiden sich damit im Grunde nicht von der Vorlagebereitschaft aller anderen obersten deutschen Gerichte[587].

Konstatiert werden muss auf der anderen Seite, dass keines der Gerichte in den untersuchten Verfahren mit einem Problem befasst wurde, bei dem staatsorganisationsrechtliche Streitigkeiten verhandelt wurden. Zwar konnten grundrechtsrelevante Verfahren ermittelt werden, die in Deutschland einen Gang zum BVerfG nicht von vornherein ausgeschlossen hätten. Diese Verfahren erscheinen allerdings in einem anderen Licht, betrachtet man sie in einem breiteren Kontext. Die Vorlagepraxis des House of Lords mit den zitierten Verfahren zur Ungleichbehandlung von Männern und Frauen im Arbeitsleben, die auch in anderen Staaten wiederzufinden sind, ist ein gutes Beispiel dieses näher auszuführen. Denn in vielen Staaten übernehmen die höchsten Gerichte die Aufgabe, die in Deutschland den obersten Instanzgerichten wie z.B. dem BAG zukommt. Führt man sich die Vorabentscheidungsersuchen des höchsten deutschen Arbeitsgerichts vor Augen, so zeigt sich ein mit Dänemark und Großbritannien vergleichbares Bild. In drei der vier Vorlagen an den EuGH ging es ebenfalls um die Ungleichbehandlung von Männern und Frauen, zweimal in Zusammenhang mit der Alterversorgung[588], einmal in Bezug auf ein Einstellungskriterium[589]. Diese Verfahren sind nicht nur in ihrer Anzahl und damit im Verhältnis zu anderen Problemkreisen, sondern auch in ihren Inhalten mit den Vorlagen aus anderen Staaten zur Ungleichbehandlung von Männern und Frauen vergleichbar.

Aus diesem Grunde erstaunt es dann nicht, dass das BVerfG bisher erst einen mit diesem Problemkreis vergleichbaren Fall entschieden hat, der auch gemeinschaftsrechtliche Bezüge hatte. Im 85. Band seiner amtlichen Entscheidung ging es in einem Normenkontrollantrag um das Verbot von Nachtarbeit ausschließlich für Frauen. Die Vorlage war im Ergebnis unzulässig, so das deutsche Verfassungsgericht, weil die Unanwendbarkeit der Norm auf-

---

[587] Siehe EuGH-Rechtsprechungsstatistik 2002 – ANLAGE 2, SIEHE S. 128; zur Vorlagepraxis aller deutschen Gerichte siehe Schwarze, Die Befolgung von Vorabentscheidungen des Europäischen Gerichtshofs durch deutsche Gerichte – Ergebnisse einer rechtstatsächlichen Bestandsaufnahme.

[588] EuGH Rs. 170/84, Bilka/Weber von Hartz, Slg. 1986, 1607; Rs. C-379/99, Menauer, Slg. 2001, I-7275.

[589] EuGH Rs. C-450/93, Kalanke/Freie Hansestadt Bremen, Slg. 1995, I-3051.

grund eines Urteils des EuGH in einem vergleichbaren Fall feststand[590]. Das BVerfG verneinte dementsprechend eine Vorlagepflicht gemäß dem jetzigen Art. 234 EGV, da der EuGH die streitige Richtlinie in einem nahezu identischen Fall[591] bereits ausgelegt hatte.

Dieses Beispiel zeigt, dass der Grundrechtsschutz in Deutschland auch von anderen Gerichten effektiv gewährleistet wird und es in diesem konkreten Problemfall nur ein einziges Mal zur Anrufung des BVerfG gekommen ist. Die obersten Gerichtshöfe stehen an der Spitze des jeweiligen Instanzenzuges. Das BVerfG kann nur mit einer Grundrechtsverletzung angerufen werden. Auf eine solche Trennung haben die Staaten ohne Verfassungsgericht verzichtet. Deshalb ist eine Trennlinie für diese Gerichte nur schwer zu ziehen, wann sie nun als oberstes Instanzgericht und wann in der Funktion des obersten Verfassungshüters angerufen werden. Auffällig und deshalb festzuhalten bleibt, dass von den vielen untersuchten Vorlagen der höchsten Gerichtshöfe verhältnismäßig wenige einen derart offenkundig grundrechtsrelevanten Bezug haben, dass man in Deutschland an eine Verfassungsbeschwerde oder an eine Richtervorlage denken könnte. Dies führt zu dem Schluss, dass diese Gerichte in den untersuchten Fällen nicht in der Funktion als Verfassungsgericht, sondern als letzte Streitinstanz im nationalen Rechtszug tätig waren. Die Unterscheidung zwischen Staaten mit einem speziellen Verfassungsgericht und den anderen Staaten ist somit nicht nur theoretischer Natur. Die Vorlagepraxis der Gerichte aus den so kategorisierten Staaten unterscheiden sich eklatant. Die zahlreichen Vorlagen von den obersten Gerichten aus den Staaten ohne Verfassungsgericht machen deutlich, dass eine Eingliederung des EuGH möglich ist. Es zeigt sich, dass diese Gerichte nicht die von den Verfassungsgerichten formulierten Vorbehalte gegenüber dem Gerichtshof der EG kennen. Deutlich wird, dass das Beharren auf die Letztentscheidungsbefugnis, das Festhalten am letzten Wort, ein Spezifikum ist, welches die Verfassungsgerichte charakterisiert.

[590] BVerfGE 85, 191 (203 ff).
[591] EuGH Rs. C-345/89, Stoeckel, Slg. 1991, I-4047.

F. Resümee oder „das letzte Wort“

Das letzte Wort – Auch in wissenschaftlichen Arbeiten ist es eine Selbstverständlichkeit, dass am Ende die Untersuchungsergebnisse noch einmal abschließend zusammengefasst werden. Was war Anlass für die Untersuchung? Was gibt es für Probleme? Was sind deren Ursachen? Thesen werden aufgestellt und bewiesen. Sachverhalte werden deskriptiv, empirisch aufgearbeitet. Und am Ende werden alle Ergebnisse noch einmal zusammengefasst. „Das letzte Wort“ so verstanden, bedeutet, dass auch am Ende dieser Arbeit ein Resümee steht.

„Das letzte Wort“ stand in der Untersuchung bislang in einem anderen Zusammenhang. Ausgangspunkt dieser Arbeit war das offen zugestandene Festhalten an der Letztentscheidungskompetenz des BVerfG, das Beharren auf dem letzten Wort[592]. Hier hat dieser Ausdruck einen anderen Sinn. Es geht um das Recht zur authentischen Interpretation. Daraus gewinnt nicht nur das BVerfG, sondern gewinnen alle Verfassungsgerichte ihr Selbstverständnis. Sie sind die Organe, die die jeweiligen nationalen Verfassungen letztverbindlich auslegen. Zwar spricht nicht nur das BVerfG seit seiner Maastricht-Entscheidung[593] von einem „Kooperationsverhältnis“. Auch der italienische Verfassungsgerichtshof benutzt eine ähnliche Vokabel. Er spricht von „Koordination“[594] der Rechtsordnungen und hat, wie auch das deutsche Verfassungsgericht, das Vorlageverfahren nach Art. 234 EGV im Blick. Allen Beteuerungen über ein freundschaftliches Verhältnis zum EuGH zum Trotz, hat das BVerfG bis dato nicht ein einziges Mal die allein verfahrenstechnisch zulässige Möglichkeit der Zusammenarbeit, nämlich das Vorlageverfahren nach Art. 234 EGV, genutzt.

Um das Problem näher zu konkretisieren, soll ein Bild aus der Physik herangezogen werden. Es gilt ein Spannungsfeld zu beschreiben, an deren Enden die zwei Pole nationale Verfassungsgerichte – also für Deutschland das BVerfG – und der EuGH stehen. Die Grundspannung erzeugen allerdings nicht die Gerichte, sondern die rechtsetzende Legislative bzw. auf europäischer Ebene die Exekutive. Zum einen existieren die nationalen Rechtsordnungen mit den konstituierenden Verfassungstexten[595]. Daneben besteht seit der Unterzeichnung des EGKSV und der Römischen Verträge einschließlich aller Anhänge und Zusatzprotokolle, aller Änderungs- und Beitrittsverträge die Rechtsordnung der Europäischen Gemeinschaft. Diese ist eine eigenständige Rechtsordnung, die für die Bürger der Mitgliedstaaten ebenfalls unmittelbare Rechte und Pflichten begründet und darüber hinaus Grundlage für die Entstehung von sekundärem Gemeinschaftsrecht ist. Über die gesetzlichen Vorgaben der Politik haben die jeweiligen Gerichte zu entscheiden. Das Spannungsfeld entsteht nun dort, wo sich die beiden Rechtsordnungen über-

592 BVerfGE 102, 147 (163); Limbach, NJW 01, 2916; Grimm, RdA 96, 69.
593 BVerfGE 89, 155 (175).
594 Corte costituzionale, Entsch. Nr. 170 v. 8.6.1984, Granital, CMLRev. 1984, 757 (759 f).
595 Jedenfalls in der Regel.

schneiden. Durch die Verträge haben die Mitgliedstaaten Teile ihrer Gesetzgebungskompetenzen auf die Europäische Gemeinschaft übertragen. Diese macht seit dem Vorgaben – insbesondere in Form von unmittelbar wirkenden Verordnungen und umsetzungsbedürftigen Richtlinien (Art. 249 Abs. 2 und 3 EGV) –, die in zunehmenden Maßen von nationalen Behörden und bei einem Rechtsstreit von den nationalen Gerichten zu beachten sind. Eine Vorrangklausel wie die des deutschen Art. 31 GG findet sich im Gemeinschaftsrecht hingegen nicht. Der Grundsatz: Gemeinschaftsrecht bricht nationales Recht, gilt in Deutschland unstreitig nur für unterverfassungsrechtliche Normen sofern sie den Vorgaben des GG entsprechen.

Da die Politik keine Vorgaben gemacht hat, obliegt es den höchsten staatlichen Gerichten das Verhältnis der nationalen Rechtsordnungen zum Gemeinschaftsrecht abzustecken. Es geht somit um die Rechtsprechungsbefugnis der nationalen Gerichte und des EuGH. Es geht um ein Kompetenzproblem. Viele Gerichte haben dem Anspruch des Gemeinschaftsrechts auf einen unbedingten Vorrang Grenzen gesetzt.
Das BVerfG hat insbesondere aus Art. 23 GG (und entsprechend aus dem alten Art. 24 GG) zwei Schranken entwickelt, die die originäre Entscheidungsbefugnis des BVerfG betreffen. Das ist zum einen der unabdingbare Grundrechtsstandard, der dem des GG entsprechen müsse. Die Kontrolle darüber hat das BVerfG mittlerweile dem EuGH für den konkreten Einzelfall überlassen, wobei es sich selber die Prüfungskompetenz für dessen generelle Gewährleistung vorbehalten hat, womit sich seine „Restzuständigkeit" auf materiellrechtliche Divergenzen im Grundrechtsstandard beschränkt[596]. Die andere Ausnahme bilden die ultra vires-Handlungen. Das sind die Akte der Gemeinschaft, die vom deutschen Rechtsanwendungsbefehl durch das entsprechende Zustimmungsgesetz nicht mehr gedeckt sind.
Eine vergleichbare Entscheidung hat auch der italienische Corte costituzionale getroffen[597]. Nach Art. 11 der italienischen Verfassung ist die Übertragung von Hoheitsrechten nur unter Beachtung der Menschenrechte und der republikanischen Staatsform zulässig. Zwar behält sich damit der Verfassungsgerichtshof auch eine Kontrolle des Grundrechtsschutzes vor, schätzt deren Verletzung durch den EuGH allerdings als sehr unwahrscheinlich ein.
Ähnlich ist die Situation in Dänemark nach einer Entscheidung des Højesteret[598]. Es ergeht dort mehr der versteckte Hinweis darauf, dass keiner internationalen Organisation und damit eben auch nicht der EG die Befugnis übertragen werden darf, Rechtsakte zu erlassen, die den Bestimmungen des dänischen Grundlovs zuwiderlaufen und damit die dort normierten Freiheitsrechte verletzen. In dem Verfahren wurde das Gesetz über den Beitritt Dänemarks zur EU überprüft. In einer Passage, die stark an die Maastricht-Entscheidung des BVerfG erinnert[599], wurde darauf hingewiesen, das die Letztentscheidungsbefugnis darüber, ob ein Rechtsakt der Gemeinschaft in Dänemark an-

596 Vgl. Epping, AW-Prax 95, 177f.
597 Corte costituzionale, Entsch. Nr. 170 v. 8.6.1984, Granital, CMLRev. 1984, 757 (759 f).
598 Urteil vom 6.4.1998 zitiert nach der deutschen Übersetzung aus EuGRZ 99, 49 (52).
599 BVerfGE 89, 155; Ring/Olsen-Ring, EuZW 98, 581; Thomas, ZaöRV 58 (1998), 893.

wendbar ist, bei den dänischen Gerichten liegt. Diese hätten zu gewährleisten, dass der Rechtsakt die Grenzen der durch das Beitrittsgesetz vorgenommenen Souveränitätsübertragungen beachte.
Vergleichbare Entscheidungen sind auch in Frankreich ergangen. Die französischen Gerichte mussten sich über viele Jahre eine Position zur Anerkennung des EuGH und des Gemeinschaftsrechts erarbeiten. Am Ende dieses Prozesses wurde der Vorrang des primären wie auch des sekundären Gemeinschaftsrechts vor nationalem Recht anerkannt[600]. Eine Anerkennung, die dem Gemeinschaftsrecht trotz des eindeutigen Wortlauts in Art. 55 der französischen Verfassung lange verwehrt blieb. Schranken der Integration in die Gemeinschaft bilden nach einem Urteil des Verfassungsrates die sogenannten libertés publiques, die Souveränität des Landes, die Achtung der Menschenrechte und die republikanische Staatsform[601].
Da auch vom spanischen Verfassungsgericht eine vergleichbare Entscheidung ergangen ist[602], konnte unter Berücksichtigung der Rechtsprechung aller Gerichtsentscheidungen der Gerichte der anderen Mitgliedstaaten zusammenfassend festgestellt werden, dass sich die höchsten Gerichte die Bewahrung der Menschenrechte trotz der Rechtsprechung durch den EuGH in mehr oder weniger starken Ausmaß vorbehalten. Ferner ist den Entscheidungen übereinstimmend zu entnehmen, dass die Integration nur in dem durch die nationalen Verfassungen vorgegebenen Rahmen gestattet ist. Die Kontrolle der Schranken haben sich letztendlich die höchsten nationalen Gerichte und die Verfassungsgerichte vorbehalten.

Nachdem die Rechtsprechung der Gerichte zum Verhältnis von nationaler Rechtsordnung zum Gemeinschaftsrecht geklärt wurde, konnte nunmehr der Fokus auf die Vorlagepraxis der Gerichte gerichtet werden. Dazu war eine ausreichende Beleuchtung des Vorlageverfahrens unumgänglich. Denn, wie erwähnt, sprechen viele Gerichte von einem guten Verhältnis, welches sie zum EuGH pflegen. Ein Vorabentscheidungsersuchen nach Art. 234 EGV stellt die einzig verfahrenstechnische Möglichkeit der Zusammenarbeit zwischen den nationalen Gerichten und dem EuGH dar. Das Vorlageverfahren bietet den nationalen Gerichten die Chance zum richterlichen Dialog mit dem Gerichtshof der Gemeinschaft. Dieser wird mit der Frage nach der Gültigkeit oder der Auslegung von Gemeinschaftsrecht von den Instanzgerichten angerufen. Er entscheidet damit in einem Zwischenstreit die Probleme abstrakt. Das nationale Gericht wendet die gemeinschaftsrechtliche Norm in der Auslegung des EuGH auf den konkreten Fall an. Diese Möglichkeit ist nach Art. 234 Abs. 2 EGV grundsätzlich allen Gerichten eröffnet (fakultative Vorlagemöglichkeit). Um die Einheitlichkeit einer europäischen Rechtssprechung zu wahren, ist für letztinstanzliche Gerichte, d.h. auch für die Verfassungsgerichte, nach Art. 234 Abs. 3 EGV eine Vorlage allerdings obligatorisch.

600 Siehe Nachweis bei Sander, DÖV 00, 592 f; Genevois, EuR 85, 355; Henrichs, EuGRZ 89, 239 f.
601 Urt. v. 9.4.1992, EuGRZ 93, 187 (189); siehe auch Weber, FS. Everling, S. 1627 f.
602 Entsch. 28/1991 v. 14.2.1991, zitiert nach López Castillo/Polakiewicz, EuGRZ 93, 283 f.

Das BVerfG hat diese Verpflichtung auch für sich als verbindliche Regelung angesehen[603]. Eine der beiden Voraussetzungen für eine Vorlagefrage an den EuGH ist die Erforderlichkeit i.S.d. Abs. 2 von Art. 234 EGV. Erforderlich heißt entscheidungserheblich. Diese Zulässigkeitsvoraussetzung wird in der Regel vom EuGH nicht überprüft, es sei denn es handelt sich z.B. um einen offensichtlich konstruierten Fall. Wird die Entscheidungserheblichkeit vom Instanzgericht angenommen, zieht dies grundsätzlich die Verpflichtung zur Vorlage nach sich. Eine Vorlagepflicht nach Art. 234 Abs. 3 EGV entfällt aber, wenn nicht der EuGH in einem vergleichbaren Fall schon entschieden hat[604] oder die Auslegung der Norm nach der acte clair-Doktrin keinen Raum für vernünftige Zweifel an der richtigen Auslegung der gestellten Frage lässt[605].

Das BVerfG hat die EuGH-Rechtsprechung zur Vorlagepflicht aufgegriffen, um insbesondere den Willkürmaßstab des Art. 101 Abs. 1 Satz 2 GG zu konkretisieren. In zahlreichen Urteilsverfassungsbeschwerden wurde nämlich gerügt, dass die Vorlagepflicht nach Art. 234 Abs. 3 EGV von den Eingangsgerichten missachtet und so dem Kläger der gesetzliche Richter, der EuGH, entzogen wurde[606]. Das Verfassungsgericht hat darüber hinaus Aussagen zum EuGH gemacht, die in der Anerkennung der Auslegungsbefugnis des Gerichtshofs für Fragen des Gemeinschaftsrechts ihren Ausgang hatten[607]. Das BVerfG hat das Vorlageverfahren und die Vorlagepflicht auch für sich als verbindlich erklärt[608]. Später hat es dem EuGH den Status des gesetzlichen Richters nach Art. 101 Abs. 1 Satz 2 GG zuerkannt[609]. Schließlich hat es die Da Costa[610]- und die C.I.L.F.I.T.-Entscheidungen[611] des EuGH aufgegriffen und die Vorlagepflicht des jetzigen Art. 234 Abs. 3 EGV unter ausdrücklicher Billi-

---

[603] BVerfGE 37, 271 8282); 45 142 (162); 52, 187 (201); 73, 339 (371).
[604] EuGH Rs. 283/81, C.I.L.F.I.T., Slg. 1982, 3415/3429, Rn. 14.
[605] EuGH Rs. 28-30/62, Da Costa, Slg. 1963, 63/81; Rs. 283/81, C.I.L.F.I.T., Slg. 1982, 3415/3429, Rz. 16.
[606] BVerfGE 29, 198; 31, 145; 73, 339; 75, 223; 82, 159 BVerfG Beschluss v. 13.2.78 – 2 BvR 1347/76 – in EuR 13 (1978), 278; Beschluss v. 26.3.86 – 1 BvR 1483/85 – in EuR 21 (1986), 273; Beschluss der 1. Kammer des Zweiten Senats v. 4.11.87 – 2 BvR 876/85 – in NJW 88, 2173; Beschluss der 1. Kammer des Zweiten Senats v. 9.11.87 – 2 BvR 808/82 – in NJW 88, 1456; Beschluss der 3. Kammer des Zweiten Senats v. 27.8.91 – 2 BvR 276/90 – in NJW 92, 678; Beschluss der 3. Kammer des Zweiten Senats v. 29.11.91 – 2 BvR 1642/91 – in NVwZ 92, 360; Beschluss der 3. Kammer des Zweiten Senats v. 22.12.92 – 2 BvR 557/88 – in NVwZ 93, 883; Beschluss der 3. Kammer des Zweiten Senats v. 16.12.93 – 2 BvR 1725/88 – in NJW 94, 2017; Beschluss der 2. Kammer des Ersten Senats v. 13.6.97 – 1 BvR 2102/95 – in NJW 97, 2512; Beschluss der 1. Kammer des Ersten Senats v. 21.8.96 – 1 BvR 866/96 – in NVwZ 97, 481; Beschluss der 2. Kammer des Ersten Senats v. 5.8.98 – 1 BvR 264/98 – in NZA 98, 1245; Beschluss der 3. Kammer des Zweiten Senats v. 14.10.98 – 2 BvR 588/98 – in NVwZ 99, 293; Beschluss der 2. Kammer des Ersten Senats v. 9.1.01 – 1 BvR 1036/99 – in NJW 01, 1267.
[607] BVerfGE 22, 135 (150); 37, 271 (281); 52, 187 (200); 73, 339 (368 ff); 75, 223 (234); 82, 159 (192).
[608] BVerfGE 37, 271 8282); 45 142 (162); 52, 187 (201); 73, 339 (371).
[609] BVerfGE 73, 339 (366 ff); 82, 159 (194 ff); Beschluss der 2. Kammer des Ersten Senats v. 9.1.01 – 1 BvR 1036/99 – in NJW 01, 1267 (1268).
[610] EuGH Rs. 28-30/62, Da Costa, Slg. 1963, 63/81.
[611] EuGH Rs. 283/81, C.I.L.F.I.T., Slg. 1982, 3415/3429, Rz. 14 ff.

gung der acte clair-Doktrin[612] mit Hilfe von Regelbeispielen konkretisiert. Diese ist demnach verletzt:

1. bei einer grundsätzliche Verkennung der Vorlagepflicht[613].
2. bei einem bewussten Abweichen von der bisherigen Rechtsprechung des EuGH ohne Vorlagebereitschaft[614].
3. bei der Unvollständigkeit der Rechtsprechung[615].

An den Vorgaben des Art. 234 EGV und an den eigenen Aussagen wurde daraufhin die gesamte Rechtsprechung des BVerfG gemessen. Dabei zeigte sich, dass das deutsche Verfassungsgericht in einigen Verfahren die Vorlagepflicht des Art. 234 Abs. 3 EGV verletzt hat. So hat es bei der Kreation gerade genannter Regelbeispiele für die dritte Fallgruppe (Unvollständigkeit der Rechtsprechung) drei weitere Untergruppen genannt, die eine Vorlagepflicht nach sich zögen. Zunächst ist darauf hinzuweisen, dass das BVerfG damit den Art. 234 Abs. 3 EGV zum Gegenstand seiner Auslegung gemacht hat. Es hat dabei mit der möglichen Fortentwicklung der EuGH-Rechtsprechung einen Fall genannt, bei dem ein Instanzgericht dazu angehalten ist, den EuGH anzurufen[616]. Zwar ist die Rechtsprechung des Luxemburger Gerichtshofes nicht unumstößlich, wie auch der ehemalige Präsident des EuGH Carlos Gil Rodriguez Iglesias festgestellt hat[617], ein Gericht, welches die Stichhaltigkeit einer Auslegung von Gemeinschaftsrecht durch den EuGH nicht mehr für überzeugend hält, steht aber höchstens die fakultative Möglichkeit einer Vorlage zu. Denn auszugehen hat das nationale Gericht von der gefestigten Rechtsprechung des EuGH, die eine anerkannte Ausnahme für die grundsätzlich bestehende Vorlagepflicht ist. Die ständige Rechtsprechung entbindet jedoch von einer Vorlage und kann nicht mit einer Spekulation über einen möglichen Wandel der Rechtsauffassung zu einer erneuten Vorlagepflicht umgedeutet werden. Damit ebnet das BVerfG der Vorlagepflicht einen Weg, der durch die Rechtsprechung des EuGH längstens versperrt ist.

Es gibt vier weitere Verfahren, bei denen das BVerfG die Vorlagepflicht verletzt hat oder das Gericht zumindest über eine solche hätte nachdenken müssen. Aufgrund einer Richtervorlage hing in BVerfGE 22, 134 erstmals die Entscheidungserheblichkeit des zur Prüfung gestellten Gesetzes von der Auslegung von Gemeinschaftsrecht ab. Im Kern war dabei streitig, ob Abschöpfungsbeträge und insbesondere die Umsatzausgleichssteuer, die ihren Ur-

---

612 BVerfG Beschluss 1. Kammer des Zweiten Senats v. 9.11.1987 – 2 BvR 808/82 – in NJW 88, 1456 (1456 f).

613 So auch im Beschluss 1. Kammer des Zweiten Senats v. 9.11.87 – 2 BvR 808/82 – in NJW 88, 1456 (1457).

614 So bereits in BVerfGE 75, 223 (233 ff).

615 Ebenfalls in BVerfG Beschluss der 2. Kammer des Ersten Senatsv. 9.1.01 – 1 BvR 1036/99 – in NJW 01, 1267 (1268); Beschluss der 2. Kammer des Ersten Senats v. 5.8.98 – 1 BvR 264/98 – in NZA 98, 1245 (1246); Beschluss der 3. Kammer des Zweiten Senats v. 16.12.93 – 2 BvR 1725/88 – in NJW 94, 2017; Beschluss der 3. Kammer des Zweiten Senats v. 22.12.92 – 2 BvR 557/88 – in NVwZ 93, 883 (884).

616 BVerfGE 82, 159 (195 f).

617 Rodriguez Iglesias, NJW 00, 1891.

sprung in der VO Nr. 19 des Rates zur Entwicklung einer gemeinsamen Agrarpolitik hatten, nach den alten Art. 95 ff EWGV, bzw. Art. 90 ff EGV n.F., zu beurteilen waren oder ob es sich dabei um Abgaben zollgleicher Wirkungen handelte, die nach Art. 12 EWGV, dem jetzigen Art. 25 EGV, zu beurteilen gewesen wären. Zwar begründet das BVerfG seine Ansicht und bezieht sich dabei auch auf ein Urteil des EuGH. Zumindest aber das vorlegende Finanzgericht wie auch die Bundesregierung in ihrer Stellungnahme sind hingegen davon ausgegangen, dass diese Frage noch nicht ausreichend geklärt ist. Eine Vorlage an den EuGH wäre die Konsequenz. Dass es Gegenauffassungen gibt, gesteht das BVerfG dann auch ein. Daran wird deutlich, dass es entsprechend der acte clair-Doktrin an der Offenkundigkeit der richtigen Auslegung mangelt, die jedem kundigen Juristen ohne weiteres offenbar wird. Die Folge hätte eine erneute Vorlage dieses Auslegungsproblems an den EuGH durch das BVerfG sein müssen.

In einem Beschluss des Zweiten Senates vom 28. Februar 1973 musste das BVerfG erneut zu Abschöpfungsbeträgen in Zusammenhang mit der VO Nr. 19 Stellung nehmen[618]. Die in diesem Zusammenhang erlassene VO Nr. 67 enthielt Kriterien für die Berechnung der Abschöpfungsregelungen. U.a. sollten Schwankungen unterhalb bestimmter Mindestgrenzen unberücksichtigt bleiben. Diese Mindestgrenzen waren innerhalb einer bestimmten Spanne von den Mitgliedstaaten feszusetzen. Ausgangspunkt der Klage war, dass eine solche Berechnung durch den zuständigen Bundesminister unterblieben war. Das BVerfG legte daraufhin den aus seiner Sicht richtigen Mindestdifferenzbetrag fest, ohne dazu Stellung zu nehmen, dass die VO Nr. 67 ihrem Wortlaut nach keine Regelung enthält für den Fall, dass ein Mitgliedstaat den Mindestbetrag nicht festsetzt[619]. Da die VO keine Regelung für eine solche Situation kennt, muss sie zwangsläufig ausgelegt werden. Aus diesem Grunde hätte das BVerfG aber den EuGH anrufen müssen, um von ihm zu erfahren, wie die VO nunmehr zu interpretieren sei, da es eine Entscheidung des EuGH in einem vergleichbaren Fall nicht gibt. Das hat das Verfassungsgericht unterlassen.

In einer Verfassungsbeschwerde[620] wandten sich u.a. türkische Staatsangehörige gegen die Auferlegung von Wartezeiten für einen Nachzug zu ihren im Bundesgebiet lebenden Familienangehörigen. Das BVerfG hielt eine der drei Verfassungsbeschwerden für unbegründet, da es einen Grundrechtsverstoß nicht feststellen konnte. In seiner Begründung beruft sich das Gericht dabei u.a. auf das im Jahre 1964 in Kraft getretene Assoziationsabkommen der Türkei mit der Europäischen Wirtschaftsgemeinschaft. In einem Zusatzprotokoll dazu war vorgesehen, dass die Freizügigkeit (unter Hinweis auf die alten Art. 48 ff EWGV; Art. 39 ff EGV n.F.) der türkischen Arbeitnehmer bis zum Ende des zweiundzwanzigsten Jahres nach Inkrafttreten des Abkommens aufgrund von Regelungen des dazu berufenen Assoziationsrates herbeigeführt werden.

[618] BVerfGE 34, 348 (362 ff).
[619] BVerfGE 34, 348 (364).
[620] BVerfGE 76, 1.

Da dieser aber keinen dementsprechenden Beschluss gefasst habe, ergebe sich aus dem Abkommen samt Zusatzprotokollen auch kein Anspruch der Beschwerdeführer deren Aufenthaltsbegehren stattzugeben[621]. Das BVerfG beantwortet damit zwei Auslegungsprobleme, die sich im Verfahren im Zusammenhang mit dem Assotiationsabkommen gestellt hatten, selber. Zum einen hat es die Verpflichtung der Behörden und Gerichte verneint, dem Begehren der Beschwerdeführer zu entsprechen, obwohl der Assoziationsrat noch keinen Beschluss dazu gefasst hat. Zum anderen hat es das Abkommen dahin gedeutet, dass es kein Verschlechterungsverbot enthalte. Grundsätzlich unterliegen gem. Art. 228; 238 EGV die Assoziationsabkommen als integrierender Bestandteil der Gemeinschaftsrechtsordnung[622] der Jurisdiktion des EuGH und können nach Art. 234 Abs. 1 lit. b EGV als Handlungen des Rates im Vorabentscheidungsersuchen vorgelegt werden. Der EuGH hatte einen vergleichbaren Fall auch schon entschieden, auf den sich das BVerfG beruft. Allerdings war die Situation in dem Verfahren Demirel/Stadt Schwäbisch Gmünd[623] insofern anders, als damals die Integrationslaufzeit von 22 Jahren noch nicht abgelaufen war. Mit Verweis auf diese geänderte Ausgangssituation hätte das BVerfG die Frage, wie die Ausgangsbehörden nunmehr über das Aufenthaltsbegehren zu entscheiden gehabt hätten, dem EuGH vorlegen müssen – oder zumindest können.

In einem Beschluss aus dem Jahre 1995[624] interpretierte das BVerfG in die VO Nr. 404/93, die sogenannte Bananemarktverordnung, eine Ausnahmegenehmigung für Härtefälle wegen eines ansonst bevorstehenden Konkurses der Beschwerdeführerin. Diese sei begründet durch die Art. 16 Abs. 3 bzw. Art. 30 der VO. In der Sache ging es um eine gravierende Beschränkung der Einfuhrkapazitäten der Beschwerdeführerin für Bananen. Die vom BVerfG in die VO Nr. 404/93 hineingelesene Härtefallregelung ergibt sich dem unbefangenen Leser der Vorschrift jedoch nicht. Die genannten Artikel haben das Funktionieren der neu geschaffenen Organisation zum Ziel. Es sollen damit nur außergewöhnliche Umstände berücksichtigt und Schwierigkeiten in der Übergangsphase abgefangen werden. Der Fall der Beschwerdeführerin ist aber gerade eine von der neuen Bananenmarktorganisation gewollte Konstellation. Damit hätte das BVerfG die Frage, ob Art. 16 Abs. 3 oder Art. 30 VO Nr. 404/93 eine Härtefallregelung enthält, die auf die Beschwerdeführerin anzuwenden sei, dem EuGH im Verfahren nach Art. 234 Abs. 3 EGV vorlegen müssen[625].
In der Sache ging es dabei einmal mehr um das Verhältnis von Gemeinschaftsrecht und deutschen Verfassungsgrundrechten. Dazu hat das BVerfG

---

621 BVerfGE 76, 1 (80 f).
622 EuGH Rs. 12/86, Demirel/Stadt Schwäbisch Gmünd, Slg. 1987, 3719/3750 Rz. 7; Rs.181/73, Haegeman/Belgien, Slg. 1974, 449/460 Rz 2/6.
623 EuGH Rs. 12/86, Demirel/Stadt Schwäbisch Gmünd, Slg. 1987, 3719/3750.
624 BVerfG Beschluss der 1. Kammer des Zweiten Senats v. 25.1.95 – 2 BvR 2689/94 und 52/95 – in EuZW 95, 126.
625 Everling, CML Rev. 96, 434 f; so später durch das VGH Kassel geschehen, in EuR 95, 103 (103 f).

in den viel diskutierten Entscheidungen Solange I[626], Solange II[627], Maastricht[628] und schließlich zur Bananenmarktverordnung[629] weitreichende Überlegungen angestellt. In all diesen Verfahren hätte es dem BVerfG offen gestanden, vorab den EuGH nach dessen Grundrechtsverständnis zu befragen, zu dessen Methodik bei der Grundrechtsprüfung oder zu den Modalitäten der Verhältnismäßigkeitsprüfung. Stattdessen interpretiert das deutsche Verfassungsgericht die Rechtsprechung des Gerichtshofs der Gemeinschaften. Seine Untersuchungen sind zwar umfangreich, gleichwohl geht es originär um Gemeinschaftsrecht. Denn die Frage nach dem Grundrechtsstandard der Gemeinschaft hätte zuerst der EuGH beantworten müssen. Dass das BVerfG eine dementsprechende Vorlage noch nicht einmal angedeutet hat, erstaunt viele Autoren[630].

In allen genannten Verfahren bestand eine Vorlagepflicht des BVerfG an den EuGH – zumindest aber die Möglichkeit zur freiwilligen Vorlage. Das Verfassungsgericht hat das Vorabentscheidungsersuchen als Mittel der Zusammenarbeit mit dem EuGH nicht genutzt. Das BVerfG hat zudem lediglich in drei Verfahren über eine eigene Verpflichtung zur Vorlage nachgedacht hat[631].

Sieht man auf die Staaten mit einem eigens zur Kontrolle der Verfassung beauftragen Verfassungsgerichtshof, so zeigt sich, dass weder aus Italien, Spanien, Portugal, Griechenland, Luxemburg oder Frankreich eine Vorlage an den EuGH gerichtet wurde. Zwar unterscheiden sich die Gerichte in den genannten Staaten im Umfang der Prüfungskompetenz, der Zahl der Antragsberechtigten, der Einbindung in das Verfassungs- und Gerichtswesen usw.. Alle Gerichte haben aber die Verfassungsprinzipien des Staates, wenn auch nur für einen bestimmten Bereich, zu sichern. Der Eindruck eines unausgesprochenen und unkoordinierten Boykotts des EuGH von Seiten der Verfassungsgerichte könnte entstehen, wären da nicht die Vorlagen von der belgischen Cour d´Arbitrage und vom österreichischen VerfGH.

Der belgische Schiedsgerichtshof entscheidet nur bestimmte föderale Streitigkeiten und hat in diesem Zusammenhang den EuGH mit Fragen zur Ausbildungsordnung von Ärzten angerufen[632]. Stellt ein Vorabentscheidungsersuchen damit auch in Belgien eher die Ausnahme dar, kann dem österreichischen Verfassungsgericht ein unbekümmerter Umgang mit dem Vorlageverfahren bescheinigt werden. Der Gerichtshof ist frei von Ressentiments oder Vorbehalten gegenüber dem EuGH, wie sie von fast allen anderen Verfassungsgerichten formuliert werden. Die Möglichkeit zu diesem Verhältnis

[626] BVerfGE 37, 271.
[627] BVerfGE 73, 339.
[628] BVerfGE 89, 155.
[629] BVerfGE 102, 147.
[630] Weber, FS Everling, S. 1634; Huber, EuZW 97, 521; Everling, CML Rev. 96, 434 f; Stein, EuZW 98, 262; Schmid, NVwZ 01, 255; a.A. Zuleeg, NJW 97, 1205 f; Schwarze, FS BVerfG, S. 239.
[631] BVerfGE 52, 187 (201); 73, 339 (370); 95, 173 (180).
[632] Cour d´Arbitrage, Urteil Nr. 6/97 vom 19. Februar 1997.

Grundsätzliches zu sagen, lässt das Verfassungsgericht ungenutzt[633]. Gleich in drei Verfahren hat der VerfGH um eine Vorabentscheidung gebeten[634]. In weiteren Fällen denkt er deutlich an diese Möglichkeit[635]. Damit zeigt gerade das Beispiel des VerfGH Österreichs, dass eine Einbindung des EuGH möglich ist. Die Verfassungsgerichte Österreichs, Italiens, Spaniens und Deutschland lassen sich, mit bestimmten Abstrichen, in vielerlei Hinsicht vergleichen. Österreich ist allerdings erst seit 1995 Mitglied der Gemeinschaft. Und trotz dieser kurzen Mitgliedschaft und der damit zusammenhängenden verhältnismäßig geringeren Anzahl an Verfahren mit gemeinschaftsrechtlichem Bezug hat der VerfGH schon dreimal den EuGH im Verfahren nach Art. 234 EGV angerufen. Es wird deutlich, dass das Verhalten des österreichischen Gerichtshofes damit die Ausnahme von der ansonst festgestellten Regel darstellt, dass die speziellen Verfassungsgerichte der Mitgliedstaaten das Vorlageverfahren ungenutzt lassen. Eine Regel, die auch von einer Vorlage des Hess.StGH gebrochen wird[636].

Erhellend ist die Gegenüberstellung der Vorlagepraxis zu den Staaten mit einer nicht eigens bei einem dafür vorgesehenen Gericht angesiedelten verfassungsrechtlichen Prüfungskompetenz und bei den Staaten, die gänzlich auf eine solche Kontrolle verzichtet haben. Diese Gerichte sind für die jeweiligen Gerichtszweige die höchsten Instanzen in ihrem Staat und übernehmen quasi nebenberuflich auch noch die eine oder andere Aufgabe eines Verfassungsgerichts. Die Einbindung dieser Gerichte in den ordentlichen Instanzenzug zeigt, dass Vorbehalte gegenüber dem EuGH nicht in dem Ausmaß ausgemacht werden können wie bei den spezialisierten Verfassungsgerichten. Der Weg eines Rechtsstreits durch die Instanzen zeigt ja gerade, dass es immer noch ein Gericht gibt, welches andere Urteile aufheben und korrigieren kann. Das ist die tägliche Arbeit dieser höchsten nationalen Gerichte. Natürlich haben sich diese Gerichte mit einer Vielzahl von verschiedensten Rechtsstreitigkeiten zu befassen, was schon per se zu einer größeren Wahrscheinlichkeit von Vorlagen nach Art. 234 EGV führt. Gerade aber auch die zahlreichen Vorlagen der höchsten deutschen Gerichte[637] zeigen, dass eine Einbeziehung des EuGH über ein Vorabentscheidungsersuchen in aller Regelmäßigkeit stattfindet. So haben beispielsweise das House of Lords, der Högsta Domstolen, der Supreme Court und viele andere Gerichte den EuGH mit vielen Fragen beschäftigt. Die Auslegungsfragen betrafen viele unterschiedliche Probleme zum Gemeinschaftsrecht. In Irland wurden z.B. bis Mitte der 90er Jahre viele Fragen zum Agrarrecht vorgelegt. In den meisten Staaten konnte eine vergleichbare regionale Eigenheit nicht festgestellt werden. Auffällig war, das in fast allen Staaten ein Problem mit der Diskriminierung von Männern und

[633] VerfGH 19940830, Slg. Nr. 13839, WI-6/94.
[634] VerfGH 19990310, B2251/97, B2594/97; 20001212, KR 1/00 u.a.; 20010302, WI-14/99-17.
[635] VerfGH 19971211, B2672/97, Slg. 15057; 19970626, B877/96, Slg. 14886.
[636] Hess.StGH Beschluss v.16.4.1997 – P.St. 1202 – in EuGRZ 97, 213 (214 ff); siehe auch Anm. von Störmer, NJ 98, 337 ff.
[637] EuGH-Rechtsprechungsstatistik 2002 – Anlage 2, siehe S. 128.

Frauen in Zusammenhang mit arbeits- oder sozialrechtlichen Fragestellungen vorkam. Diese Verfahren haben in Deutschland über den Art. 3 Abs. 2 GG einen unmittelbaren Bezug zur Verfassung. Das BVerfG musste bisher aber nur einen einzigen Fall entscheiden, wo es um die Ungleichbehandlung der Geschlechter bei der Nachtarbeit ging, die eine Anbindung an gemeinschaftsrechtliche Vorschriften hatte[638]. In Deutschland gab es auch Auslegungsprobleme zu diesem Themenkomplex. Sieht man auf die Vorlagen des BAG, so zeigt sich, dass dieses Gericht unter Einbeziehung des EuGH im Wege einer Vorlage diese Probleme letztendlich entschieden hat.

Die höchsten nationalen Gerichte binden den EuGH wie selbstverständlich in ihre Rechtsprechungspraxis mit ein. Selbst vom House of Lords, d.h. aus dem europaskeptischen Großbritannien, wurden bis 2002 29 Vorabentscheidungsersuchen an den EuGH gerichtet. Blickt man auf die Vorlagen aller Gerichte aus der Gemeinschaft, zeigt sich, dass dort so gut wie alle höchsten staatlichen Gerichte vertreten sind. Auch die obersten Gerichte aus Deutschland fehlen nicht. Umgekehrt sind die Vorlagen von Verfassungsgerichten die absolute Ausnahme. Diese Feststellung untermauert die These, dass sich Verfassungsgerichtshöfe mit der Einbeziehung des EuGH schwer tun. Es entspricht offensichtlich nicht dem Wesen dieser Gerichte, sich von einer anderen Instanz Vorgaben machen zu lassen. Sie selber entscheiden letztverbindlich. Die Verfassungsgerichte alleine haben das letzte Wort.

Zwei Gedanken aus der Einleitung sollen am Ende noch einmal aufgegriffen werden. Zum einen wurde darauf hingewiesen, dass eine gute Kooperation von BVerfG und EuGH nur gelingen kann, wenn sie von einem beiderseitigen Willen dazu getragen ist[639]. Der richterliche Dialog ist von einer grundsätzlichen Gesprächsbereitschaft abhängig. Unzweifelhaft bietet das Vorlageverfahren genau dazu die verfahrenstechnische Möglichkeit. Diese wurde, und das ist eines der beiden Hauptergebnisse der Untersuchung, vom BVerfG trotz anderweitiger Beteuerungen nicht genutzt. Die Ursachen liegen zum anderen, und hier kommt der zweite Gedanke aus der Einleitung, in dem Festhalten des BVerfG an der Kompetenz zur authentischen Interpretation, im Beharren auf dem letzten Wort[640]. Die Funktion eines Verfassungsgerichts liegt in der letztverbindlichen Auslegung der nationalen Verfassung. Dieses Verständnis lässt offensichtlich nicht die Einbeziehung einer Instanz zu, die ihrerseits letztverbindlich entscheidet und so den Verfassungsgerichten Vorgaben macht[641]. Dabei wäre eine Anrufung ohne Aufgabe von Rechtsprechungskompetenz möglich. Denn das vom EuGH ausgelegte Gemeinschaftsrecht könnte vom BVerfG in die eigene Rechtsprechung mit einbezogen werden und so als Auslegungshilfe für die eigene Entscheidung dienen.
In der Tat bleibt ein Problem ungeklärt: Was ist, wenn das BVerfG ein Auslegungsproblem vorlegt und die darauf folgende Entscheidung des EuGH für

[638] BVerfGE 85, 191 (203 ff).
[639] Schwarze, FS BVerfG, S. 241.
[640] BVerfGE 102, 147 (163); Limbach, NJW 01, 2916; so vorher schon Grimm, RdA 96, 69.
[641] Vgl. auch Trautwein, JuS 97, 896.

falsch hält? Entweder müsste das deutsche Verfassungsgericht die Interpretation des Gerichtshofes akzeptieren, was kaum denkbar ist. Oder es wendet sie nicht an, was einen offenen Eklat bedeuten würde[642]. Oder es würde mit seinen Zweifeln erneut vorlegen, was ebenfalls eine unabsehbare Außenwirkung hätte. Die Konsequenzen für die Rechtsgemeinschaft und für die EG für einen solchen Fall sind nicht abzuschätzen.

Das Reden von einem „Kooperationsverhältnis" scheint darüber hinaus eines zu kaschieren, dass es sich bei dem Verhältnis von nationalen Gerichten und EuGH im Rahmen des Vorlageverfahrens um ein Rechtsverhältnis handelt, welches nicht sanktionslos bleibt. Es geht nicht (nur) um eine angebliche Freundschaft, in der mal der eine, mal der andere einen Fehler macht, den man freundschaftlich verzeihen kann oder auch nicht. Die Verletzung der Vorlagepflicht, zumal wenn sie permanent auftritt, kann zu einer vertraglichen Verantwortlichkeit der Bundesrepublik im Rahmen eines Verfahrens nach Art. 226 f EGV führen[643]. Darauf weist bemerkenswerterweise auch das BVerfG hin und ruft aus diesem Grund alle deutschen Gerichte zu einer strikten Beachtung des Vorlageverfahrens auf[644]. Zwar wäre selbst bei einer Verurteilung Deutschlands wegen der strikten Trennung der Gewalten eine Einwirkung auf die Gerichte nicht möglich[645]. Eine politische Wirkung hätte ein solches Verfahren unzweifelhaft[646]. Der Hinweis an das BVerfG wäre eindeutig, dass der EuGH die Nichtbeachtung erkennt und missbilligt. Klar ist, dass durch das Vorlageverfahren eine freundschaftliche Beziehung nicht nur untermauert werden kann. Dieses verfahrenstechnische Scharnier der Rechtsordnungen bildet zwischen allen nationalen Gerichten und dem EuGH eine Rechtsbeziehung, die rechtliche Konsequenzen nach sich zieht.

Die Vorlagepraxis der Verfassungsgerichte, die von wenigen Ausnahmen abgesehen, im Grunde keine ist[647], zeigt, dass dieses Beharren auf dem letzten Wort eine Eigenart fast aller europäischen Verfassungsgerichte ist. Das Recht zur authentischen Interpretation verstehen die Verfassungsgerichte umfas-

---

642 „Selbst wenn man berücksichtigt, daß ein nach der Vorabentscheidung des EuGH ergehendes Urteil des BVerfG, das wegen Überschreitens der verfassungsrechtlich zwingenden Grenzen die Anwendung des vom EuGH bestätigten Gemeinschaftsrechts in Deutschland für unzulässig erklärt, den Konflikt offenbar macht, wehalb man auf den Gedanken kommen könnte, »im Interesse einer konfliktfreien Arbeitsteilung zwischen der Rechtsprechung des EuGH und demBverfG« das Absehen von einer Vorabentscheidung im Sinne des Art. 177 [Art. 234 n.F.; Anm. des Autors] EGV als »die schonendere Lösung« zu betrachten, darf auf die vorherige Anrufung des EuGH keinesfalls verzichtet werden. Denn selbst dies ist, wenn man es schon als unvermeidlich betrachtet, einer schleichenden Nichtanwendung des Gemeinschaftsrechts ohne Einschaltung des EuGH vorzuziehen." Streinz in FS Heymanns Verlag, S. 679.

643 Schwarze-Schwarze, Art. 234 Rn. 50 ff.

644 BVerfG Beschluss 1. Kammer des Zweiten Senats v. 9.11.87 – 2 BvR 808/82 – in NJW 88, 1456 (1457).

645 Zu weiteren Folgen siehe Schwarze-Schwarze, Art. 234 Rn. 50 f.

646 Nicolaysen, EuR 35 (2000), 509.

647 Siehe auch Schwarze, FS BVerfG, S. 242 f; ders. in: Entstehung einer europäischen Verfassung, S. 538 ff.

send und, trotz förmlicher Anerkennung des EuGH, in der Praxis auch bezogen auf die Auslegung von Gemeinschaftsrecht. Eine Bezugnahme auf die EuGH-Rechtsprechung schließt dieses nicht aus, solange man selber nicht dem EuGH faktisch den Status eines Gerichtes zuerkennt, das ein Verfassungsgericht anrufen muss. Insofern befindet sich das BVerfG ohne Vorlage an den EuGH in bester Gesellschaft der meisten europäischen Verfassungsgerichte.

Um die Klammer vollends zu schließen, soll die von der damaligen Präsidentin des BVerfG Jutta Limbach bestrittene These noch einmal erwähnt werden: Angesichts der europafreundlichen Politik aller deutschen Parteien werde dem BVerfG immer wieder vorgehalten, es sei ein retardierendes Moment im europäischen Integrationsprozess, was nicht stimme[648]. Schaut man auf das Ergebnis dieser Arbeit, erhärtet sich aber genau dieser Vorwurf. Die prozessuale Chance der Zusammenarbeit bleibt ungenutzt. Schon eine Vorlage des BVerfG an den EuGH hätte geholfen, um diesen Vorwurf zu entkräften. Es gab zahlreiche Gelegenheiten, die alle ungenutzt geblieben sind. Mit Sicherheit hätte der EuGH eine Vorlage des BVerfG freudig und freundschaftlich beantwortet. „Auch die Rechtspechung des Bundesverfassungsgerichts könnte zukünftig noch deutlicher zu einer guten Kooperation beitragen, wenn sie die in der Europischen Union insgesamt zu beobachtende Haltung der mitgliedstaatlichen Verfassungsgerichte verlassen und sich in den dazu bietenden Fällen zur Vorlage an den EuGH entscheiden würde."[649] Ob diese Zusammenarbeit tatsächlich gewollt wird, muss in Anbetracht der Ergebnisse dieser Untersuchung bezweifelt werden. Das BVerfG lässt das Vorlageverfahren ungenutzt und bindet den EuGH in seine Rechtsprechung nicht aktiv mit ein, um das Recht zur letztverbindlichen Interpretation in jeder Hinsicht zu bewahren, um eines nicht aufzugeben, das Recht auf das letzte Wort.

---

648 Limbach, NJW 01, 2916.
649 Schwarze, FS BVerfG 242 f.

Gesamtentwicklung der Rechtsprechungstätigkeit (1952 -2002) –
Neu eingegangene Ersuchen um Vorabentscheidung (nach Mitgliedstaat und Jahr)[1]

	B	DK	D	EL	E	F	IRL	I	L	NL	A	P	FIN	S	UK	Benelux[2]	Summe
1961	-		-			-		-	-	1							1
1962	-		-			-		-	-	5							5
1963	-		-			-		-	1	5							6
1964	-		-			-		2	-	4							6
1965	-		4			2		-	-	1							7
1966	-		-			-		-	-	1							1
1967	5		11			3		-	1	3							23
1968	1		4			1		1	-	2							9
1969	4		11			1		-	1	-							17
1970	4		2			2		2	-	3							32
1971	1		18			6		5	1	6							37
1972	5		20			1		4	-	10							40
1973	8	-	37			4	-	5	1	6					-		61
1974	5	-	15			6	-	5	-	7					1		39
1975	7	1	26			15	-	14	1	4					1		69
1976	11	-	28			8	1	12	-	14					1		75
1977	16	1	30			14	2	7	-	9					5		84
1978	7	3	46			12	1	11	-	38					5		123
1979	13	1	33			18	2	19	1	11					8		106
1980	14	2	24			14	3	19	-	17					6		99
1981	12	1	41	-		17	-	11	4	17					5		108
1982	10	1	36	-		39	-	18	-	21					4		129
1983	9	4	30	-		16	2	7	-	19					6		98
1984	13	2	38	-		34	1	10	-	22					9		129
1985	13	-	40	-		45	2	11	6	14					8		139
1986	13	4	18	2	1	19	4	5	1	16		-			8		91
1987	15	5	32	17	1	36	2	5	3	19		-			9		144
1988	30	4	34	-	1	38	-	28	2	26		-			16		179
1989	13	2	47	2	2	28	1	10	1	18		1			14		139
1990	17	5	34	2	6	21	4	25	4	9		2			12		141
1991	19	2	54	3	5	29	2	36	2	17		3			14		186
1992	16	3	62	1	5	15	-	22	1	18		1			18		162
1993	22	7	57	5	7	22	1	24	1	43		3			12		204
1994	19	4	44	-	13	36	2	46	1	13		1			24		203
1995	14	8	51	10	10	43	3	58	2	19	2	5	-	6	20		251
1996	30	4	66	4	6	24	-	70	2	10	6	6	3	4	21		256
1997	19	7	46	2	9	10	1	25	3	24	35	2	6	7	18		239
1998	12	7	49	5	55	16	3	39	2	21	16	7	2	6	24		264
1999	13	3	49	3	4	17	2	43	3	23	56	7	4	5	22		255
2000	15	3	47	3	5	12	2	50	-	12	31	8	5	4	26	1	224
2001	10	5	53	4	4	15	1	40	2	14	57	4	3	4	21		237
2002	18	8	59	7	3	8	-	37	4	12	31	3	7	5	14	-	216
Summe	453	97	1321	70	137	646	42	751	52	554	234	53	30	41	352	1	4834

[1] Artikel 177 EG-Vertrag (jetzt Artikel 234 EG), 41 KA, 150 EA, Protokoll 1971239.
[2] Rechtssache C-265/00, Campina Melkunie.264.

Anlage 2

Gesamtentwicklung der Rechtsprechungstätigkeit (1952 -2002) –
Ersuchen um Vorabentscheidung (nach Mitgliedstaat und Gericht)

Belgien	Cour de cassation	56	Summe
	Cour d´arbitage	1	
	Conseil d´État	25	
	Andere Gerichte	371	453
Dänemark	Højesteret	17	
	Andere Gerichte	80	97
Deutschland	Bundesgerichtshof	85	
	Bundesarbeitsgericht	4	
	Bundesverwaltungsgericht	55	
	Bundesfinanzhof	198	
	Bundessozialgericht	69	
	Staatsgerichtshof	1	
	Andere Gerichte	909	1321
Griechenland	Cour de cassation	3	
	Conseil d´État	8	
	Andere Gerichte	59	70
Spanien	Tribunal Supremo	9	
	Audiencia Nacional	1	
	Juzgado Central de lo Penal	7	
	Andere Gerichte	120	137
Frankreich	Cour de cassation	65	
	Conseil d´État	26	
	Andere Gerichte	555	646
Irland	Supreme Court	12	
	High Court	15	
	Andere Gerichte	15	42
Italien	Corte suprema di Cassazione	77	
	Cosiglie di Stato	39	
	Andere Gerichte	635	751
Luxemburg	Cour supérieure de justice	10	
	Conseil d´État	13	
	Cour administrative	2	
	Andere Gerichte	27	52
Niederlande	Raad van State	42	
	Hoge Raad der Nederlanden	114	
	Centrale Raad van Beroep	42	
	College van Beroep voor het Bedrijfsleven	101	
	Tariefcommissie	34	
	Andere Gerichte	221	554
Österreich	Verfassungsgerichtshof	3	
	Oberster Gerichtshof	48	
	Bundesvergabeamt	20	
	Verwaltungsgerichtshof	37	
	Vergabekontrollsenat	3	
	Andere Gerichte	123	234
Portugal	Supremo Tribunal	29	
	Administrativo	24	53
	Andere Gerichte		
Finnland	Korkein hallinto-oikeus	10	
	Korkein oikeus	3	
	Andere Gerichte	17	30
Schweden	Högsta Domstolen	3	
	Marknadsdomstolen	3	
	Regeringsrätten	11	
	Andere Gerichte	24	41
Vereinigtes Königsreich	House of Lords	29	
	Court of Appeal	26	
	Andere Gerichte	297	352
Benelux	Cour de justice/Gerechtshof[3]	1	1
Summe			4834

[3] Rechtssache C-265/00, Campina Melkunie.264

Gesamtentwicklung der Rechtsprechungstätigkeit (1952 -2002)

Neu anhängig gewordenen Rechtssachen und Urteile

Jahr	Neu anhängig gewordene Rechtssachen[4]						
	Direkte Klagen	Vorabentscheidungsersuchen	Rechts mittel	Rechts mittel[5]	Insge samt	Anträge auf vorläufigen Rechtsschutz	Urteile
1953	4				4	-	-
1954	10				10	-	2
1955	9				9	2	4
1956	11				11	2	6
1957	19				19	2	4
1958	43				43	-	10
1959	47				47	5	13
1960	23				23	2	18
1961	25	1			26	1	11
1962	30	5			35	2	20
1963	99	6			105	7	17
1964	49	6			55	4	31
1965	55	7			62	4	52
1966	30	1			31	2	24
1967	14	23			37	-	24
1968	24	9			33	1	27
1969	60	17			77	2	30
1970	47	32			79	-	64
1971	59	37			96	1	60
1972	42	40			82	2	61
1973	131	61			192	6	80
1974	63	39			102	8	63
1975	61	69			130	5	78
1976	51	75			126	8	80
1977	74	84			158	6	100
1978	145	123			268	7	97
1979	1216	106			1322	6	138
1980	180	99			279	14	132
1981	214	108			322	17	128
1982	216	129			345	16	185
1983	199	98			297	11	151
1984	183	129			312	17	165
1985	294	139			433	22	211
1986	238	91			329	23	174
1987	251	144			395	21	208
1988	194	179			373	17	238
1989	246	139			385	20	188
1990	222	141	15	1	379	12	193
1991	142	186	13	1	342	9	204
1992	253	162	24	1	440	4	210
1993	265	204	17	-	486	13	203
1994	128	203	12	1	344	4	188
1995	109	251	46	2	408	3	172
1996	132	256	25	3	416	4	193
1997	169	239	30	5	443	1	242
1998	147	264	66	4	481	2	254
1999	214	255	68	4	541	4	235
2000	199	224	66	13	502	4	273
2001	187	237	72	7	503	5	244
2002	204	216	46	4	470	1	269
Summe	**7027**	**4834**	**500**	**46**	**1240**	**327**	**5782**

[4] Bruttozahlen; besondere Verfahrensarten ausgeschlossen.
[5] im Verfahren des vorläufigen Rechtsschutzes und betreffende Streithilfen.

FSC
www.fsc.org
MIX
Papier | Fördert
gute Waldnutzung
FSC® C083411

Kolibri 360 GmbH
Ferdinand-Jühlke-Straße 7
99095 Erfurt, Deutschland
produktsicherheit@kolibri360.de

Druck:
CPI Druckdienstleistungen GmbH
im Auftrag der
Kolibri 360 GmbH
Ferdinand-Jühlke-Str. 7
99095 Erfurt